이상권, 권동균 지음

혼자서도 척척!

초등학생을 위한

컴퓨터 기초+활용

무작정 따라하기

길벗

초등학생을 위한
컴퓨터 기초+활용 무작정 따라하기
The Cakewalk Series-Computers for Elementary School Students

초판 발행 · 2024년 4월 15일
초판 2쇄 발행 · 2025년 1월 10일

지은이 · 이상권, 권동균
발행인 · 이종원
발행처 · ㈜도서출판 길벗
출판사 등록일 · 1990년 12월 24일
주소 · 서울시 마포구 월드컵로 10길 56(서교동)
대표 전화 · 02)332-0931 | **팩스** · 02)322-0586
홈페이지 · www.gilbut.co.kr | **이메일** · gilbut@gilbut.co.kr

기획 · 박슬기(sul3560@gilbut.co.kr) | **담당 편집** · 연정모(yeon333718@gilbut.co.kr)
디자인 · 박상희 | **제작** · 이준호, 손일순, 이진혁
영업마케팅 · 전선하, 차명환, 박민영 | **유통혁신** · 한준희 | **영업관리** · 김명자 | **독자지원** · 윤정아

전산편집 · 김정미 | **CTP 출력 및 인쇄** · 교보피앤비 | **제본** · 신정문화사

- 잘못된 책은 구입한 서점에서 바꿔 드립니다.
- 이 책은 저작권법에 따라 보호받는 저작물이므로 무단전재와 무단복제를 금합니다.
  이 책의 전부 또는 일부를 이용하려면 반드시 사전에 저작권자와 (주)도서출판 길벗의 서면 동의를 받아야 합니다.

ⓒ 이상권, 권동균, 2024

ISBN 979-11-407-0912-0 73000
(길벗 도서번호 007199)

정가 20,000원

> 사용하는 컴퓨터의 사양과 소프트웨어의 업데이트 상황에 따라 화면의 모양이 다를 수 있으나 학습에는 무리가 없습니다.

독자의 1초를 아껴주는 정성 길벗출판사

길벗 · IT교육서, IT단행본, 경제경영서, 어학&실용서, 인문교양서, 자녀교육서 ▶ www.gilbut.co.kr
길벗스쿨 · 국어학습, 수학학습, 어린이교양, 주니어 어학학습, 학습단행본 ▶ www.gilbutschool.co.kr

페이스북 ▶ www.facebook.com/gilbutzigy
네이버 포스트 ▶ post.naver.com/gilbutzigy

머리말

디지털 사회를 살아가려면 컴퓨터 능력은 필수!

디지털 기술이 급속도로 발전하면서 우리의 삶도 크게 변화하고 있어요. 어릴 때부터 AI 스피커와 대화하며 놀고 스마트기기를 활용하여 공부하죠. 학교에서도 SW 교육을 강조하며 코딩을 가르치고, 다양한 디지털 기기를 활용하여 수업을 진행해요.

그런데 이런 디지털 시대를 살면서도 컴퓨터를 낯설어하는 친구들이 많다고 해요. 실제로 요즘 학생들은 스마트폰이나 태블릿 PD 등 스마트기기 사용에는 익숙하지만, 컴퓨터 사용에는 어려움을 겪는 경우가 많아요. 이를 '컴퓨터 문맹'이라고 부릅니다. 이전 세대가 컴퓨터를 익숙하게 사용해온 반면, 지금의 세대는 스마트기기를 더 많이 사용하다 보니 컴퓨터를 사용할 기회가 적었기 때문이에요.

그런데 이러한 '컴퓨터 문맹'이라면 앞으로 학교나 직장 등에서 어려움을 겪을 수 있어요. 왜 그럴까요? 컴퓨터를 이용해 문제를 해결해야 하는 활동은 더욱 늘어났기 때문이에요. 일상생활뿐만 아니라 학교, 회사까지 컴퓨터를 사용하지 않는 곳이 없답니다. 여러분은 컴퓨터를 유용하게 활용하고 있나요? 혹시 컴퓨터를 다룰 줄 몰라 어려움을 느꼈던 경험이 있지는 않나요?

하지만 걱정하지 마세요! 이 책과 함께라면 차근차근 컴퓨터에 가까워질 수 있어요.

컴퓨터를 어떻게 쓰는지 잘 모르는 친구,
컴퓨터를 게임할 때만 쓰고 있는 친구,
컴퓨터를 다양한 방면으로 더 잘 활용하고 싶은 친구.

《초등학생을 위한 컴퓨터 기초+활용 무작정 따라하기》와 함께 컴퓨터를 익혀 볼까요?
여러분을 알차고 재미난 컴퓨터의 세계로 여러분을 초대합니다!

글쓴이 소개

학생, 학부모, 선생님에게 긍정적인 영향을 전하려 노력하는 에듀 콘텐츠 크리에이터이자 초등교사입니다. 현재 KERIS 교원 전용 수업자료 제작 플랫폼 '잇다'의 지원단으로 공식 채널을 운영하며, 인천광역시교육청 정보교육지원단으로도 활동하고 있습니다. 학생들의 컴퓨터 활용 능력을 기를 수 있도록 쉽고 재미있는 교육 방법을 연구하고 있습니다.

이상권 선생님

컴퓨터를 활용해서 다양한 교육 콘텐츠를 제작하고 있는 초등교사입니다. 현재 지역 교육청, 교육연수원, 단위학교 등에서 교사들을 대상으로 컴퓨터 관련 연수 강의를 진행하고 있습니다. 오랫동안 컴퓨터 활용 콘텐츠를 제작해 오면서 학생들이 갖추어야 할 ICT 소양을 연구하고 교실에 적용하고 있습니다.

권동균 선생님

학습 도움말

컴퓨터! 이렇게 따라해 보세요.
혼자서도 문제 없어요.

《초등학생을 위한 컴퓨터 기초+활용 무작정 따라하기》는 컴퓨터를 처음 접할 때 꼭 익혀야 할 내용을 자세하고 친절하게 설명하는 책입니다.

첫째 마당에서는 컴퓨터의 기초 지식을 쉽게 소개합니다. 컴퓨터를 켜고 끄는 방법부터 마우스와 키보드 사용 방법까지 선생님이 옆에서 알려주듯 친절히 설명하므로 컴퓨터 사용 경험이 없는 친구들도 쉽게 학습할 수 있습니다. 뿐만 아니라 윈도우 기본 설정, 보조 프로그램 활용 방법 등을 차근차근 알기 쉽게 소개합니다.

둘째 마당에서는 초등학교 학습에 실제로 적용할 수 있는 흥미로운 예제를 통해 컴퓨터 실력을 기를 수 있습니다. 효과적인 자료 검색, 파워포인트를 활용한 발표 자료 제작, 엑셀을 활용한 숫자 계산, 그림판을 활용한 그림 그리기 등 다양한 활동을 경험하며 컴퓨터를 통해 숙제도 해결하고 취미 활동도 즐길 수 있어요.

마지막으로 셋째 마당에서는 구글 도구, 미리캔버스, 곰믹스, 패들렛 등 다양한 프로그램을 활용해 여러 분야에서 컴퓨터 활용 능력을 키울 수 있도록 내용을 구성했습니다. 특히 중·고등학교에 가면 모둠 활동이 늘어나는데, 이럴 때 한 단계 높은 컴퓨터 활용 능력이 요구됩니다. 다양한 프로그램을 다루며 수행평가도 대비하고, 앞으로의 사회가 요구하는 창의성과 소통 능력을 기를 수 있습니다.

컴퓨터 활용 능력은 디지털 사회에서 필수적으로 갖추어야 할 소양입니다. 이 책과 함께 차근차근 컴퓨터를 학습하다 보면 어느새 한 뼘 더 발전한 자신을 만나볼 수 있을 거예요. 즐거운 마음으로 컴퓨터와의 여행을 시작하기를 기대합니다.

무엇이든 물어보세요

《초등학생을 위한 기초+활용 컴퓨터 무작정 따라하기》를 따라하다가 헷갈리는 부분이 나오면 길벗출판사 홈페이지의 [고객센터]-[1:1 문의] 게시판에 질문을 등록해 보세요. 지은이와 길벗 독자지원센터에서 친절하게 답변해 드립니다.

[문의 방법]

길벗 홈페이지 (www.gilbut.co.kr) 회원 가입 후 로그인하기 → 고객센터 → 1:1 문의 → 도서이용에서 책 제목 검색하기 → 이미 등록된 질문 검색 또는 새로운 질문 등록하기

학습 진도표

한 걸음씩 따라해 보세요!

WEEK 01 컴퓨터야, 반가워!
- 디지털 시대, 컴퓨터 능력은 필수! ___월 ___일

WEEK 02 컴퓨터, 하나하나 살펴봐요!
- 컴퓨터의 안과 밖 살펴보기 ___월 ___일

WEEK 03 컴퓨터 시작부터 차근차근 배워요!
- 컴퓨터 전원 켜고 끄기 ___월 ___일
- 마우스 사용하기 ___월 ___일
- 키보드 사용하기 ___월 ___일
- 키보드의 여러 가지 키 알아보기 ___월 ___일
- 한컴 타자연습하기 ___월 ___일

WEEK 04 윈도우를 설정해요!
- '윈도우' 알아보기 ___월 ___일
- '바탕화면'과 '작업 표시줄' 알아보기 ___월 ___일
- 바탕화면 바꾸기 ___월 ___일
- 잠금화면 바꾸기 ___월 ___일
- [시작] 메뉴 알아보기 ___월 ___일
- [시작] 메뉴에 앱 고정하기 ___월 ___일
- 작업표시줄에 앱 고정하기 ___월 ___일

WEEK 05 윈도우 보조 프로그램을 활용해요
- 계산기 기능 활용하기 ___월 ___일
- 캡처 도구 활용하기 ___월 ___일
- 스티커 메모 활용하기 ___월 ___일
- 그림판 3D 활용하기 ___월 ___일

WEEK 06 인터넷 세상으로 떠나요
- 인터넷 기본 개념 다지기 ___월 ___일
- 웹 브라우저 실행 및 설정하기 ___월 ___일
- 주소창에 URL 주소 입력하기 ___월 ___일
- 주소창 활용해 검색하기 ___월 ___일
- 즐겨찾기 관리하기 ___월 ___일
- 브라우저 시작 페이지 변경하기 ___월 ___일
- 기본 검색 엔진 변경하기 ___월 ___일

WEEK 07 '파일'과 '폴더'를 자유자재로 다뤄요
- '파일'과 '폴더'로 정보 정리하기 ___월 ___일
- 파일 복사하고 붙여넣기 ___월 ___일
- 파일 이동하기 ___월 ___일
- 파일 삭제하기 ___월 ___일
- 새 폴더 만들고 이름 변경하기 ___월 ___일
- 파일 및 폴더 검색하기 ___월 ___일

WEEK 08 한글 프로그램을 활용해 글을 써요
- 한글 프로그램 실행하고 파일 저장하기 ___월 ___일
- 한글 프로그램 글 쓰고 편집하기 ___월 ___일
- 한글 문서에 그림 삽입하기 ___월 ___일
- 한글 문서에 표 삽입하기 ___월 ___일
- 한글 문서 파일로 저장하기 ___월 ___일

WEEK 09 필요한 정보만 쏙쏙 검색해요
- 네이버 검색 옵션 활용하기 ___월 ___일
- 네이버 상세 검색 기능 활용하기 ___월 ___일
- 네이버 검색 결과 스마트하게 활용하기 ___월 ___일

WEEK 10 파워포인트를 활용해 발표 자료를 만들어요
- 제목 슬라이드 만들기 ___월 ___일
- 내용 슬라이드 만들기 ___월 ___일
- 슬라이드 애니메이션 넣기 ___월 ___일
- 작업 내용 저장하기 ___월 ___일

WEEK 11 엑셀을 활용해 숫자를 관리해요
- 엑셀 실행하고 메뉴 살펴보기 ___월 ___일
- 데이터 입력하기 ___월 ___일
- 셀과 테두리 설정하기 ___월 ___일
- 데이터 복사하기 ___월 ___일
- 입력한 데이터 계산하기 ___월 ___일
- 작업 내용 저장하기 ___월 ___일

WEEK 12 그림판을 활용해 그림을 그려요
- 그림판 3D 시작하기 ___월 ___일
- 그림판을 활용하여 그림 그리기 ___월 ___일
- 작업 내용 저장하기 ___월 ___일

WEEK 13 구글 설문지를 활용해 의견을 모아요
- 구글 계정 만들기 ___월 ___일
- 구글 설문지 만들기 ___월 ___일
- 구글 설문지 질문 만들기 ___월 ___일
- 구글 설문지 추가 기능 알아보기 ___월 ___일

WEEK 14 미리캔버스로 발표 자료를 제작해요
- 미리캔버스 사이트 접속하기 ___월 ___일
- 미리캔버스 템플릿 활용하기 ___월 ___일
- 템플릿 텍스트 편집하기 ___월 ___일
- 페이지에 사진과 기타 요소 추가하기 ___월 ___일
- 페이지 편집 메뉴 살펴보기 ___월 ___일
- 다운로드 기능 알아보기 ___월 ___일

WEEK 15 곰믹스로 영상을 편집해요
- 영상 편집 프로그램 '곰믹스' ___월 ___일
- 영상 자르고 자막 넣기 ___월 ___일
- 영상에 이미지 추가하기 ___월 ___일
- 영상 인코딩하기 ___월 ___일

WEEK 16 패들렛을 활용해 친구들과 협업해요
- 패들렛 살펴보기 ___월 ___일
- 패들렛 글 작성하기 ___월 ___일
- 패들렛 똑똑하게 이용하기 ___월 ___일
- 패들렛 공유하기 ___월 ___일

★★ YOU CAN DO IT! ★★

한눈에 펼쳐보는 학습 구성

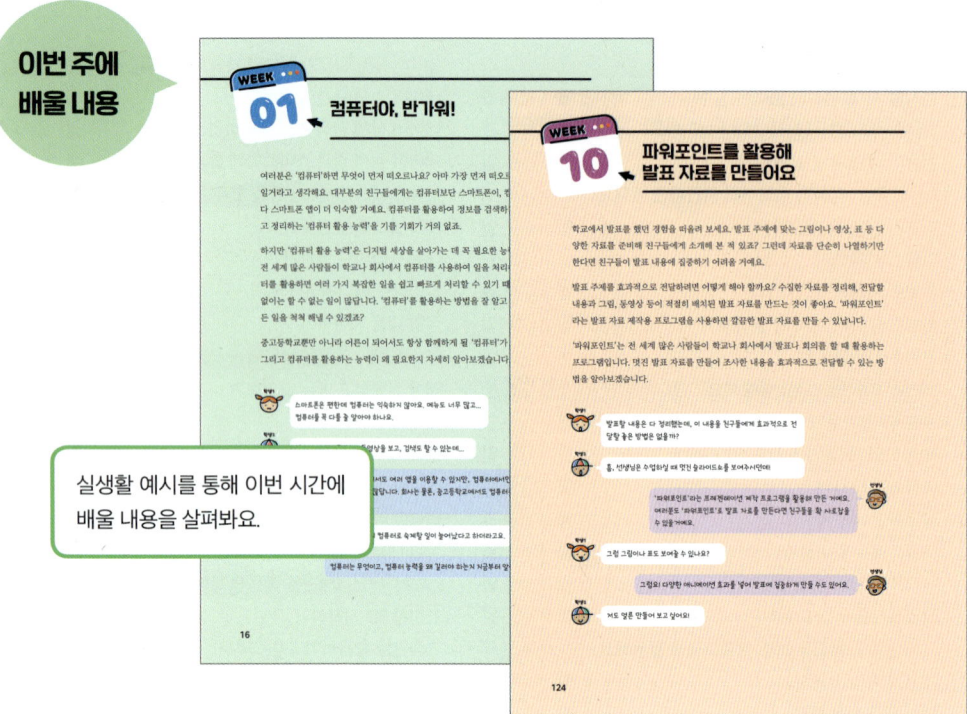

실생활 예시를 통해 이번 시간에 배울 내용을 살펴봐요.

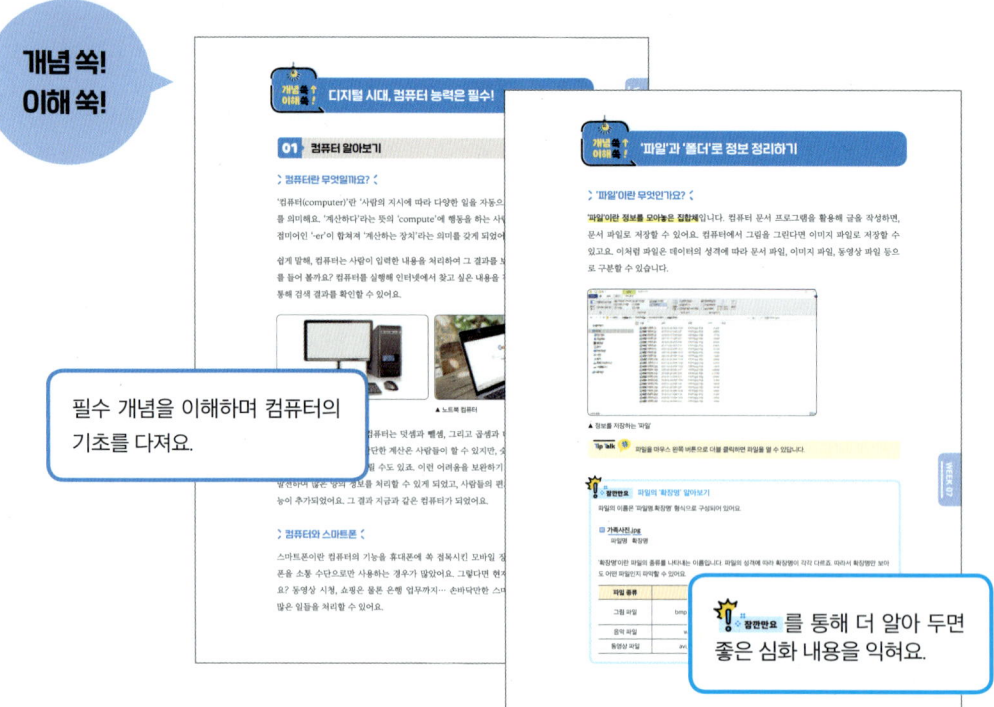

필수 개념을 이해하며 컴퓨터의 기초를 다져요.

잠깐만요를 통해 더 알아 두면 좋은 심화 내용을 익혀요.

무작정 따라하기

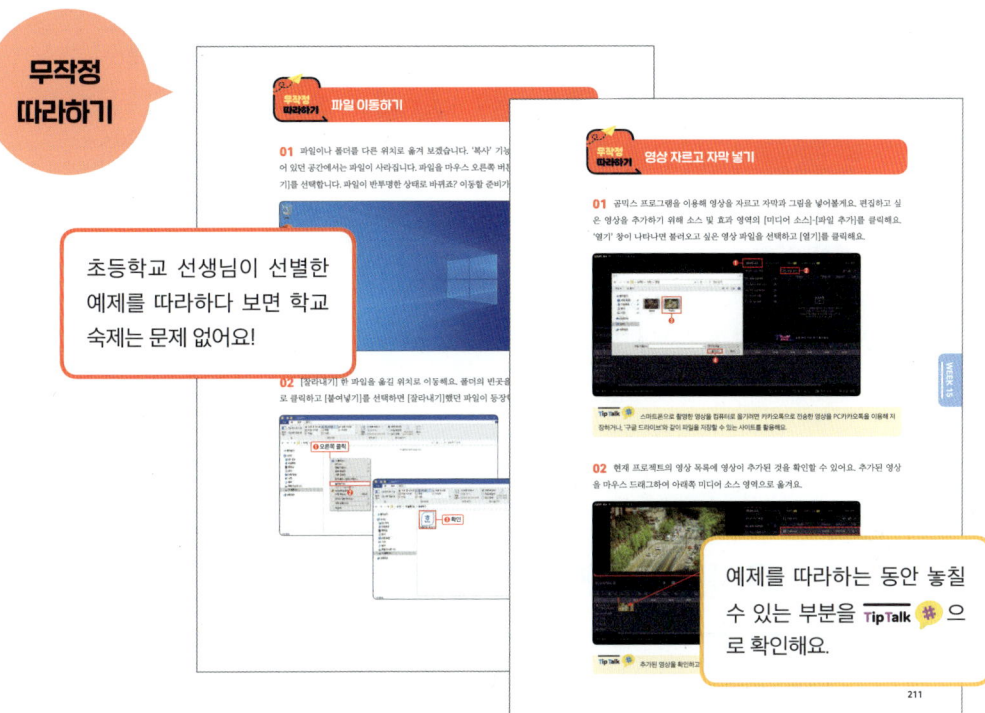

초등학교 선생님이 선별한 예제를 따라하다 보면 학교 숙제는 문제 없어요!

예제를 따라하는 동안 놓칠 수 있는 부분을 TipTalk 으로 확인해요.

쉬어가기 &부록

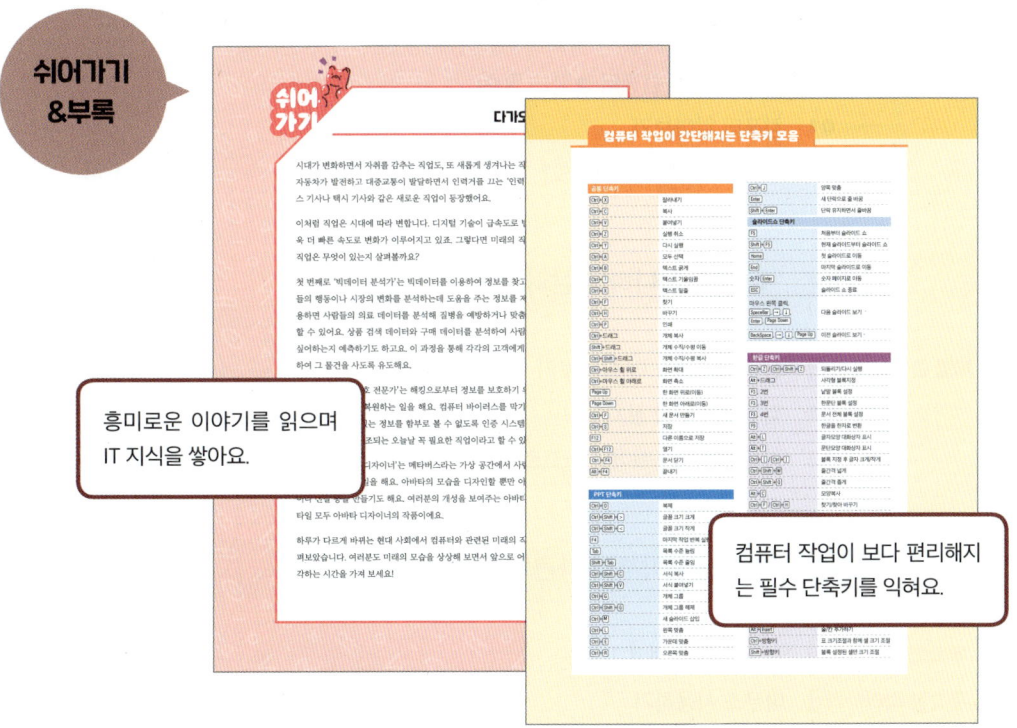

흥미로운 이야기를 읽으며 IT 지식을 쌓아요.

컴퓨터 작업이 보다 편리해지는 필수 단축키를 익혀요.

목차

- 머리말 003
- 글쓴이 소개 003
- 학습 도움말 004
- 무엇이든 물어보세요 004
- 학습 진도표 005
- 한눈에 펼쳐보는 학습 구성 006
- 기적의 공부방 013
- 부록 자료 다운로드하기 013

첫째마당 · 준비! 컴퓨터 처음 만나기

WEEK 01 컴퓨터야, 반가워!

[개념 쑥↑ 이해 쑥!] 디지털 시대, 컴퓨터 능력은 필수! 017
— 01 컴퓨터 알아보기 017
— 02 컴퓨터, 왜 배워야 하나요? 018

WEEK 02 컴퓨터, 하나하나 살펴봐요!

[개념 쑥↑ 이해 쑥!] 컴퓨터의 안과 밖 살펴보기 021
— 01 컴퓨터의 구성 장치 021
— 02 컴퓨터의 하드웨어와 소프트웨어 023

WEEK 03 컴퓨터 시작부터 차근차근 배워요!

[무작정 따라하기] 컴퓨터 전원 켜고 끄기 025
[무작정 따라하기] 마우스 사용하기 027

[무작정 따라하기]	키보드 사용하기	030
[무작정 따라하기]	키보드의 여러 가지 키 알아보기	031
[무작정 따라하기]	한컴 타자연습하기	032

WEEK 04 윈도우를 설정해요!

[개념 쑥↑ 이해 쏙!]	'윈도우' 알아보기	037
[개념 쑥↑ 이해 쏙!]	'바탕화면'과 '작업 표시줄' 알아보기	038
[무작정 따라하기]	바탕화면 바꾸기	039
[무작정 따라하기]	잠금 화면 바꾸기	041
[개념 쑥↑ 이해 쏙!]	[시작] 메뉴 알아보기	043
[무작정 따라하기]	[시작] 메뉴에 앱 고정하기	044
[무작정 따라하기]	작업 표시줄에 앱 고정하기	047
쉬어가기	컴퓨터의 시작과 발달	049

WEEK 05 윈도우 보조 프로그램을 활용해요

[무작정 따라하기]	계산기 기능 활용하기	051
[무작정 따라하기]	캡처 도구 활용하기	053
[무작정 따라하기]	스티커 메모 활용하기	057
[무작정 따라하기]	그림판 3D 활용하기	060
쉬어가기	새로운 세상으로! 메타버스	063

WEEK 06 인터넷 세상으로 떠나요

[개념 쑥↑ 이해 쏙!]	인터넷 기본 개념 다지기	065
[무작정 따라하기]	웹 브라우저 실행 및 설정하기	067
[무작정 따라하기]	주소창에 URL 주소 입력하기	069
[무작정 따라하기]	주소창 활용해 검색하기	070
[무작정 따라하기]	즐겨찾기 관리하기	072
[무작정 따라하기]	브라우저 시작 페이지 변경하기	076
[무작정 따라하기]	기본 검색 엔진 변경하기	078

실전! 컴퓨터와 친해지기

WEEK 07 '파일'과 '폴더'를 자유자재로 다뤄요

- [개념 쏙↑ 이해 쏙!] '파일'과 '폴더'로 정보 정리하기 · 083
- [무작정 따라하기] 파일 복사하고 붙여넣기 · 085
- [무작정 따라하기] 파일 이동하기 · 087
- [무작정 따라하기] 파일 삭제하기 · 089
- [무작정 따라하기] 새 폴더 만들고 이름 변경하기 · 091
- [무작정 따라하기] 파일 및 폴더 검색하기 · 093

WEEK 08 한글 프로그램을 활용해 글을 써요

- [무작정 따라하기] 한글 프로그램 실행 및 저장하기 · 095
- [무작정 따라하기] 한글 프로그램으로 글 쓰고 편집하기 · 097
- [무작정 따라하기] 한글 문서에 그림 삽입하기 · 102
- [무작정 따라하기] 한글 문서에 표 삽입하기 · 105
- [무작정 따라하기] 한글 문서 파일로 저장하기 · 108

WEEK 09 필요한 정보만 쏙쏙 검색해요

- [무작정 따라하기] 네이버 검색 옵션 활용하기 · 111
- [무작정 따라하기] 네이버 상세 검색 기능 활용하기 · 115
- [무작정 따라하기] 네이버 검색 결과 스마트하게 활용하기 · 119

WEEK 10 파워포인트를 활용해 발표 자료를 만들어요

- [무작정 따라하기] 제목 슬라이드 만들기 · 125
- [무작정 따라하기] 내용 슬라이드 만들기 · 129

| [무작정 따라하기] | 슬라이드 애니메이션 넣기 | 134 |
| [무작정 따라하기] | 작업 내용 저장하기 | 137 |

WEEK 11 엑셀을 활용해 숫자를 관리해요

[개념 쏙↑ 이해 쏙!]	엑셀 실행하고 메뉴 살펴보기	139
[무작정 따라하기]	데이터 입력하기	141
[무작정 따라하기]	셀과 테두리 설정하기	144
[무작정 따라하기]	데이터 복사하기	148
[무작정 따라하기]	입력한 데이터 계산하기	150
[무작정 따라하기]	작업 내용 저장하기	155

WEEK 12 그림판을 활용해 그림을 그려요

[개념 쏙↑ 이해 쏙!]	그림판 3D 시작하기	157
[무작정 따라하기]	그림판을 활용하여 그림 그리기	161
[무작정 따라하기]	작업 내용 저장하기	169
쉬어가기	똑똑한 친구 인공지능(AI)	171

셋째마당 준비! 컴퓨터 처음 만나기

WEEK 13 구글 설문지를 활용해 의견을 모아요

[무작정 따라하기]	구글 계정 만들기	175
[무작정 따라하기]	구글 설문지 만들기	178
[무작정 따라하기]	구글 설문지 질문 만들기	180
[무작정 따라하기]	구글 설문지 추가 기능 알아보기	183

WEEK 14 미리캔버스로 발표 자료를 제작해요

- [무작정 따라하기] 미리캔버스 사이트 접속하기 · · · · · · 189
- [무작정 따라하기] 미리캔버스 템플릿 활용하기 · · · · · · 190
- [무작정 따라하기] 템플릿 텍스트 편집하기 · · · · · · 192
- [무작정 따라하기] 페이지에 사진과 기타 요소 추가하기 · · · · · · 197
- [무작정 따라하기] 페이지 편집 메뉴 살펴보기 · · · · · · 200
- [무작정 따라하기] 다운로드 기능 알아보기 · · · · · · 203
- [쉬어가기] 다가오는 미래의 직업 · · · · · · 205

WEEK 15 곰믹스로 영상을 편집해요

- [개념 쏙↑ 이해 쏙!] 영상 편집 프로그램 '곰믹스' · · · · · · 207
  - —— 01 '곰믹스' 알아보기 · · · · · · 207
  - —— 02 곰믹스 살펴보기 · · · · · · 208
- [무작정 따라하기] 영상 자르고 자막 넣기 · · · · · · 211
- [무작정 따라하기] 영상에 이미지 추가하기 · · · · · · 217
- [무작정 따라하기] 영상 인코딩하기 · · · · · · 220

WEEK 16 패들렛을 활용해 친구들과 협업해요

- [무작정 따라하기] 패들렛 살펴보기 · · · · · · 223
- [무작정 따라하기] 패들렛에 글 작성하기 · · · · · · 228
- [무작정 따라하기] 패들렛 똑똑하게 이용하기 · · · · · · 231
- [무작정 따라하기] 패들렛 공유하기 · · · · · · 234

기적의 공부방에서 함께 공부해요!

길벗스쿨 공식 카페 《기적의 공부방》에 방문해 보세요. 책 기획 과정 참여부터 꾸준한 학습까지 관리까지 엄마표 학습을 위한 다양한 노하우와 학습 자료를 제공합니다.

기적의 공부방 가입 혜택

기적의 공부방 ▶ http://cafe.naver.com/gilbutschool

① 꾸준한 학습이 가능해요!
- 스케줄 관리를 통해 책 한 권을 끝낼 수 있는 학습단에 참여해 보세요!
- 도서 관련 학습 자료와 선배 엄마들의 노하우를 확인할 수 있어요!
- 궁금한 것이 있다면 Q&A 서비스를 통해 카페지기와 선배 엄마들의 답변을 들을 수 있어요!

② 책 기획 과정에 참여해요!
- 독자기획단을 통해 전문 편집자와 함께 아이템 선정부터 책의 목차, 책의 구성 등을 함께 만들어가요!
- 출간 전 도서를 체험해 보는 베타테스트를 통해 도서의 장/단점을 파악하여 더 나은 도서를 만드는 데 기여해요!

③ 재미와 선물이 팡팡 터져요!
- 매일 새로운 주제로 엄마들과 댓글 이야기를 나누고 간식도 받아요!
- 매주 카페 활동왕을 선정하여 푸짐한 상품을 드려요!
- 사진 콘테스트 등 매번 색다른 친목 이벤트로 재미와 선물을 동시에 잡아요!

부록 자료 다운로드하기

길벗출판사 홈페이지(www.gilbut.co.kr)에서는 《초등학생을 위한 컴퓨터 기초+활용 무작정 따라하기》의 실습에 필요한 데이터 파일을 제공하고 있어요.

1 길벗출판사 홈페이지(www.gilbut.co.kr)에 접속하세요. 홈페이지 회원이 아니라도 파일을 다운로드할 수 있지만 만약 회원으로 가입하고 싶다면 [회원가입]을 클릭하고 가입 절차에 따라 아이디를 만드세요.

2 길벗출판사 홈페이지에 로그인한 후 검색 창에 '초등학생을 위한 컴퓨터 기초+활용 무작정 따라하기'를 입력하세요. 그런 다음 [자료실]을 클릭해 학습 자료를 다운로드하세요.

3 실습이 필요할 때 활용하세요.

첫째마당

준비!
컴퓨터 만나기

선생님을 따라 기본기를 차근차근 다지며 컴퓨터와 친해져 봅시다. 어느새 컴퓨터 실력이 쑥쑥 자라 있을 거예요!

WEEK 01 ··· 컴퓨터야, 반가워!
WEEK 02 ··· 컴퓨터, 하나하나 살펴봐요
WEEK 03 ··· 컴퓨터 시작부터 차근차근 배워요
WEEK 04 ··· 윈도우를 설정해요
WEEK 05 ··· 윈도우 보조 프로그램을 활용해요
WEEK 06 ··· 인터넷 세상으로 떠나요

내 보물을 소개해요

여러분은 '컴퓨터'하면 무엇이 먼저 떠오르나요? 아마 가장 먼저 떠오르는 단어가 '게임' 일 거라고 생각해요. 대부분의 친구들에게는 컴퓨터보단 스마트폰이, 컴퓨터 프로그램보다 스마트폰 앱이 더 익숙할 거예요. 컴퓨터를 활용하여 정보를 검색하거나, 문서를 만들고 정리하는 '컴퓨터 활용 능력'을 기를 기회가 거의 없죠.

하지만 '컴퓨터 활용 능력'은 디지털 세상을 살아가는 데 꼭 필요한 능력 중 하나랍니다. 전 세계 많은 사람들이 학교나 회사에서 컴퓨터를 사용하여 일을 처리하고 있어요. 컴퓨터를 활용하면 여러 가지 복잡한 일을 쉽고 빠르게 처리할 수 있기 때문이에요. 요즘에는 컴퓨터 없이는 할 수 없는 일이 많답니다. '컴퓨터'를 활용하는 방법을 잘 알고 있다면 어디에 가든 일을 척척 해낼 수 있겠죠?

중고등학교뿐만 아니라 어른이 되어서도 항상 함께하게 될 '컴퓨터'가 정확히 무엇인지, 그리고 컴퓨터를 활용하는 능력이 왜 필요한지 자세히 알아보겠습니다.

스마트폰은 편한데 컴퓨터는 익숙하지 않아요. 메뉴도 너무 많고… 컴퓨터를 꼭 다룰 줄 알아야 하나요.

맞아요. 스마트폰으로도 동영상을 보고, 검색도 할 수 있는데…

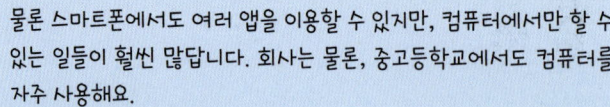
물론 스마트폰에서도 여러 앱을 이용할 수 있지만, 컴퓨터에서만 할 수 있는 일들이 훨씬 많답니다. 회사는 물론, 중고등학교에서도 컴퓨터를 자주 사용해요.

저희 오빠도 중학생이 되더니 컴퓨터로 숙제할 일이 늘어났다고 하더라고요.

컴퓨터는 무엇이고, 컴퓨터 능력을 왜 길러야 하는지 지금부터 알아봅시다!

 촬영할 때 이런 실수는 피해요

01 컴퓨터 알아보기

〉컴퓨터란 무엇일까요?〈

'컴퓨터(computer)'란 '사람의 지시에 따라 다양한 일을 자동으로 처리하는 기계 장치'를 의미해요. '계산하다'라는 뜻의 'compute'에 행동을 하는 사람이나 장치를 의미하는 접미어인 '-er'이 합쳐져 '계산하는 장치'라는 의미를 갖게 되었어요.

쉽게 말해, 컴퓨터는 사람이 입력한 내용을 처리하여 그 결과를 보여주는 기계입니다. 예를 들어 볼까요? 컴퓨터를 실행해 인터넷에서 찾고 싶은 내용을 검색하면 모니터 화면을 통해 검색 결과를 확인할 수 있어요.

▲ 데스크톱 컴퓨터

▲ 노트북 컴퓨터

오늘날 우리가 사용하는 컴퓨터는 덧셈과 뺄셈, 그리고 곱셈과 나눗셈을 할 수 있는 계산기에서 시작되었어요. 간단한 계산은 사람들이 할 수 있지만, 숫자가 커지면 시간도 오래 걸리고 계산 결과가 틀릴 수도 있죠. 이런 어려움을 보완하기 위해 만든 기기가 점차 발전하여 많은 양의 정보를 처리할 수 있게 되었고, 사람들의 편의를 위해 여러 가지 기능이 추가되었어요. 그 결과 지금과 같은 컴퓨터가 되었답니다.

〉컴퓨터와 스마트폰〈

스마트폰이란 컴퓨터의 기능을 휴대폰에 쏙 접목시킨 모바일 장치예요. 예전에는 휴대폰을 소통 수단으로만 사용하는 경우가 많았어요. 그렇다면 현재의 스마트폰은 어떤가요? 동영상

시청, 쇼핑은 물론 은행 업무까지… 손바닥만한 스마트폰을 활용해 일상의 많은 일들을 처리할 수 있어요. 기술이 발달함에 따라 컴퓨터와 스마트폰의 경계가 희미해지면서, 컴퓨터를 활용해야 했던 일들이 스마트폰에서도 가능해지고 있어요. 스마트폰의 각종 애플리케이션을 활용하여 더 다양한 일을 할 수 있게 되었죠.

> **TipTalk #** '애플리케이션(Application)'이란 스마트폰 내에서 특정한 기능을 수행하도록 만든 프로그램이에요.

스마트폰이 이렇게나 편리한데, 컴퓨터를 꼭 배워야 하냐고요? 그럼요! 아직은 컴퓨터에서만 실행할 수 있는 일이 훨씬 더 많습니다. 대학교, 회사는 물론 중학교에만 가도 컴퓨터 프로그램을 다룰 일이 많아진답니다. 컴퓨터를 능숙하게 다룰 줄 알면 자신감이 쑥쑥 자라날 거예요. 컴퓨터 활용 능력을 미리미리 길러두는 것이 좋겠죠?

02 컴퓨터, 왜 배워야 하나요?

〉지금은 디지털 시대 〈

여러분은 태어날 때부터 디지털 환경에서 자라 왔기 때문에 스마트폰, 태블릿 PC 등의 디지털 기기를 능숙하게 다룰 수 있을 거예요. '디지털 네이티브'인 여러분은 책보다 디지털 기기를 통해 정보를 찾는 일에 더 익숙해요. 인스타그램, 틱톡 등 SNS을 활용하여 다른 사람과 활발하게 소통하고 유튜브를 통해 영상을 보며 쉬는 시간을 보내죠.

지금 우리는 '디지털 시대'를 살고 있어요. 이제 디지털 기기는 생활에 필수적인 요소가 되었죠. 디지털 기기를 활용하여 온라인상에서 다양한 체험을 할 수 있고 실제로 만나지 않아도 시간과 공간을 넘어 소통할 수 있답니다.

> **TipTalk #** '디지털 네이티브(Digital native)'란 '디지털 원어민'이라는 뜻으로, 어린 시절부터 스마트폰 등과 같은 디지털 기기를 익숙하게 사용하며 자란 세대를 말해요.

〉컴퓨터 활용 능력이 필요한 이유 〈

디지털 시대에 살아가는 우리들에게는 **자료를 정리하고 내 생각을 전달하는 능력**이 꼭 필요해요. 여러분은 스마트폰을 다루는 데 익숙한 반면 컴퓨터를 활용하는 능력은 부족한 경우가 많아요. 스마트폰으로 정보를 검색하고 영상을 보거나 메시지를 보내는 것은 쉽게 처리하지만, 컴퓨터를 이용하여 정보를 찾고 자료를 정리하는 일에는 어려움을 겪곤 하죠.

하지만 디지털 시대에는 **수많은 정보 중 여러분이 필요로 하는 것이 무엇인지** 정확하게 찾고 처리할 수 있어야 해요. 모둠별 발표를 위해 자료를 조사할 때, 인터넷에서 정보를 찾는 과정에서 어려움을 겪었던 경험이 있나요? 컴퓨터로 자료를 정리하지 못해 헤맸던 경험은요? 컴퓨터를 효과적으로 사용하는 방법을 모른다면 언제든지 겪을 수 있는 일이에요.

이런 상황에서 '컴퓨터'를 자유자재로 다룰 줄 안다면 아주 편리할 거예요. 필요한 내용을 찾기 위해 정보를 검색하거나 '한글 프로그램', '파워포인트 프로그램'을 사용하여 문서를 만들고 다른 사람에게 공유할 수 있어요. 이처럼 여러 가지 일을 처리하는 '컴퓨터 활용 능력'은 디지털 시대에 꼭 필요한 자질 중 하나입니다.

여러분이 이 책을 통해 '컴퓨터'를 활용하는 방법을 차근차근 연습한다면 다음과 같은 능력이 자라날 거예요.

> 첫째, 컴퓨터의 기본적인 기능을 사용하는 능력
> 둘째, 컴퓨터를 활용하여 여러 정보를 처리하는 능력
> 셋째, 컴퓨터를 활용하여 처리한 정보를 효과적으로 전달하는 능력

여러분이 이 책을 통해 디지털 시대를 살아가는 데 꼭 필요한 '컴퓨터 활용 능력'을 기를 수 있기를 바랍니다.

컴퓨터, 하나하나 살펴봐요!

컴퓨터는 우리의 일상 생활에 여러 가지 도움을 주고 있어요. 사람들은 컴퓨터를 활용하여 문서를 작성하거나 유튜브에 있는 동영상을 보고, 인터넷에 접속해 여러 가지 정보를 검색하기도 합니다.

이렇게 생활을 편리하게 해주는 컴퓨터에 대해 얼만큼 알고 있나요? 컴퓨터가 무엇인지 어렴풋이 알고는 있지만, 정확히 설명하지 못하는 친구들이 많을 거예요. 컴퓨터를 사용하는 데 아직 익숙하지 않다면 주목하세요! 선생님과 함께 컴퓨터 기본 지식을 차근차근 배워 볼게요.

먼저 컴퓨터를 구성하는 장치의 이름을 알아보고 각 장치가 어떤 기능을 하는지 살펴봅시다. 그런 다음 '하드웨어'와 '소프트웨어'에 대해 배워 볼게요.

음? 선생님, 컴퓨터가 안 켜져요.

어디 보자~ 지금은 '모니터'의 전원만 켜져 있네요. 컴퓨터를 실행하려면 '본체'의 전원을 켜야 해요.

모니터에서 화면이 나오니까 이것만 켜면 되는 줄 알았어요!

본체에 모니터, 키보드, 마우스 등 장치를 연결해야 컴퓨터를 이용할 수 있어요. 컴퓨터의 구성 요소를 알아볼까요?

컴퓨터의 안과 밖 살펴보기

01 컴퓨터의 구성 장치

> '데스크톱 컴퓨터'란? <

'데스크톱 컴퓨터(Desktop Computer)'란 책상에서 사용하도록 만들어진 개인용 컴퓨터예요. 휴대할 수 있는 '노트북'이나 손에 들고 사용할 수 있는 '태블릿PC'와 달리, 데스크톱 컴퓨터는 책상 위에 놓고 사용하도록 만들어졌어요. 노트북이 등장하기 전까지는 대부분의 컴퓨터가 데스크톱 형태였답니다. 데스크톱 컴퓨터는 본체, 모니터, 스피커, 마우스, 키보드, 등으로 구성되어 있어요. 이 중 '본체'는 컴퓨터의 모든 명령을 실행하는 핵심 장치입니다. 본체 안에는 '뇌'와 같은 역할을 하는 '중앙처리장치(CPU)', 메모리, 그래픽카드 등이 들어 있답니다.

또한 컴퓨터에 자료를 입력하는 마우스와 키보드 등은 '입력 장치'라고 부르고, 컴퓨터가 처리한 결과를 글자, 이미지, 소리 등으로 보여주는 모니터, 스피커 등은 '출력 장치'라고 불러요.

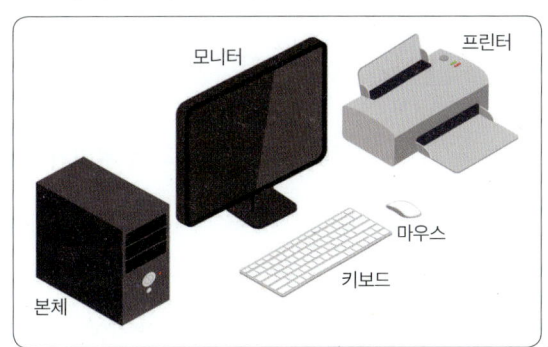

▲ 데스크톱 컴퓨터의 구성

> **TipTalk #** 노트북은 본체, 모니터, 키보드 등이 합쳐진 컴퓨터예요. 휴대성이 뛰어나기 때문에 언제 어디서나 노트북을 사용할 수 있어요.

> '입력 장치' 알아보기 <

'입력 장치'는 문자, 목소리, 그림 등의 자료를 컴퓨터 내부로 전달하는 장치예요.

'키보드(Keyboard)'는 문자, 숫자 등을 입력하는 대표적인 입력 장치입니다. 사용자가 각각의 키를 입력하면 문자의 내용이 컴퓨터 시스템에 전달됩니다. 키보드에는 글자가 써 있는 버튼이 있는데 이것을 '키(key)'라고 합니다. 이 키를 눌러 글자를 입력할 수 있어요. 문자 키, 숫자 키, 조합 키 등으로 나눌 수 있으며, 자세한 내용은 30쪽에서 살펴보겠습니다. 키보드마다 차이가 있기는 하지만 자주 쓰이는 키보드의 형태에서는 한 키보드에 약 106개의 키가 있답니다.

'마우스(Mouse)'는 손으로 움직이며 사용하는 입력 장치로, 모니터 화면에 나타나는 커서를 움직여 특정 아이콘을 선택하거나 프로그램을 실행하는 등 다양한 기능을 수행해요. '쥐'의 생김새와 닮아서 '마우스(Mouse)'라는 이름이 붙었답니다.

▲ 입력장치인 '키보드'와 '마우스'

> '출력 장치' 알아보기 <

'출력 장치'는 **컴퓨터가 처리한 결과를 우리가 확인할 수 있도록 이미지, 소리 등으로 바꿔 주는 장치**에요.

'모니터(Monitor)'는 컴퓨터에서 작업하는 내용, 처리된 정보를 눈으로 확인할 수 있도록 화면으로 보여 주는 대표적인 출력 장치예요.

'스피커(Speaker)'는 컴퓨터의 전기 신호를 사람이 들을 수 있는 소리로 바꿔 주는 장치로, 컴퓨터로 동영상을 보거나 노래를 들을 때 스피커를 통해 소리를 들을 수 있어요.

'프린터(Printer)'는 컴퓨터에서 처리된 정보를 사람이 볼 수 있는 형태로 인쇄하는 장치예요. 입력 장치를 이용하여 입력한 글자나 그림 등을 종이에 인쇄할 수 있어요.

 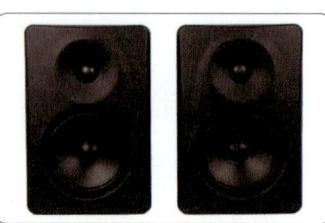 

▲ 출력장치인 '모니터', '스피커'와 '프린터'

 요즘은 모니터에 스피커 기능이 함께 있는 경우가 많아요.

02 컴퓨터의 하드웨어와 소프트웨어

〉'하드웨어'와 '소프트웨어' 〈

정보를 검색하거나, 인터넷 쇼핑을 하기 위해 컴퓨터를 사용하는 경우 컴퓨터만 있으면 될까요? 컴퓨터를 실행하고 인터넷에 접속하려면 '소프트웨어'의 도움을 받아야 해요. 즉, 컴퓨터를 실제로 사용하기 위해서는 '하드웨어'와 '소프트웨어'가 모두 있어야 합니다.

컴퓨터의 입력 장치와 출력 장치처럼 **눈으로 볼 수 있는 물체를 '하드웨어(Hardware)'** 라고 해요. 즉, 책상 위에 있는 모니터, 마우스, 스피커 등은 전부 하드웨어입니다.

반면 손으로 만질 수는 없지만 **하드웨어를 움직이도록 하는 프로그램을 '소프트웨어(Software)'** 라고 해요. 뇌가 우리 몸에 신호를 보내 팔다리가 움직이는 것처럼, 소프트웨어는 하드웨어가 작동하도록 신호를 보냅니다. 소프트웨어가 없다면 컴퓨터는 고철덩어리와 다를 바 없어요.

〉'시스템 소프트웨어'와 '응용 소프트웨어' 〈

소프트웨어는 또다시 '시스템 소프트웨어'와 '응용 소프트웨어'로 나눌 수 있어요.

'시스템 소프트웨어'란 컴퓨터를 작동시키기 위해 꼭 필요한 소프트웨어로, 사람들이 컴퓨터를 좀 더 편리하게 이용할 수 있도록 도와줍니다. 시스템 소프트웨어에는 여러 가지가 있지만, 가장 대표적인 것은 컴퓨터의 운영체제인 '윈도우'입니다.

'윈도우(Window)'는 미국의 마이크로소프트 회사가 만든 대표적인 시스템 소프트웨어로, 전세계 90% 이상의 사람들의 '개인 컴퓨터(PC)'에서 사용되고 있어요. 컴퓨터에 설치된 윈도우 덕분에 동시에 여러 가지 일을 처리할 수 있답니다.

 '운영 체제'란 컴퓨터의 하드웨어를 관리하고 응용 소프트웨어를 실행하도록 도와주는 프로그램을 말해요.

'응용 소프트웨어'란 컴퓨터를 편리하게 사용할 수 있도록 제작된 소프트웨어로, 특정한 일을 처리하기 위해 만들어진 프로그램이에요. '파워포인트(PowerPoint)', '워드(Word)'같은 문서 작성 프로그램, 인터넷으로 정보를 검색하기 위한 인터넷 브라우저, 게임을 즐길 수 있는 프로그램 등이 있답니다. 사용 목적에 따라 업무용, 교육용, 오락용 등으로 분류됩니다.

컴퓨터 시작부터 차근차근 배워요

스마트폰을 조작할 때는 화면 위에서 손가락을 움직입니다. 스마트폰 화면을 터치해 앱을 실행하고 손가락을 위아래로 움직여 화면을 이동해요. 그렇다면 컴퓨터를 조작할 때는 어떻게 할까요? 앞서 배운 입력 장치인 '마우스'와 '키보드'를 이용하면 원하는 동작을 컴퓨터에 전달할 수 있습니다.

이번 시간에는 컴퓨터의 전원을 켜고 끄는 방법부터, 마우스와 키보드를 능숙하게 다루는 방법까지 살펴봅시다. '마우스'를 이용해 프로그램을 실행하고 '키보드'를 활용해 문자를 입력할 수 있어요.

컴퓨터를 다뤄 본 적 있는 친구라면 '에이~ 너무 쉬운데?'라고 생각할 수도 있지만 여러분이 놓치고 있는 부분이 있을 수도 있으니 다시 한 번 점검해 봅시다! 컴퓨터로 여러 가지 작업을 하려면 반드시 익혀야 하는 기초 단계인 만큼 차근차근 배워 볼게요.

저는 키보드로 글자를 빨리 입력하기가 어려워요. 스마트폰 자판은 편한데…

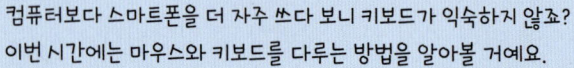
컴퓨터보다 스마트폰을 더 자주 쓰다 보니 키보드가 익숙하지 않죠? 이번 시간에는 마우스와 키보드를 다루는 방법을 알아볼 거예요.

타자 실력도 키울 수 있을까요?

그럼요! 차근차근 타자 연습을 하다 보면 어느새 능숙해져 있을 거예요!

컴퓨터 전원 켜고 끄기

01 컴퓨터의 전원을 켜고 끌 수 있는 전원 버튼은 ⏻ 모양이에요. 데스크톱 컴퓨터의 전원 버튼은 본체에, 노트북의 전원 버튼은 키보드의 오른쪽 위에 있는 경우가 많아요. 전원 버튼을 꾹 누르면 본체에서 소리가 나면서 컴퓨터가 실행되기 시작합니다. 조금 기다리면 컴퓨터가 완전히 켜지고 모니터에 윈도우 운영체제 화면이 나타나요.

02 컴퓨터 사용이 끝났다면 전원을 꺼 볼까요? 화면 왼쪽 아래 [시작](⊞) 버튼을 누르고 [전원](⏻) 버튼을 클릭해요. 그런 다음 [시스템 종료]를 선택하면 전원이 꺼져요.

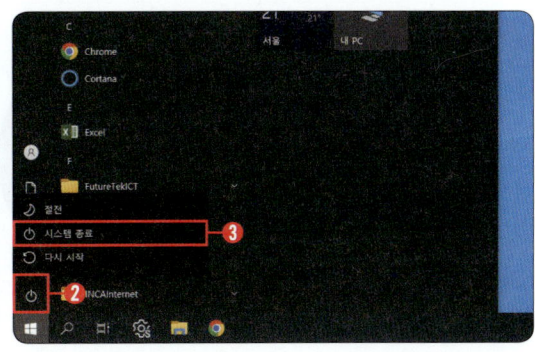

TipTalk 사용하는 운영체제가 '윈도우 11' 버전이라면 [시작](⊞) 버튼이 작업표시줄 가운데에 있을 거예요.

잠깐만요 컴퓨터를 끌 때 전원 버튼을 누르면 안 되나요?

컴퓨터를 끌 때는 컴퓨터를 켤 때처럼 전원 버튼을 누르면 안 돼요. 시스템 종료 과정을 거치지 않으면 컴퓨터가 고장 날 수 있기 때문이에요. 작업 중인 파일이 제대로 저장되지 않을 수도 있고요. 반드시 [시작] 메뉴를 이용해 전원을 올바르게 종료해야 합니다.

03 컴퓨터를 껐다가 다시 켜 볼까요? 컴퓨터를 오랜 시간 사용해 갑자기 작동이 안 될 때, 컴퓨터를 껐다가 켜면 정상적으로 작동되는 경우가 있거든요. 화면 왼쪽 아래 [시작](▣) 버튼을 클릭하고 [전원](⏻)을 선택해요. 그런 다음 [다시 시작]을 선택하면 컴퓨터 전원이 꺼진 후 자동으로 다시 켜져요.

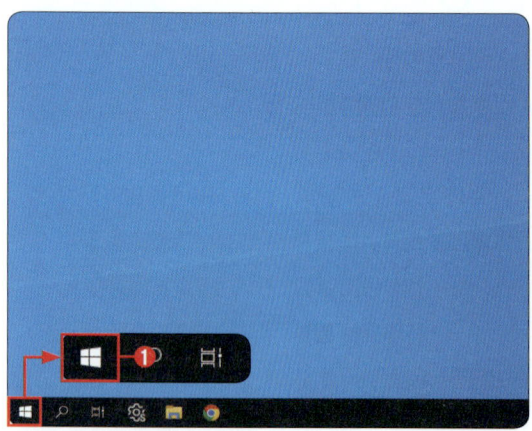 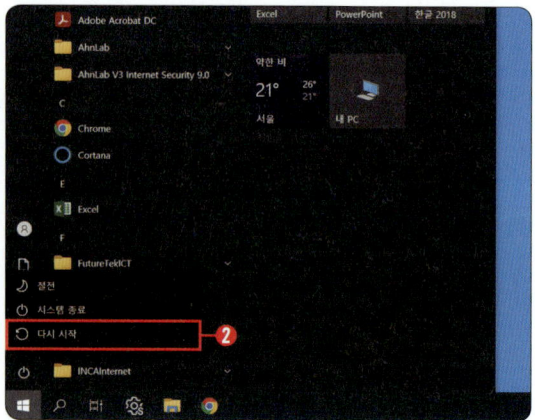

잠깐만요 컴퓨터는 전원을 꺼도 완전히 꺼진 게 아니라구요?

컴퓨터의 전원 버튼을 살펴볼까요? 우리 주변의 전자제품에서 ⏻와 같은 모양을 쉽게 찾아볼 수 있을 거예요. 전원 버튼에는 ⏻ 모양과 ⏼ 모양이 있는데 ⏻의 경우 '대기전력'을 사용하는 전자제품이라는 뜻이에요. '대기전력'이 있다는 것은 전원을 꺼도 계속 전기가 흘러 전원이 완전히 꺼지지 않는다는 의미랍니다. 따라서 컴퓨터를 사용하지 않을 때는 컴퓨터 본체와 연결되어 있는 콘센트를 뽑아 둬야 전기를 아낄 수 있어요.

▲ 대기 전력 있음   ▲ 대기 전력 없음

마우스 사용하기

01 '마우스'는 컴퓨터의 입력 장치로, 파일을 선택하고 옮기거나 다양한 프로그램을 실행하는 등 많은 역할을 수행해요. 마우스는 왼쪽 버튼, 오른쪽 버튼, 스크롤 휠로 구성되어 있어요.

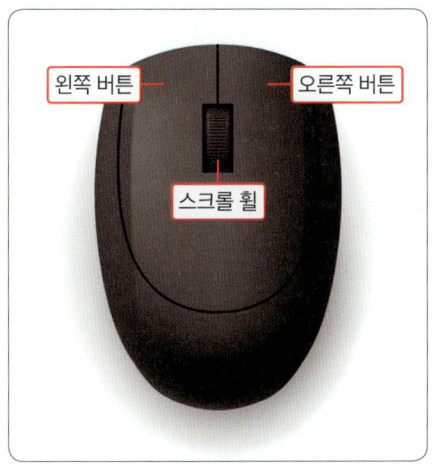

02 마우스를 잡는 방법을 살펴봅시다. 검지손가락은 왼쪽 버튼, 중지손가락은 오른쪽 버튼에 올리고 나머지 손가락은 마우스를 감싸듯이 잡아요. 마우스를 움직이면 커서를 움직일 수 있어요. 이때 손가락은 그대로 잡은 상태에서 손목을 좌우로 흔들며 마우스를 움직여요.

03 마우스의 왼쪽 버튼을 한 번 '딸깍' 누르는 것을 '클릭'이라고 해요. 마우스 커서를 아이콘 위에 올려놓고 '클릭'하면 폴더나 파일 등을 선택할 수 있어요.

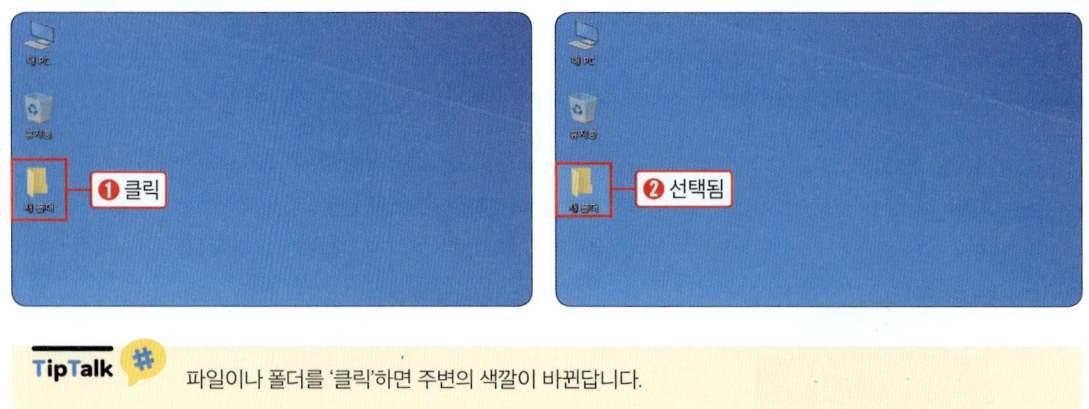

TipTalk # 파일이나 폴더를 '클릭'하면 주변의 색깔이 바뀐답니다.

04 마우스의 왼쪽 버튼을 빠르게 두 번 누르는 것을 '더블 클릭'이라고 해요. 아이콘 위에 커서를 올리고 '따닥' 누르면 폴더나 파일, 프로그램 등을 실행할 수 있어요.

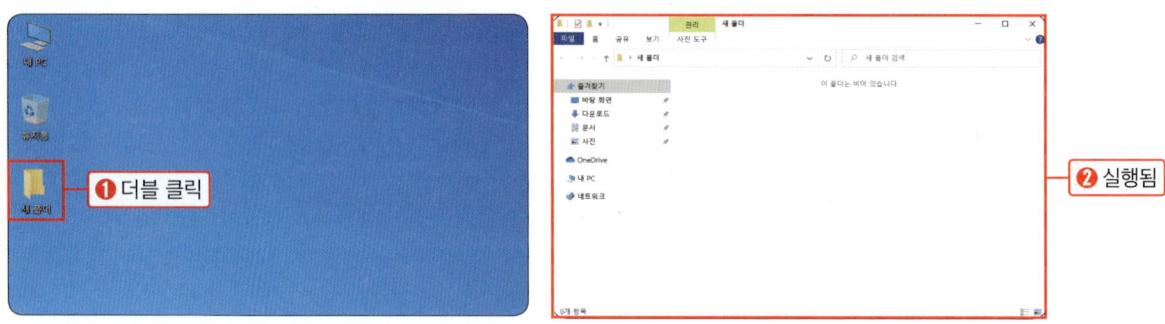

05 마우스의 왼쪽 버튼을 누른 상태에서 마우스를 이동하는 것을 '드래그', 버튼에서 손을 떼는 것을 '드롭'이라고 해요. 아이콘 위에 커서를 올리고 '드래그'하면 폴더나 파일의 위치를 옮길 수 있어요. 드래그하다가 왼쪽 버튼에서 손가락을 떼면 아이콘이 그 자리에 고정됩니다.

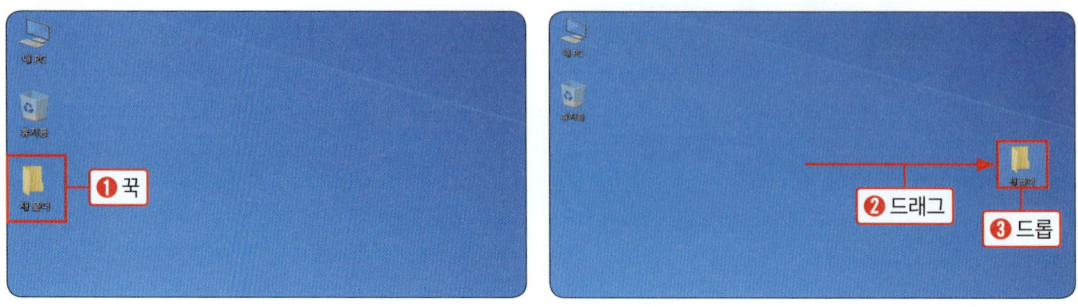

06 마우스의 오른쪽 버튼을 한 번 누르면 여러 가지 메뉴가 나타나요. [복사], [삭제]나 [이름 바꾸기] 등의 메뉴를 확인하고 실행할 수 있어요.

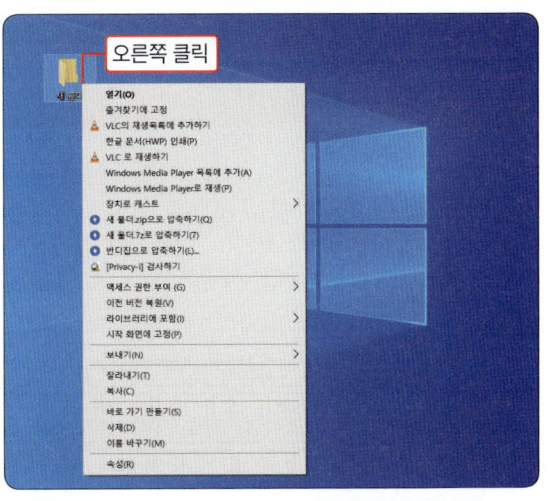

07 마우스의 스크롤 휠을 위나 아래로 굴리면 모니터에 보이는 화면을 움직일 수 있어요. 예를 들어, 인터넷 창을 켰을 때 스크롤 휠을 아래로 움직이면 인터넷 창의 내용이 아래로 움직여요.

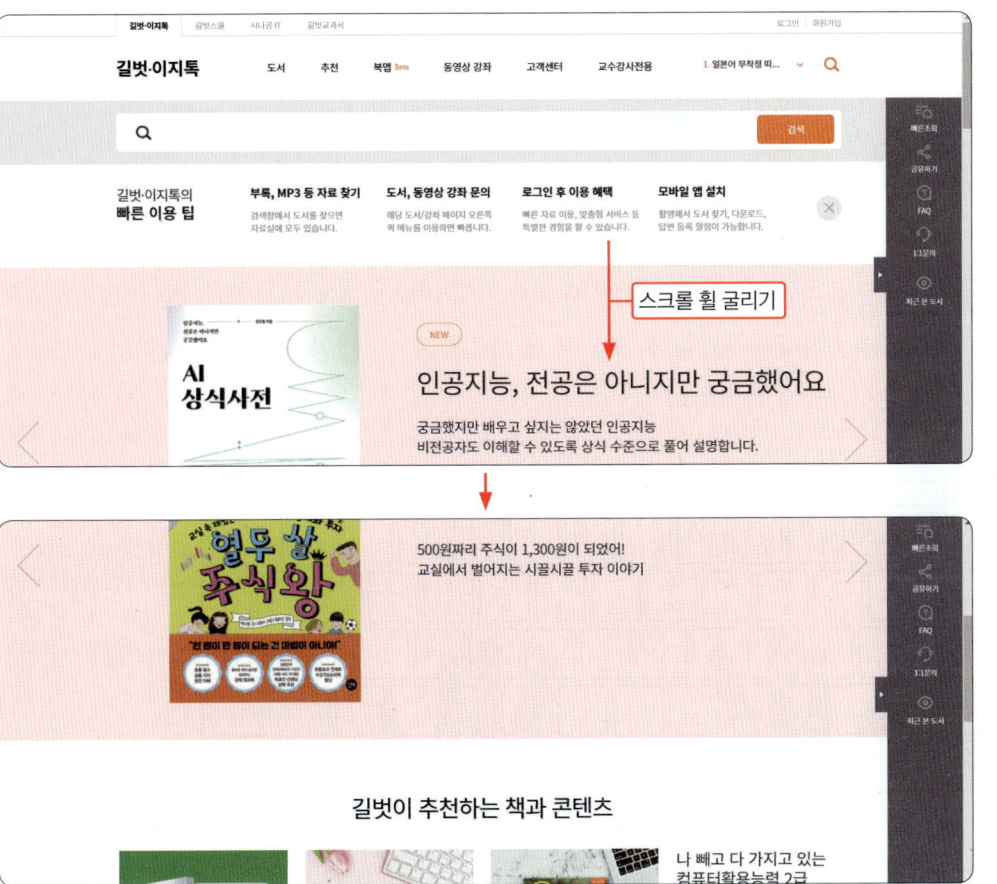

키보드 사용하기

01 키보드는 컴퓨터에 문자를 입력하는 장치예요. 키보드는 문자 키, 숫자 키, 기능 키 등으로 구성되어 있습니다. 사용자는 각각의 키를 눌러 컴퓨터에 정보를 전달해요.

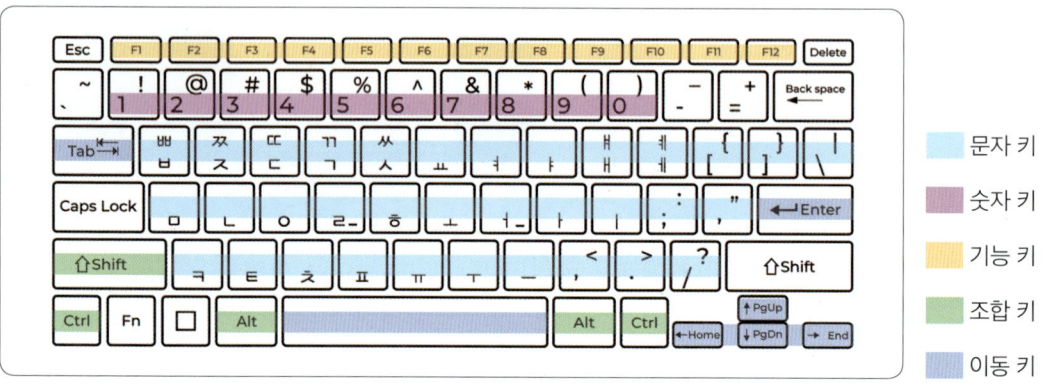

> **잠깐만요 각각의 키에는 어떤 기능이 있나요?**
>
> 문자나 숫자를 입력하는 키 외에도 띄어쓰기를 할 수 있는 Spacebar, 입력한 문자를 지울 수 있는 ←Bksp, 모니터 화면을 캡쳐하는 Print Screen 등이 있어요. 또한 다른 키와 함께 눌러 특정 동작을 수행하는 조합키인 Ctrl 와 Alt 도 있습니다.

02 ㄹ와 ㅓ는 손가락의 기준이 되기 때문에 키의 아랫부분에 볼록하게 튀어나와 있어요. 따라서 왼쪽 검지손가락은 ㄹ 위에, 오른쪽 검지손가락은 ㅓ 위에 올리고 나머지 손가락은 자연스럽게 키보드 위에 올립니다.

키보드의 여러 가지 키 알아보기

› 여러 가지 키 살펴보기 ‹

키보드에는 문자와 숫자 키만 있는 것이 아니에요. 이동할 때 사용하는 이동 키, 다른 키와 함께 사용해 여러 가지 기능을 수행하는 조합 키 등이 있답니다. 자주 사용하는 키의 기능을 알아봅니다.

키	설명
Enter	문자를 입력할 때 줄바꿈을 할 수 있어요. 또한 앱(프로그램)이나 파일이 선택되어 있는 상태에서 Enter를 누르면 바로 실행됩니다.
Spacebar	문자를 입력할 때 띄어쓰기를 할 수 있어요.
Backspace	문자를 입력할 때 커서의 왼쪽 글자를 지울 수 있어요.
Delete	문자를 입력할 때 커서의 오른쪽 글자를 지울 수 있어요.

› 단축키를 활용해 작업을 편리하게 ‹

Ctrl, Alt 등 조합 키와 특정 문자 키를 동시에 누르면 정해진 명령이 실행됩니다. 이렇게 지정된 조합을 '단축키'라고 해요. 단축키를 활용하면 작업이 훨씬 쉽고 빨라진답니다. 자주 사용하는 대표적인 단축키를 알아봅시다.

단축키	기능
Ctrl+C	선택한 파일이나 폴더를 똑같이 '복사'할 수 있어요.
Ctrl+V	복사했던 파일이나 폴더를 '붙여넣기'할 수 있어요.
Ctrl+Z	컴퓨터가 실행했던 일을 '되돌리기'할 수 있어요.
Alt+Tab	컴퓨터에서 실행되고 있는 다른 프로그램이나 창으로 이동할 수 있어요.
Alt+F4	화면에서 실행되고 있는 프로그램이나 창을 종료할 수 있어요.

한컴 타자연습하기

01 아직은 키보드 사용이 익숙하지 않은 친구들도 있을 거예요. 키보드를 능숙하게 다루기 위해 '한컴 타자연습' 프로그램으로 연습해 봅시다. 작업표시줄에 있는 검색창에 '한컴 타자연습'이라고 쓰고 엔터키를 눌러봅시다.

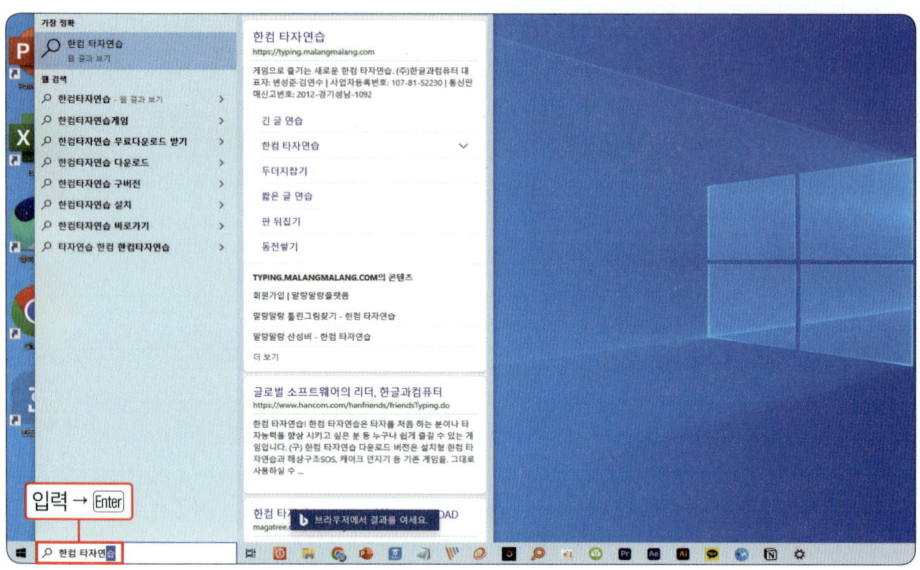

TipTalk 작업표시줄에 있는 검색창은 계산기, 메모장과 같은 컴퓨터 보조 프로그램을 찾아 실행하거나, 웹 브라우저로 내용을 검색할 때 사용할 수 있어요.

02 웹 브라우저에서 '한컴 타자연습'을 검색한 결과가 나타납니다. '한컴 타자연습' 사이트를 클릭해 봅시다.

03 웹 페이지가 나타나면 가운데의 [한컴 타자연습 시작] 버튼을 클릭합니다. '타자연습 알림' 창이 나타나면 [확인]을 클릭합니다.

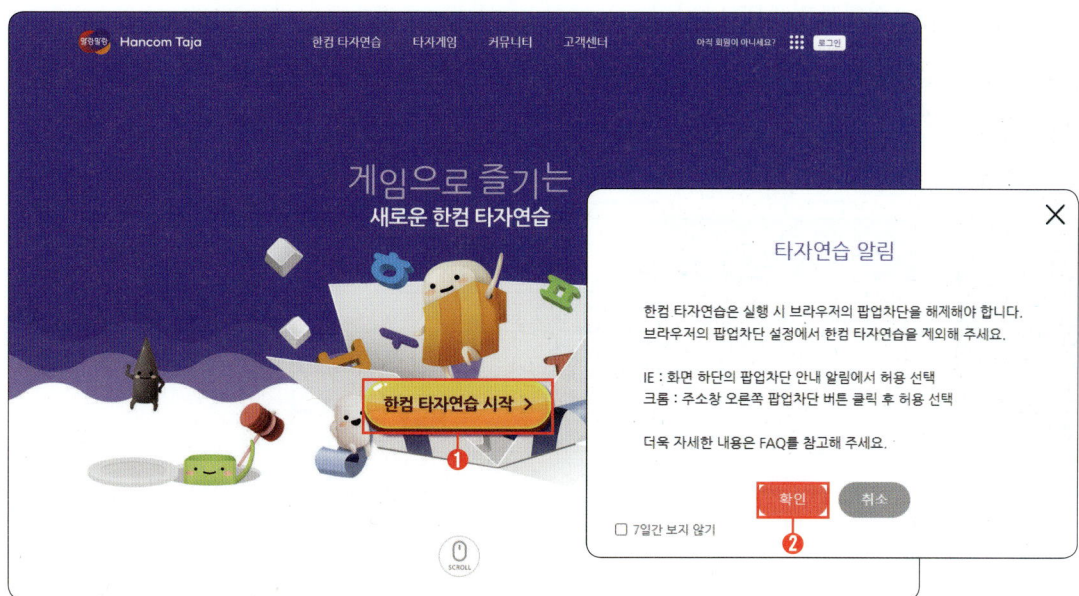

> **TipTalk** 웹브라우저의 위쪽에 '게스트는 전적, 포인트 등이 기록되지 않습니다. 로그인 하시겠습니까?'라는 메시지가 나타납니다. 로그인하지 않아도 이용할 수 있으므로 [취소]를 클릭합니다.

04 여러분의 타자 실력에 맞는 단계를 선택해서 연습하면 됩니다. 우선 [자리 연습]의 [1단계]를 클릭해 봅시다. 자판의 위치를 익히는 시간입니다.

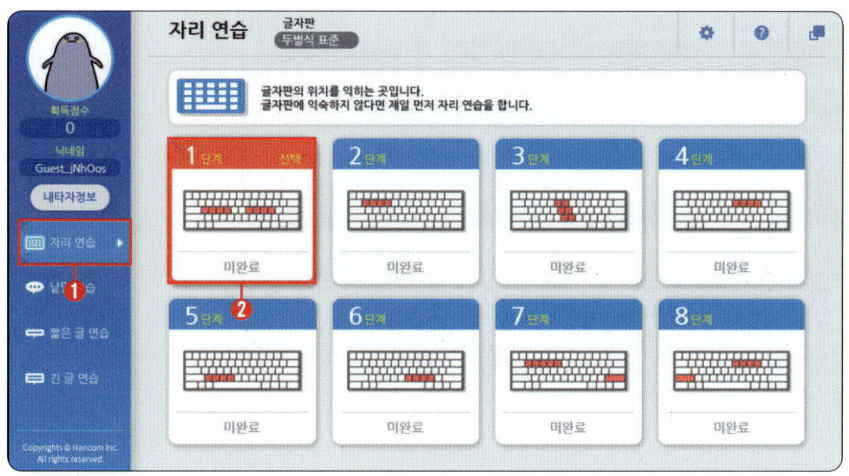

05 화면에 나타나는 손가락을 보면서 키보드 위에 손을 어떻게 올려놓아야 하는지, 제시되는 타자를 어느 손가락으로 누르면 되는지 확인해 보세요. 키보드로 타자를 치면 화면에 진행도, 오타수, 정확도가 나타납니다.

TipTalk 손가락 위치를 알려주는 기능을 끄고 싶다면 [손 가이드 끄기] 버튼을 클릭하세요.

06 자리 연습을 마쳤다면 왼쪽 메뉴에서 [낱말 연습]을 클릭하고 원하는 단계를 선택합니다.

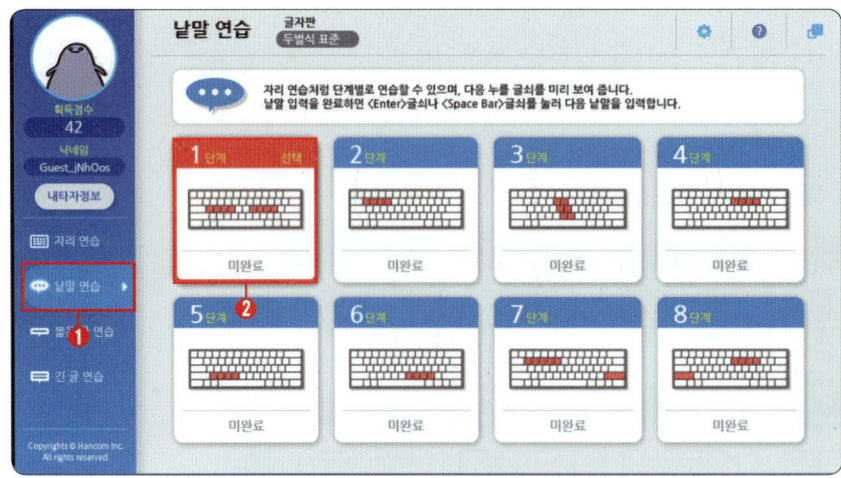

07 제시된 낱말을 입력하고 Enter 혹은 Spacebar 를 누릅니다.

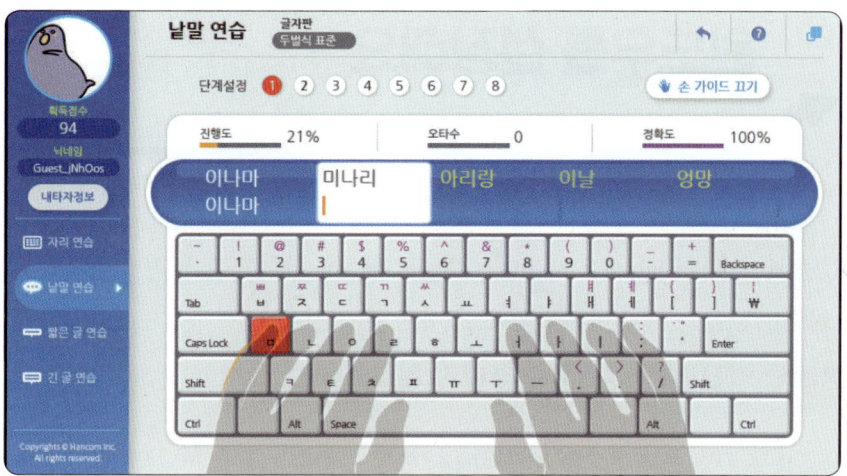

08 낱말 연습을 마쳤다면 [짧은 글 연습]과 [긴 글 연습]으로 문장을 쓰는 연습도 해 봅시다.

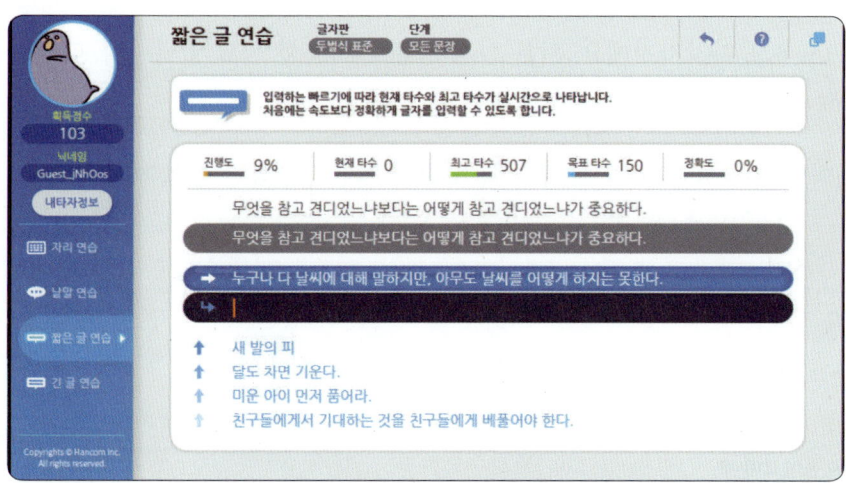

TipTalk 사용 환경 및 시스템 업데이트 상황에 따라 화면이 다르게 보일 수 있어요. 학습을 따라하는 데는 문제가 없으니 당황하지 마세요!

윈도우를 설정해요

스마트폰을 처음 접했던 날을 기억하나요? 처음에는 모든 기능이 낯설게만 느껴졌겠지만 사용하면 할수록 점차 익숙해졌을 거예요. 내게 맞게 스마트폰 설정을 변경하기도 하고요! 대부분의 스마트폰 사용자는 기본 설정 그대로 사용하지 않고 자신이 원하는 대로 설정을 조금씩 변경합니다.

벨소리나 배경화면을 바꾸기도 하고, 알림 설정을 변경하기도 해요. 상상해 보세요. 모든 스마트폰에서 울리는 벨 소리가 똑같고, 배경화면도 변경되지 않는다면 매우 불편하겠죠? 꾸미는 재미가 없기도 하고요!

컴퓨터 운영체제인 윈도우도 마찬가지예요. 기본 설정 그대로 사용할 필요 없답니다. 다양하게 제공되는 옵션 중에서 골라 설정을 내게 맞게 변경해 봅시다.

우선 윈도우의 기본 화면과 구성 요소를 살펴보고, 바탕화면과 잠금화면 등을 변경하는 방법을 알아봅시다.

컴퓨터를 켰는데, 바탕화면 아래에 있는 이 가로줄은 뭐지?

여러 가지 아이콘이 보이네!

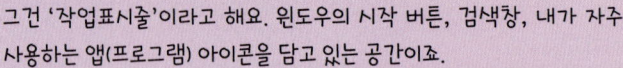
그건 '작업표시줄'이라고 해요. 윈도우의 시작 버튼, 검색창, 내가 자주 사용하는 앱(프로그램) 아이콘을 담고 있는 공간이죠.

와! 제가 원하는 앱(프로그램)을 여기에 추가할 수 있는 건가요?

물론이죠! 작업표시줄과 바탕화면의 설정을 변경하는 방법을 알아볼까요?

'윈도우' 알아보기

▲ '윈도우'를 개발한 마이크로소프트 웹사이트 모습

'윈도우'란 마이크로소프트에서 개발한 컴퓨터 운영체제를 말해요. 즉, 우리가 컴퓨터를 다룰 수 있도록 도와주는 기본 시스템이랍니다.

윈도우는 1985년 출시된 이후로 지금까지 계속 업데이트를 하고 있습니다. 현재 최신 버전은 2021년 출시된 윈도우 11입니다.

 또 다른 운영체제로는 '맥 OS'가 있으며, 주로 '애플'에서 제작한 컴퓨터에서 사용됩니다.

내 컴퓨터의 윈도우 버전을 확인하려면 어떻게 해야 할까요? 바탕화면에 있는 [내 PC] 폴더를 마우스 오른쪽 버튼으로 클릭하고 [속성]을 클릭하면 확인할 수 있어요. 컴퓨터의 기본 정보와 윈도우 버전이 나타나 있죠?

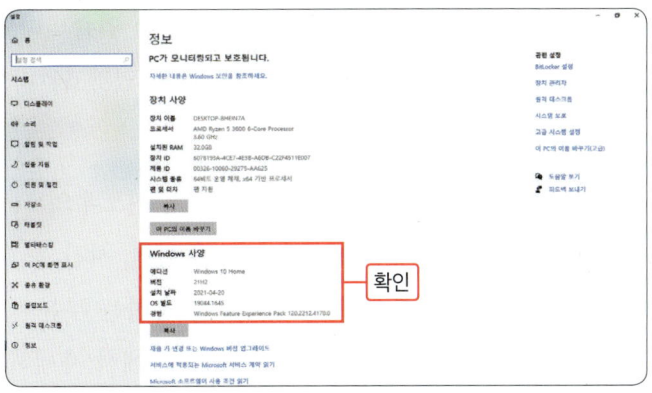

▲ PC에서 확인할 수 있는 윈도우 버전

 컴퓨터의 전원을 켤 때, 바탕화면이 나타나기 전 윈도우 버전이 잠시 등장하기도 합니다.

'바탕화면'과 '작업 표시줄' 알아보기

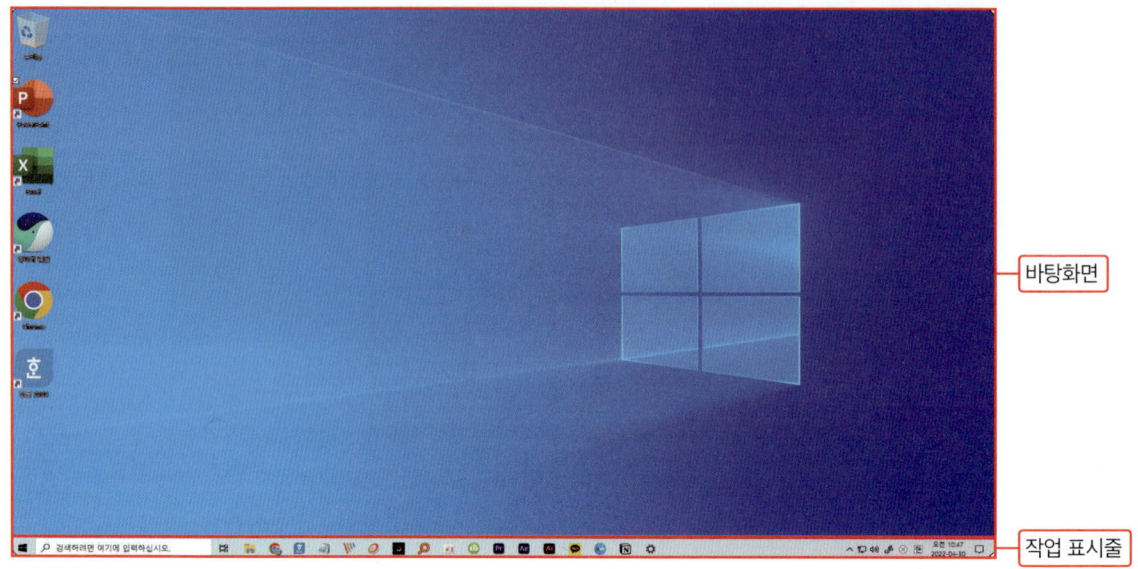

▲ 윈도우 바탕화면 모습

스마트폰을 켰을 때 가장 먼저 보이는 화면을 떠올려 보세요. 배경 사진 위에 다양한 애플리케이션이 배치되어 있을 거예요.

컴퓨터에도 스마트폰과 마찬가지로 '바탕화면'이 있습니다. 바탕화면에는 파일이나 폴더, 각종 앱(프로그램)이 놓여 있고, 아래쪽에는 다양한 작업을 실행하도록 도와주는 '작업표시줄'이 있습니다.

바탕화면은 사용자가 원하는 대로 설정할 수 있습니다. 바탕화면의 그림을 여러분이 좋아하는 그림이나 직접 찍은 사진으로 바꿀 수도 있겠죠? 바탕화면을 변경하는 방법은 39쪽에서 알아보도록 할게요.

화면 아래쪽의 가로 띠는 '작업 표시줄'로, 윈도우의 시작 버튼과 검색창, 현재 실행 중인 작업창, 각종 앱(프로그램) 아이콘, 시스템 설정, 시간 등 다양한 기능과 정보를 담고 있는 공간입니다. 컴퓨터를 다룰 때 필수적으로 사용하는 부분이므로 놓치면 안 되겠죠? 작업 표시줄의 설정 방법과 사용 예시에 대해서는 47쪽에서 자세히 알아보도록 합시다.

바탕화면 바꾸기

01 윈도우의 바탕화면을 다른 사진으로 변경해 봅시다. 바탕화면의 빈곳을 마우스 오른쪽 버튼으로 클릭하면 메뉴가 나타납니다. [개인 설정]을 클릭해 볼까요?

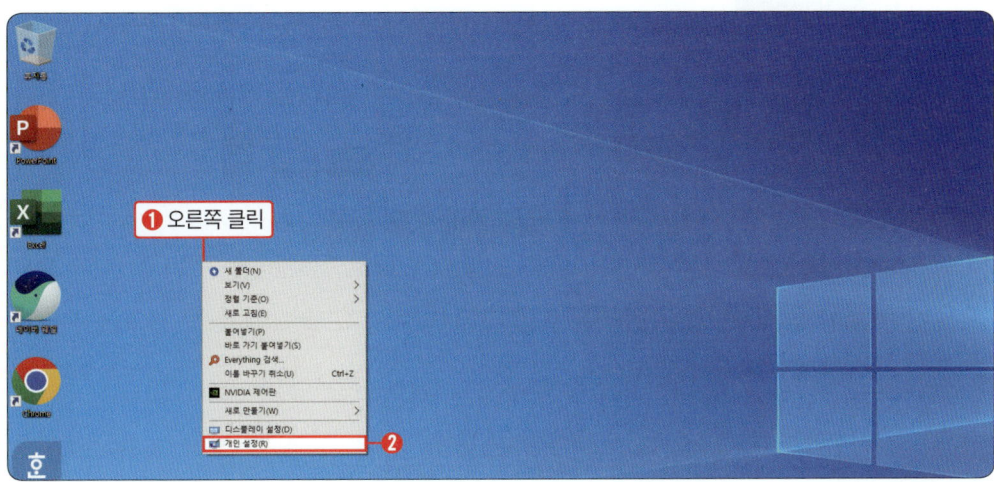

02 '설정' 창이 새롭게 나타나죠? 바탕화면은 사진, 단색, 슬라이드쇼 형식 중 선택할 수 있습니다. '배경' 메뉴에서 [사진]을 선택하고 '사용자 사진 선택'에 나타난 사진 중 원하는 것을 선택하면 바탕화면이 변경됩니다.

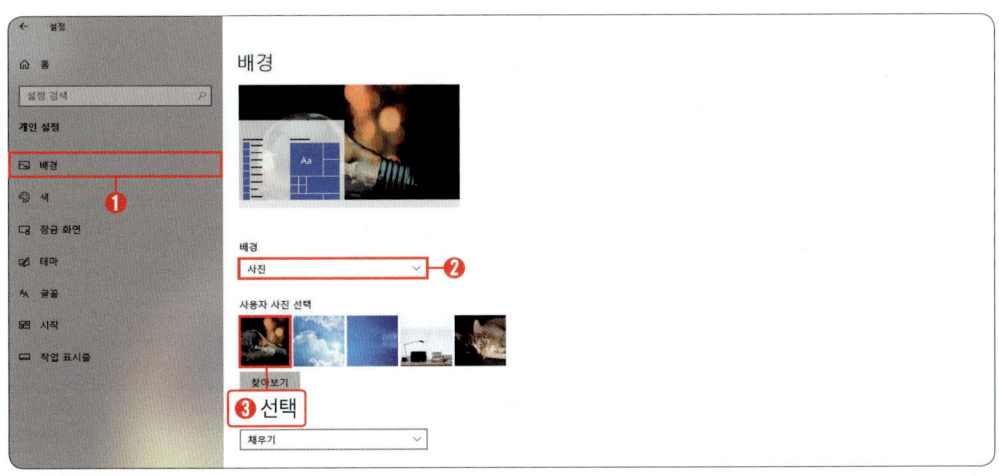

> **TipTalk** [개인 설정]에서는 컴퓨터의 배경, 색, 잠금 화면, 테마, 글꼴, 시작, 작업 표시줄의 설정을 변경할 수 있습니다. 하나씩 눌러 보며 설정을 변경해 보세요.

03 '사용자 사진 선택'에 원하는 사진이 없나요? 기본 사진 아래쪽의 [찾아보기]를 클릭하면 컴퓨터에 저장된 다른 사진을 추가할 수 있어요. 대화상자가 나타나면 사진이 저장된 폴더로 들어가 사진을 선택한 후 [사진 선택]을 클릭하세요.

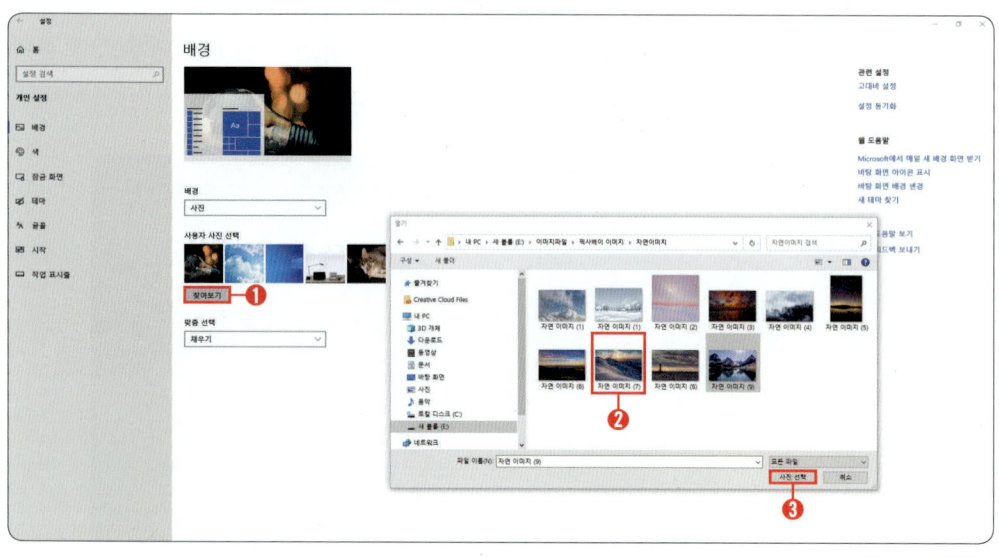

> **TipTalk** 만약 배경화면으로 사용할 사진 파일이 없다면 '부록'으로 제공되는 사진을 활용해 보세요.

04 '사용자 사진 선택' 항목에 사진이 추가되고, 자동으로 배경화면도 바뀝니다.

> **TipTalk** [배경] 메뉴에서 '단색'을 선택해요. 원하는 색을 바탕화면으로 설정할 수 있습니다. 그리고 '슬라이드 쇼'를 선택하면 여러 장의 사진이 번갈아가며 등장하도록 할 수 있어요.

잠금 화면 바꾸기

01 '잠금 화면'은 일정 시간 동안 컴퓨터를 사용하지 않을 경우 자동으로 전환되는 화면 상태를 말합니다. 윈도우의 잠금 화면을 변경하는 방법을 알아봅시다. '설정' 창에 들어가 왼쪽 메뉴의 [잠금 화면]을 클릭하고 '배경' 메뉴 아래 [Windows 추천] 오른쪽의 화살표(☑)를 클릭하세요.

TipTalk 바탕화면의 빈곳을 오른쪽 마우스 버튼으로 클릭하고 [개인 설정]을 선택하면 '설정' 창이 나타났었죠?

02 선택 항목이 나타나면 [사진]을 선택합니다.

03 '사용자 사진 선택' 메뉴에서 잠금 화면으로 사용할 사진을 선택합니다.

04 이번에는 잠금화면에 시간과 함께 날씨 정보가 나타나도록 해 볼게요. '잠금 화면에서 세부 상태를 표시할 앱 하나 선택'의 ➕ 버튼을 클릭하여 [날씨]를 선택해 봅시다.

> **TipTalk** 키보드의 ⊞+L 를 누르면 잠금 화면으로 전환됩니다.

[시작] 메뉴 알아보기

윈도우의 '시작' 메뉴에는 컴퓨터의 기본 기능이 모여 있어요. 전원 및 설정과 관련된 기본 메뉴에 접속하고, 컴퓨터에 설치되어 있는 모든 앱(프로그램)을 확인할 수 있답니다. 또한 내가 자주 사용하는 앱(프로그램)을 고정해 사용할 수도 있어요. 아래 화면을 살펴보며 [시작] 메뉴의 구성을 살펴봅시다.

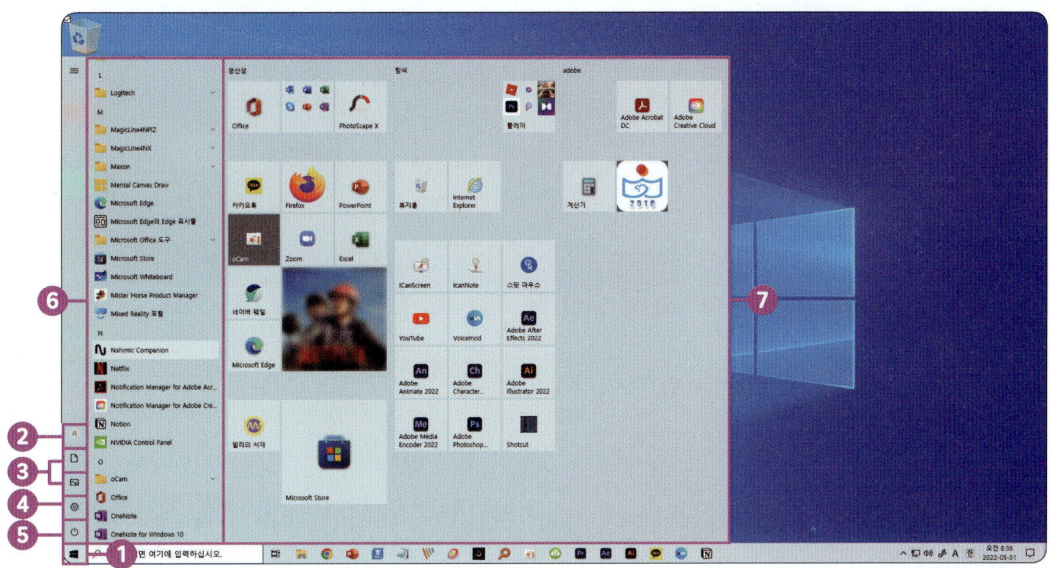

❶ **시작**: '시작' 메뉴가 나타납니다.

❷ **사용자 계정**: 현재 컴퓨터에 로그인되어 있는 사용자 계정을 확인할 수 있으며, 계정 변경, 잠금 화면 전환, 로그아웃을 할 수 있어요.

❸ **문서/사진**: 윈도우 탐색기 창의 '문서' 폴더와 '사진' 폴더를 열 수 있습니다.

❹ **설정**: 윈도우와 관련된 다양한 설정을 관리할 수 있는 '설정' 창이 나타납니다.

❺ **전원**: 절전, 시스템 종료, 다시 시작 옵션을 실행할 수 있어요.

❻ **앱 목록**: 내 컴퓨터에 설치된 앱(프로그램) 목록을 확인할 수 있습니다. 가장 위에는 '최근에 추가된 앱'이 나타나고, 그 아래에는 기존에 설치된 앱이 '알파벳 → 가나다' 순서로 표시됩니다. 각 앱(프로그램)을 클릭하면 바로 실행됩니다.

❼ **시작 화면**: 자주 사용하는 앱(프로그램)을 타일 형식으로 고정할 수 있어요.

[시작] 메뉴에 앱 고정하기

01 자주 사용하는 앱(프로그램)을 [시작] 메뉴에 고정하면 일일이 찾지 않아도 쉽게 실행할 수 있습니다. 작업표시줄의 왼쪽에 있는 [시작](■) 버튼을 클릭해 봅시다.

TipTalk 키보드의 ■를 눌러도 [시작] 메뉴가 나타납니다.

02 [시작] 화면의 왼쪽에는 사용자 컴퓨터에 설치된 앱이 나타나 있어요. 마우스를 스크롤해 아래로 내리면서 어떤 앱이 있는지 살펴봅시다.

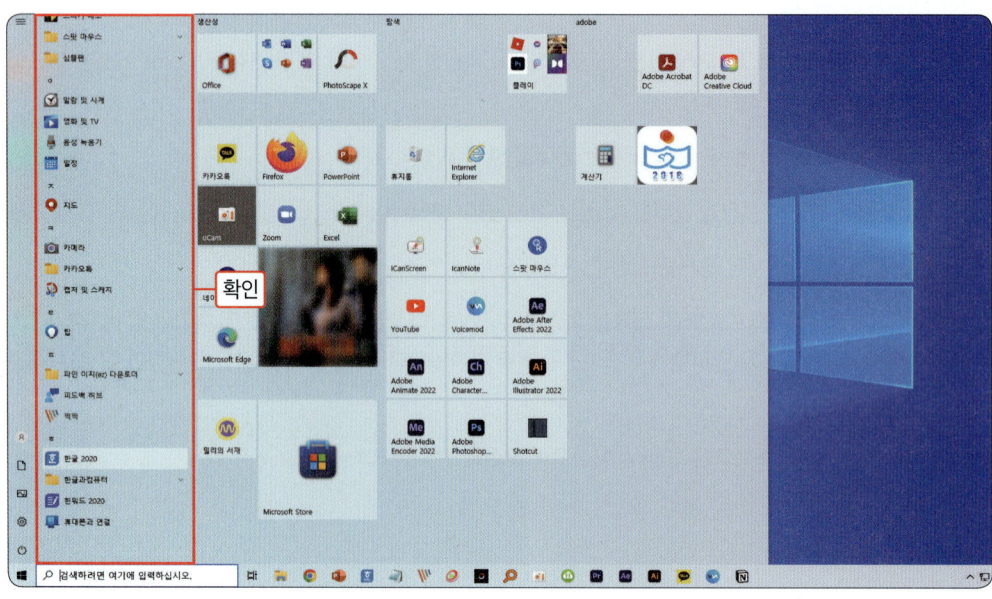

03 [시작] 화면의 크기를 조절해 볼께요. [시작] 화면의 오른쪽 끝에 마우스 커서를 올려 모양이 ↔ 로 바뀌면 드래그해 크기를 변경할 수 있습니다.

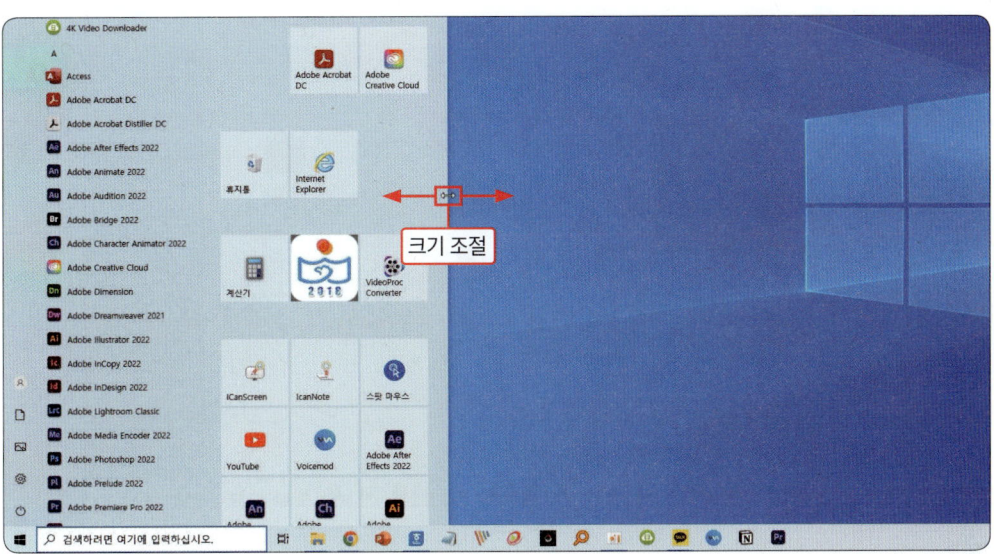

04 [시작] 화면에 자주 사용하는 앱을 '타일'로 고정하면 앱 목록에서 일일이 찾을 필요 없이 바로 실행할 수 있습니다. 왼쪽 앱 목록에서 고정하고 싶은 앱을 마우스 오른쪽 버튼으로 클릭하고 [시작 화면에 고정]을 클릭합니다.

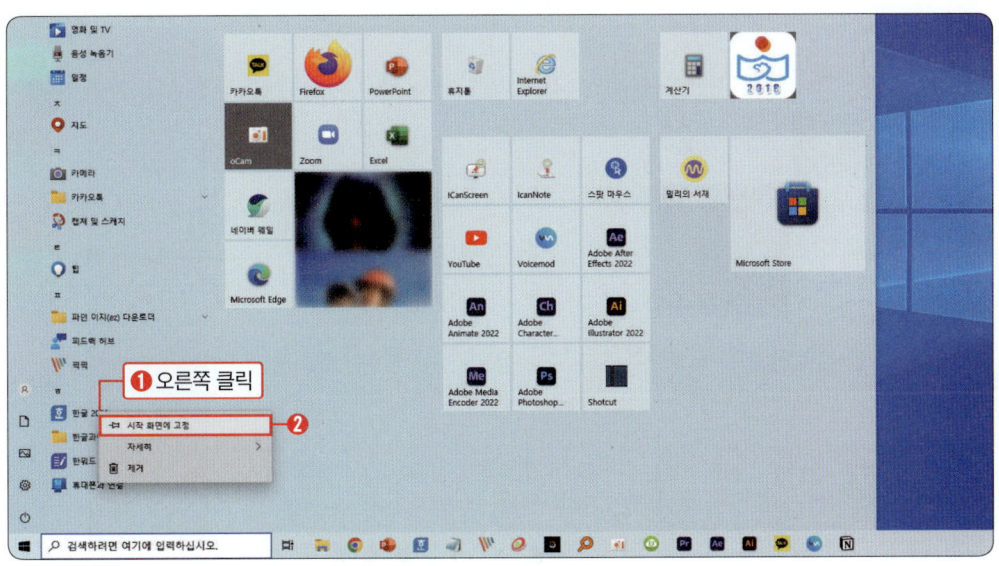

TipTalk 앱은 숫자, 영어, 한글 순으로 정렬되어 있어요. 즉, '한글'은 가장 아래쪽에 있는 'ㅎ' 항목에서 찾을 수 있습니다.

05 [시작] 화면에 앱이 고정됩니다. 클릭하면 앱을 바로 실행할 수 있습니다.

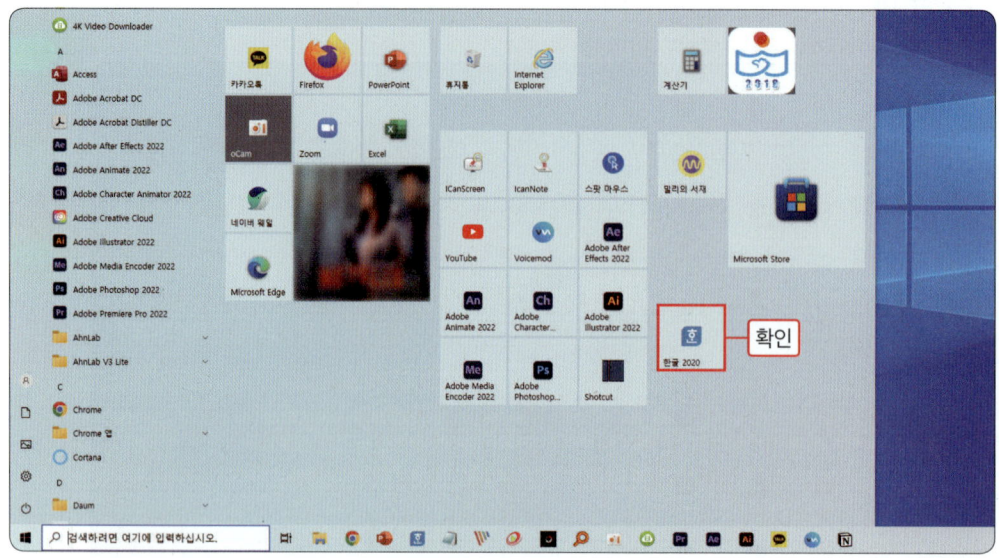

> **TipTalk** 앱 목록에서 원하는 앱을 드래그한 후 [시작] 화면에 드롭해도 앱이 고정됩니다.

06 [시작] 화면에 고정한 앱을 삭제하는 방법을 알아봅시다. 삭제하고 싶은 앱을 마우스 오른쪽 버튼으로 클릭하고 [시작 화면에서 제거]를 클릭합니다

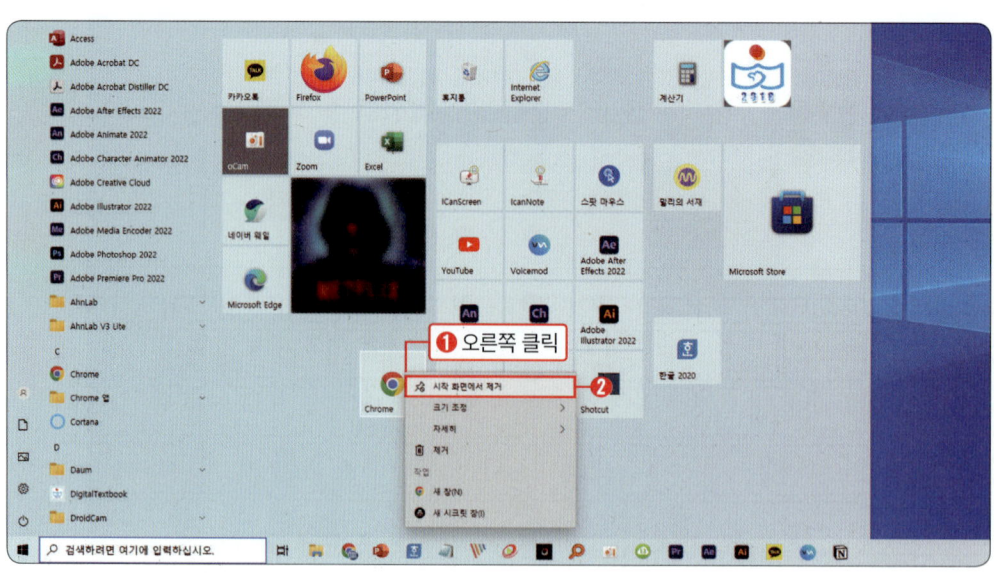

> **TipTalk** 앱이 완전히 삭제되는 것은 아니므로 걱정하지 않아도 됩니다.

작업 표시줄에 앱 고정하기

01 자주 사용하는 앱을 작업 표시줄에 고정하는 방법을 알아봅시다. 작업 표시줄 [시작] (🪟) 버튼을 클릭하세요.

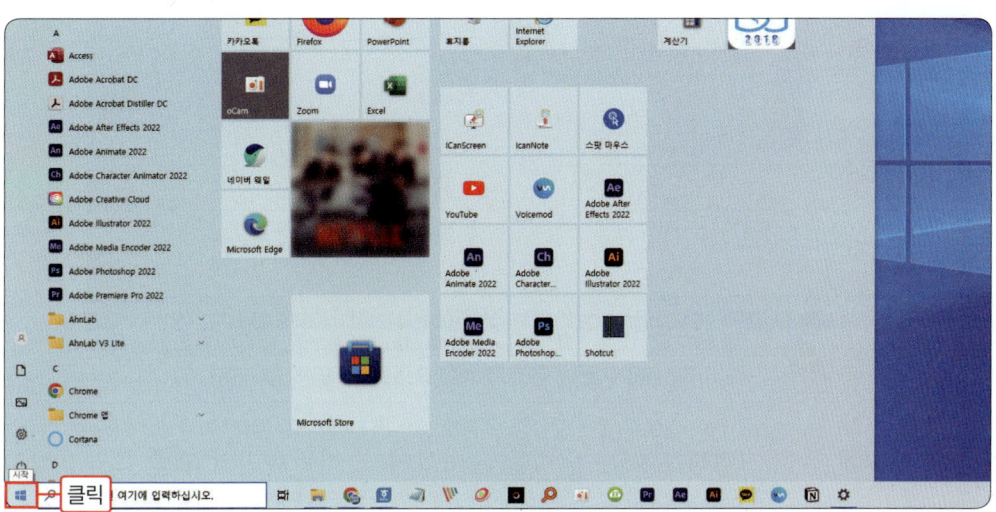

02 왼쪽의 앱 목록에서 작업 표시줄에 고정할 앱을 마우스 오른쪽 버튼으로 클릭하고 [자세히]를 클릭합니다. 그리고 [작업 표시줄에 고정]을 클릭합니다.

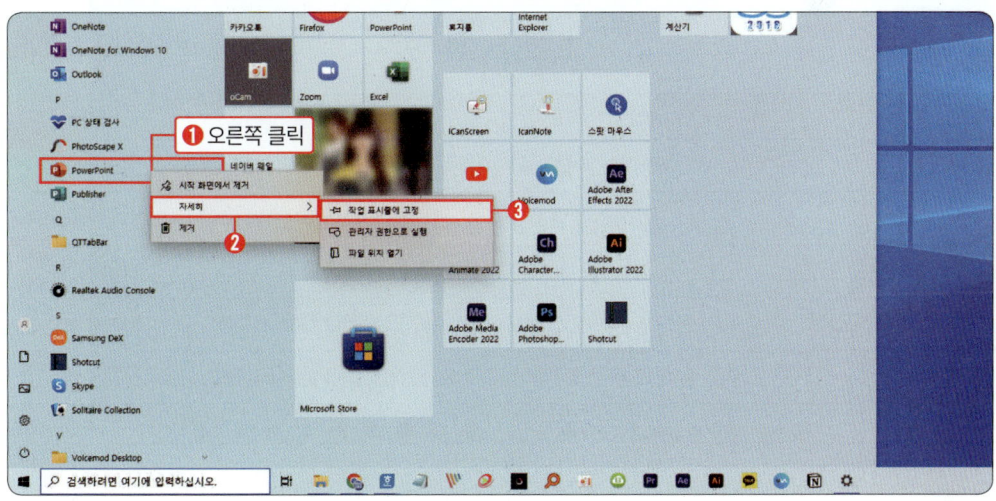

> **TipTalk** 모든 항목은 숫자-알파벳-한글 순으로 정리되어 있습니다. 만약 '파워포인트(PowerPoint)'를 찾으려면 'P'가 있는 곳으로 내려가야 합니다.

03 작업 표시줄에 앱 아이콘이 추가됩니다. 이제 작업 표시줄에서 앱 아이콘을 클릭해 바로 실행할 수 있어요.

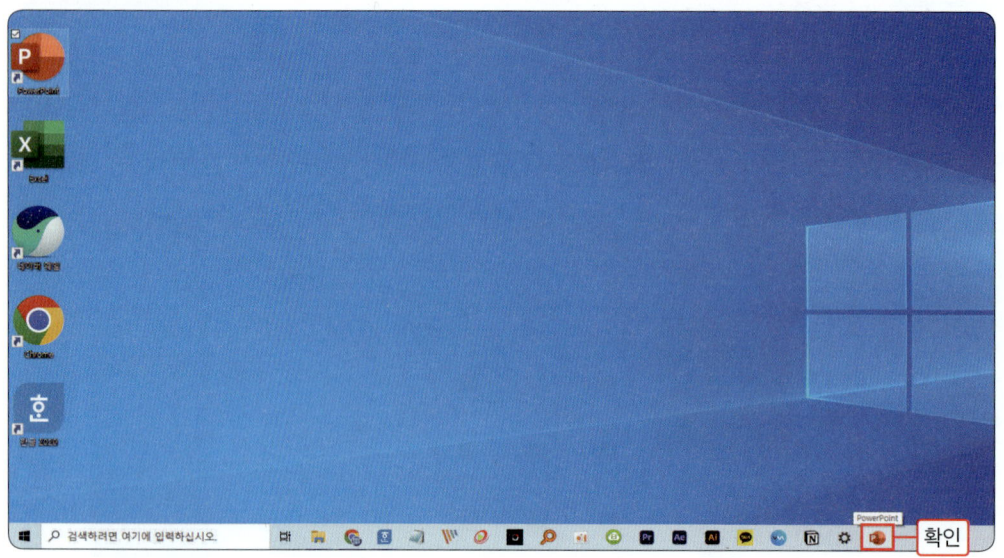

04 작업 표시줄에 앱을 고정하는 다른 방법을 알아봅시다. 바탕화면의 앱을 드래그해서 작업 표시줄로 옮기면 '작업 표시줄에 고정'이라는 메시지가 나타납니다. 이때 마우스를 놓으면 앱이 추가됩니다.

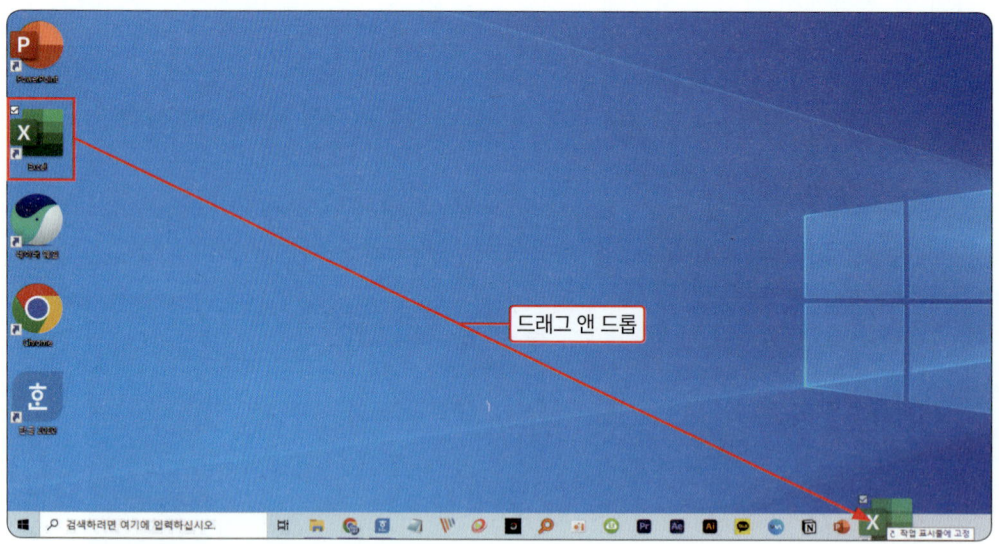

> **TipTalk** 작업 표시줄에 있는 아이콘을 드래그하면 순서를 바꿀 수 있습니다. 자주 사용하는 앱을 여러분이 사용하기에 편한 위치로 옮기면 되겠죠? 또한 작업 표시줄의 앱 아이콘을 삭제할 때는 아이콘을 마우스 오른쪽 버튼으로 클릭하고 [작업 표시줄에서 제거]를 누르면 됩니다.

컴퓨터의 시작과 발달

이제는 컴퓨터 없는 일상을 상상할 수조차 없는 세상에 살고 있어요. 문서 편집, 디자인 작업과 같은 회사 업무는 물론, 동영상을 시청하고 게임을 하는 등 여가 활동을 할 때도 컴퓨터가 사용되죠. 현대인의 필수품인 컴퓨터는 언제 만들어져 어떻게 발전해 왔을까요?

컴퓨터는 계산을 하는 도구에서 시작되었습니다. 인류 역사상 최초의 계산기라고 할 수 있는 '주판'은 기원전 2,400년경 원시적인 형태로 탄생한 이후 중국에서 개량되어 오랜 시간 동안 사용되었어요. 하지만 주판은 사용 방법을 익히는 데 시간이 오래 걸린다는 단점이 있었어요.

1642년에 이르러 프랑스의 수학자인 '파스칼'이 톱니바퀴를 이용한 계산기를 개발했답니다. 덧셈과 뺄셈이 가능한 최초의 기계식 계산기였어요. 이후 독일의 '라이프니츠'는 파스칼이 만든 계산기를 곱셈과 나눗셈도 가능하도록 발전시켰어요.

우리가 생각하는 형태의 컴퓨터는 제2차 세계대전 때 등장했어요. 영국의 '튜링'이 독일군의 군사 암호를 해독하기 위해 암호 해독 기계인 '콜로서스'를 반영했습니다. '콜로서스'는 세계 최초로 실용화된 컴퓨터로 평가 받고 있어요.

1946년에는 드디어 '애니악'이라는 다용도 디지털 컴퓨터가 개발되었어요. 애니악은 18,000여 개의 진공관으로 이루어져 있는 어마어마한 규모의 컴퓨터였어요. 폭 1m, 높이와 길이가 2.5m, 무게가 30톤이나 되었답니다. 크기가 너무 크고, 작업에 따라 배선판을 일일이 교체해야 하는 등 사용하기에는 불편했어요.

이후 반도체와 전자 기술이 발달하면서 컴퓨터의 크기는 점점 작아지고 처리 속도는 빨라졌어요. 가정에서 사용할 수 있는 개인용 컴퓨터가 보급되며 누구나 편리하게 컴퓨터를 쓸 수 있게 되었고요!

계산기에서 시작해 책상 위 노트북까지 발달한 컴퓨터, 과연 미래에는 어떤 모습으로 우리 생활을 더 편리하게 해줄까요?

윈도우 보조 프로그램을 활용해요

물건을 구입하는 등 일상 생활 속에서 종종 계산을 해야 하는 상황이 생기곤 합니다. 종이와 연필로 직접 계산해도 되지만 숫자가 커지면 계산이 틀릴 수도 있어요. 이럴 때 계산기의 도움을 받으면 좋겠죠? 요즘에는 많은 사람들이 스마트폰의 계산기 기능을 이용합니다.

여러분이 사용하는 스마트폰에는 계산기뿐만 아니라 손전등, 화면 캡처, 화면 녹화 등 다양한 기능이 탑재되어 있습니다. 스마트폰 하나로 여러 가지 도구를 사용하는 것은 효과를 누릴 수 있죠.

윈도우에서도 마찬가지로 여러 가지 유용한 기능을 제공하고 있습니다. 계산기, 캡처 도구, 그림판 등 다양한 윈도우 보조 프로그램을 만나 볼까요? 컴퓨터 작업을 편리하게 도와주는 윈도우 보조 프로그램에 대해서 하나씩 알아봅시다!

어! 선생님의 컴퓨터 바탕화면에는 메모가 있네요. 포스트잇을 붙인 줄 알았어요.

신기하죠? 윈도우 보조프로그램 중 하나인 '스티커 메모'를 활용한 거예요. 잊지 말아야 하는 내용을 적어 두었답니다.

저도 오늘 컴퓨터로 할 일을 적어 둘래요!

'스티커 메모' 외에도 유용한 보조 프로그램이 많답니다. 언제든 계산을 척척 도와주는 '계산기', '화면을 이미지로 남기는 캡처' 앱 등이 있어요.

계산기 기능 활용하기

01 컴퓨터를 사용하다가 계산이 필요한 경우, 윈도우에서 제공하는 '계산기'를 활용할 수 있습니다. 작업표시줄의 검색창을 클릭하고 '계산기'를 입력한 후 Enter를 누르세요.

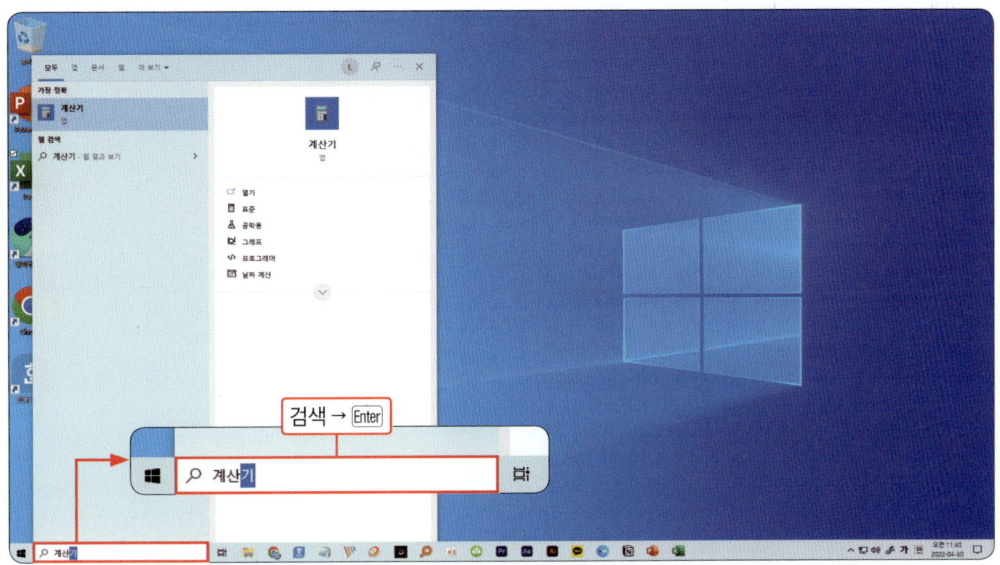

02 바탕화면에 '계산기' 창이 나타나면 숫자와 연산 기호 버튼을 클릭해 봅시다. '89×463'을 계산한다면 '89'를 입력하고 '곱하기(×)' 버튼을 누른 후 '463'을 입력하면 됩니다. '=' 버튼을 눌러 계산 결과를 확인해 볼까요? 계산기의 버튼 대신 키보드의 숫자와 연산 기호 키를 눌러도 된답니다.

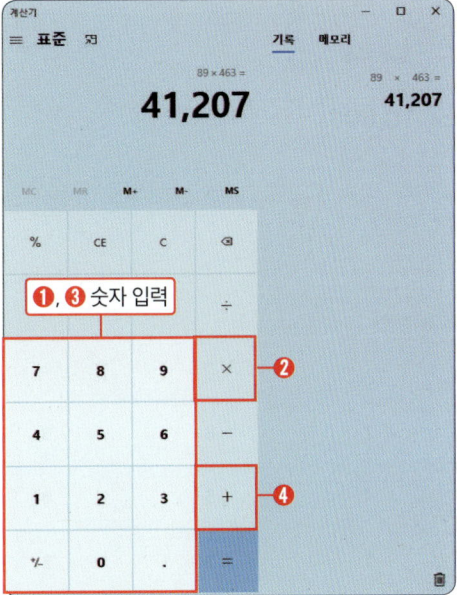

> **TipTalk** 새로운 계산을 하려면 다시 숫자와 연산 버튼을 누르면 됩니다. 오른쪽 빈칸에 계산 결과가 순차적으로 나타나기 때문에 이전의 계산 결과를 확인할 수 있습니다. 이전의 계산 결과가 보이지 않는다면 '계산기' 창을 드래그해서 크기를 키워보세요.

03 윈도우 계산기 프로그램을 이용하면 단위를 변환할 수도 있어요! 계산기 앱의 왼쪽 위 ☰ 버튼을 클릭하고 '변환기' 그룹의 [통화 환율]을 선택해 봅시다.

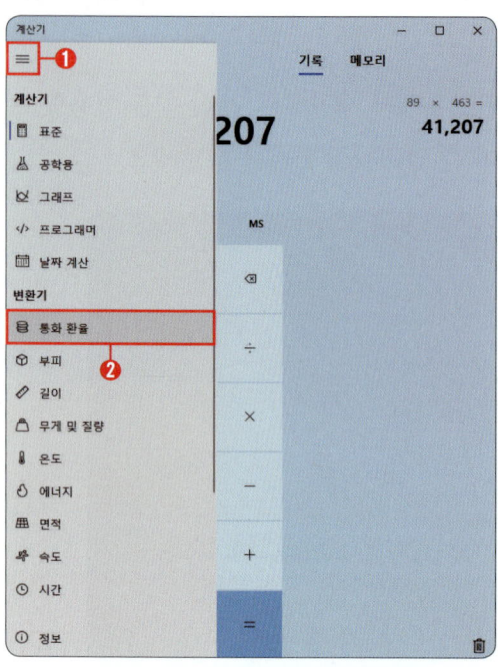

04 국가 설정을 [한국-원]과 [미국-달러]로 변경하고 '10000'을 입력해 볼게요. 우리나라의 '만 원'을 미국의 '달러'로 바꾸면 얼마인지 확인할 수 있어요.

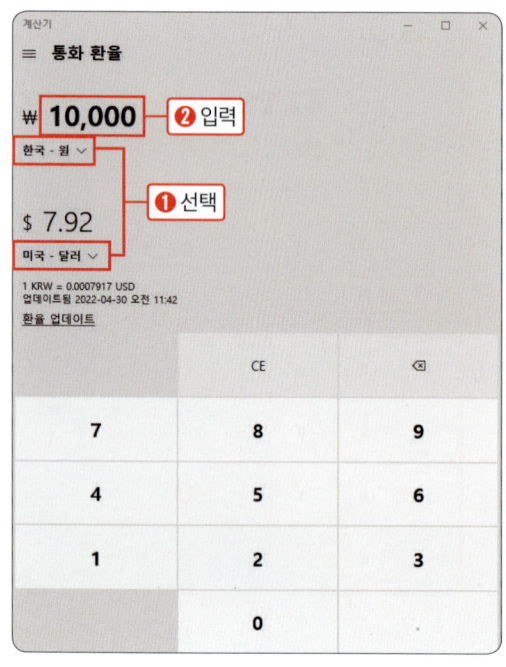

> **TipTalk** 우리나라 돈과 다른 나라의 돈의 교환 비율인 '환율'은 매일 바뀐답니다.

캡처 도구 활용하기

01 윈도우의 '캡처' 기능을 활용해 지금 내가 보고 있는 화면을 이미지 파일로 저장해 봅시다. 작업표시줄의 검색창을 클릭하고 '캡처'를 입력한 후 Enter 를 눌러요.

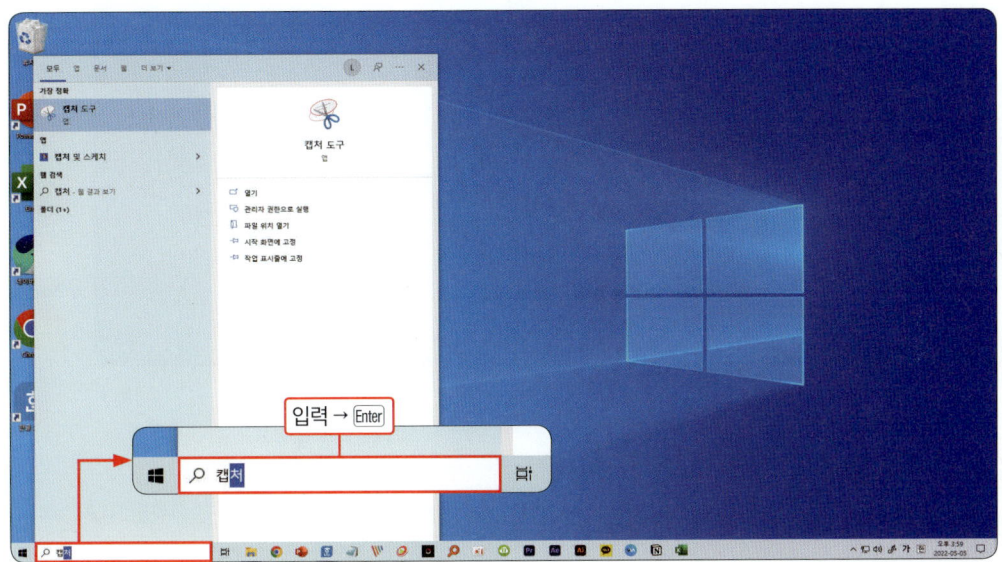

TipTalk 컴퓨터 화면 전체나 특정 부분을 이미지로 변환하는 것을 '캡처'라고 합니다. 즉, 지금 내가 보고 있는 화면을 이미지로 '찰칵' 저장하는 것을 말합니다.

02 '캡처 도구' 창이 나타났죠? 화면을 캡처하기 위해 [새로 만들기]를 클릭해 봅시다.

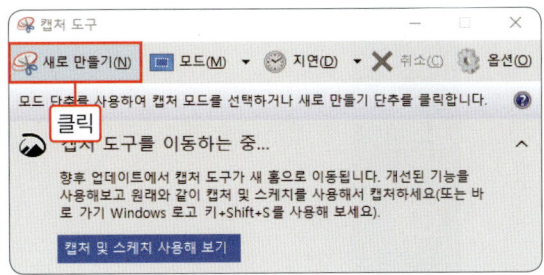

03 화면이 뿌옇게 변했습니다. 이제 마우스를 드래그하여 캡처 영역을 지정해 봅시다. 원하는 만큼 마우스를 드래그해 화면을 캡처하세요.

04 캡처한 이미지를 편집할 수 있는 창이 나타납니다. 도구 모음의 [펜 도구](✏️), [형광펜 도구](🖍️), [지우개](🧽) 버튼을 클릭하면 간단한 편집을 할 수 있어요.

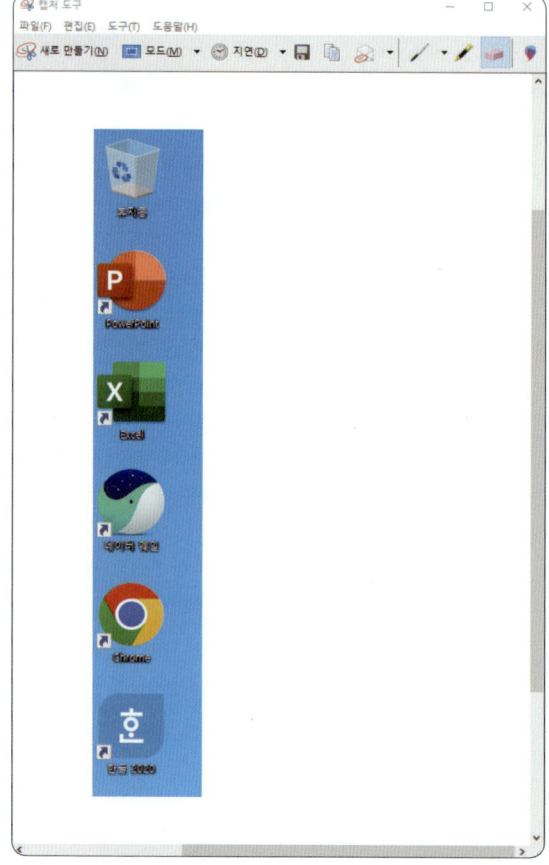

TipTalk 도구 모음 맨 오른쪽의 [그림판](🎨) 버튼을 클릭하면 캡처 이미지를 그림판에서 열고 추가로 편집할 수도 있어요. 그림판 사용 방법은 156쪽에서 자세히 알아봅시다.

05 캡처한 이미지를 저장해 볼까요? [파일]-[다른 이름으로 저장]을 클릭합니다.

06 '다른 이름으로 저장' 창이 나타나면 이미지를 저장할 폴더로 들어가서 파일 이름을 입력하고 [저장]을 누릅니다.

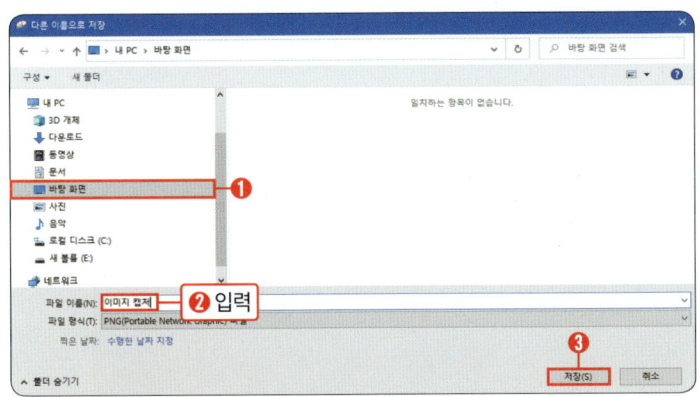

TipTalk 저장한 위치로 이동하면 저장된 파일을 확인할 수 있어요. 여기서는 이미지를 바탕화면에 저장했어요. 바탕화면으로 돌아가 파일이 저장되었는지 확인해 봅시다.

07 이미지를 사각형 모양이 아닌 원하는 모양으로 캡처할 수도 있습니다. [모드]-[자유형 캡처]를 선택한 후 [새로 만들기]를 클릭해요.

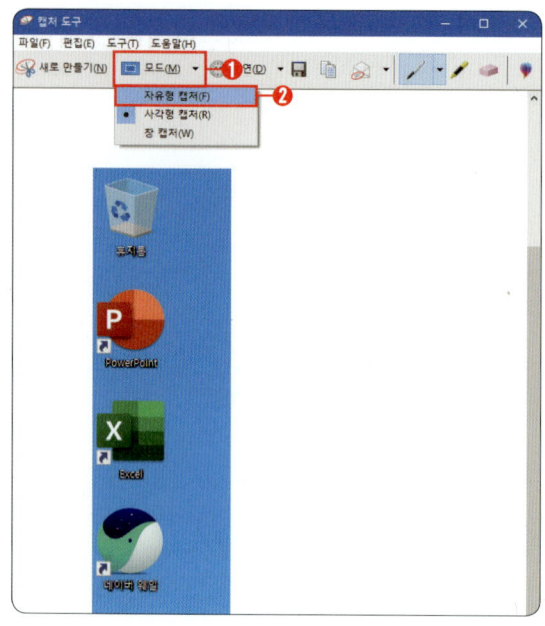

TipTalk 캡처 도구의 [모드]에서 [창 캡처]을 클릭하면 윈도우 창을 선택해 캡처할 수 있어요.

08 화면이 뿌옇게 변하고 마우스의 모양이 가위 모양으로 변경된 것이 보이죠? 마우스를 드래그해 자유롭게 캡처해 봅시다. 드래그 시작 부분과 끝나는 부분이 만나면 자동으로 캡처가 완성됩니다.

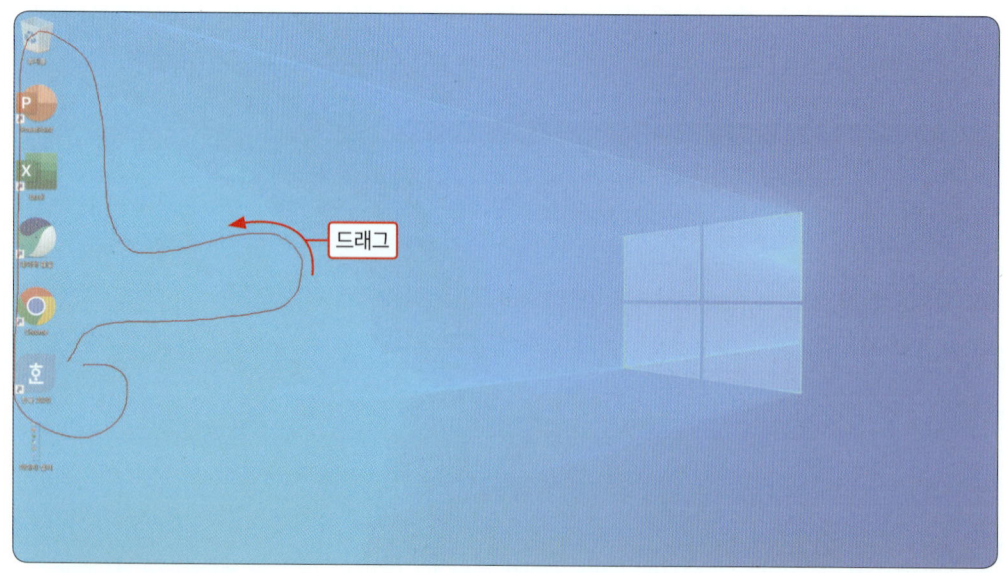

TipTalk 자유로운 모양으로 캡처한 이미지도 앞에서 했던 것과 같은 방식으로 편집하거나 저장할 수 있습니다.

 ## 스티커 메모 활용하기

01 문득 떠오르는 아이디어가 있거나, 잊지 말아야 할 내용이 있는 경우 종이에 메모하곤 하죠? 컴퓨터를 할 때도 마찬가지예요! '스티커 메모' 기능을 이용해 중요한 내용을 메모해 봅시다. 작업표시줄의 검색창에 '스티커 메모'를 입력한 후 Enter 를 눌러요.

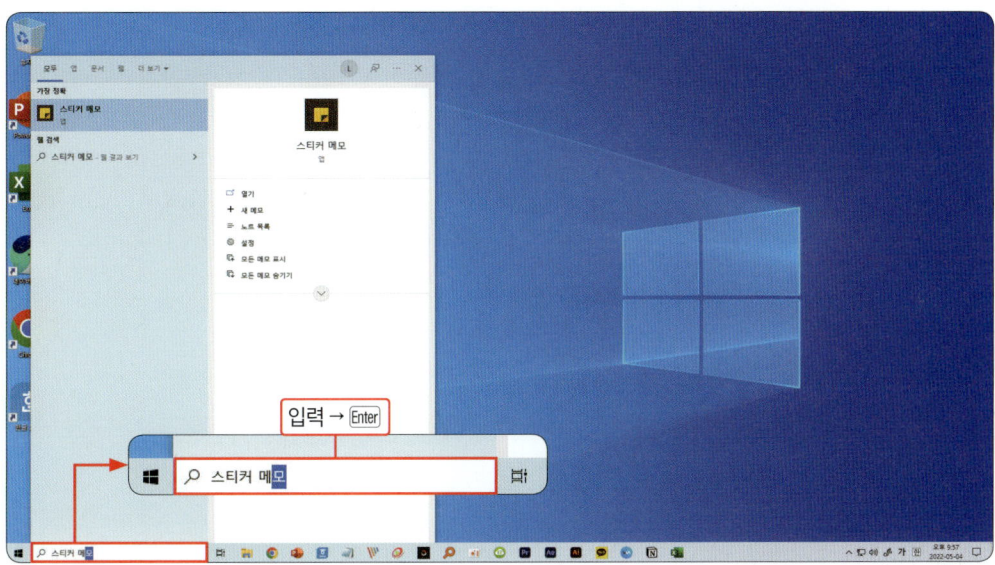

잠깐만요 '스티커 메모'를 찾을 수 없어요

윈도우 버전에 따라서 '스티커 메모'가 아닌 'Sticky Notes'라고 검색해야 나오는 경우도 있습니다. 만약 두 개의 검색어를 모두 입력해 보았는데도 프로그램이 검색되지 않는다면 작업표시줄 검색창에 'microsoft store'를 입력해 마이크로소프트 스토어에 접속해 보세요.

마이크로소프트 스토어 검색창에 '스티커'라고 입력하고, 검색 결과에서 'Microsoft Sticky Notes'를 선택한 후 다운로드하면 됩니다.

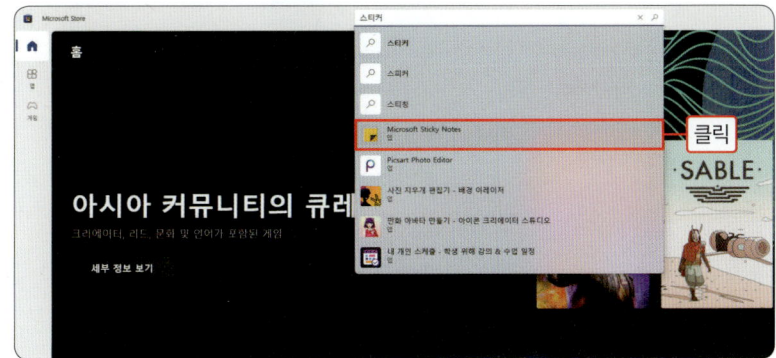

02 바탕화면에 노란색의 메모지 창이 나타납니다. 여기에 여러분이 기록하고 싶은 내용을 써 봅시다. 메모지 안쪽을 클릭하고 내일의 계획을 간단하게 써 볼까요?

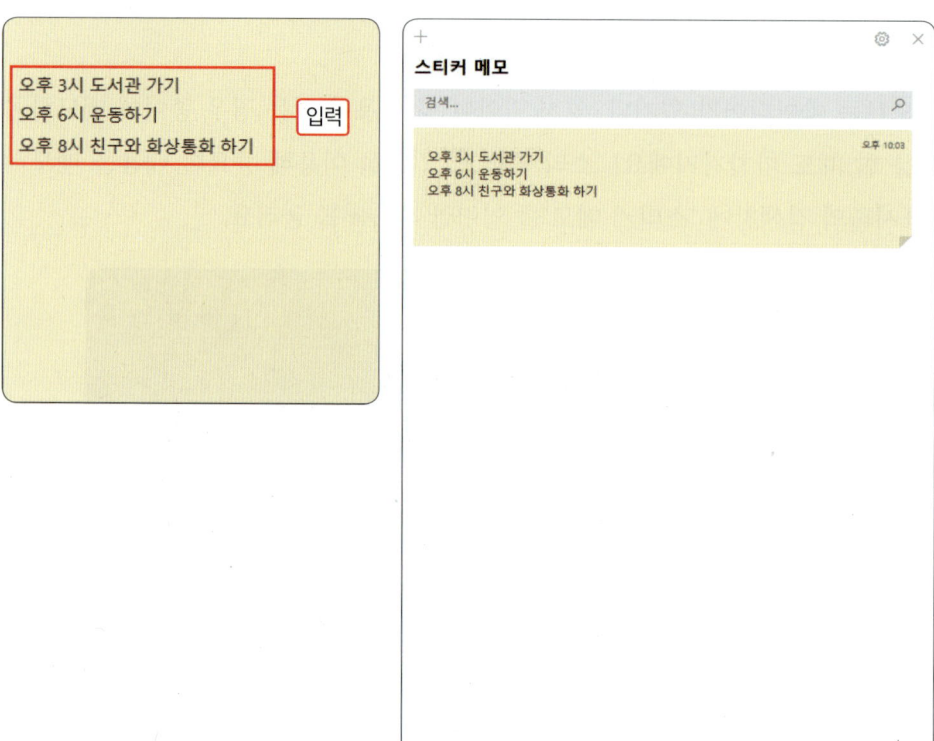

TipTalk 입력한 메모는 [스티커 메모] 보관함에 자동으로 저장됩니다. 메모지 창을 닫더라도 보관함에 저장된 기록은 삭제되지 않습니다. 보관함에 저장된 메모를 더블 클릭하면 다시 메모지 창이 열립니다.

03 메모지 창의 위쪽에 마우스를 올려 놓으면 [...] 버튼이 나타납니다. 이 버튼을 클릭하면 메모지의 색상을 변경할 수 있어요. 원하는 색상을 선택해 볼까요?

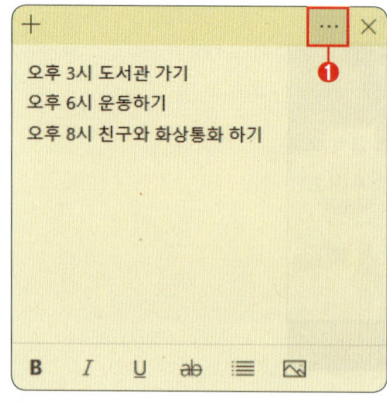 

04 메모를 삭제하려면 '스티커 메모' 창에서 ⋯ 버튼을 누르고 [메모 삭제]를 클릭합니다. 새로운 메모를 만들려면 보관함 왼쪽 위의 ＋ 버튼을 누르면 됩니다.

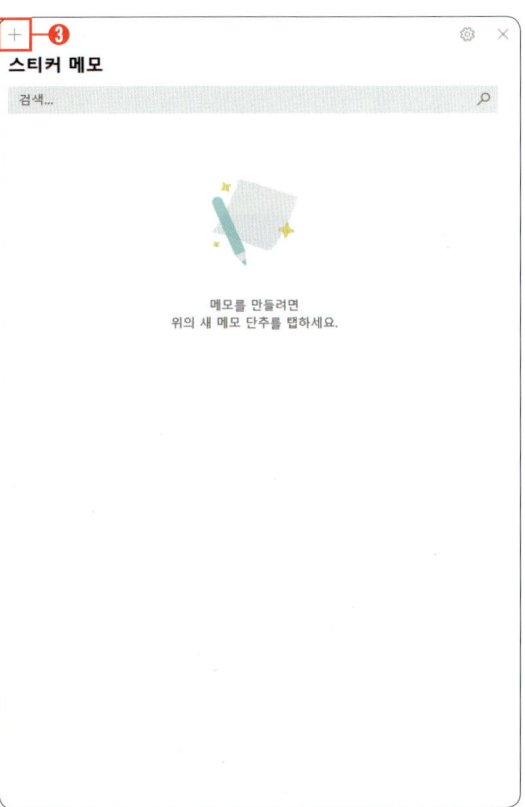

잠깐만요 ― 스티커 메모의 검색 기능 이용하기

메모가 많이 쌓여 있다면 그중 내가 필요로 하는 내용을 찾기 어려울 수도 있어요. 이럴 때는 '스티커 메모'의 검색창에 원하는 내용을 입력해 보세요. 아래와 같이 검색창에 '고양이'라는 단어를 입력하면 여러 개의 메모 중 '고양이'가 들어간 메모만 보여줍니다.

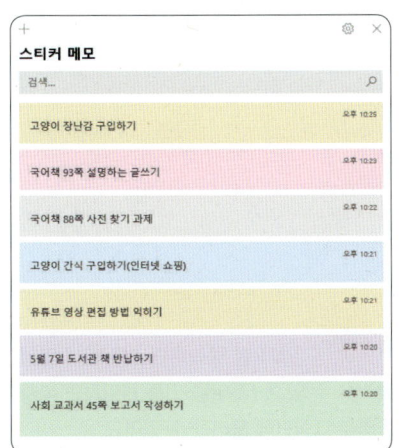
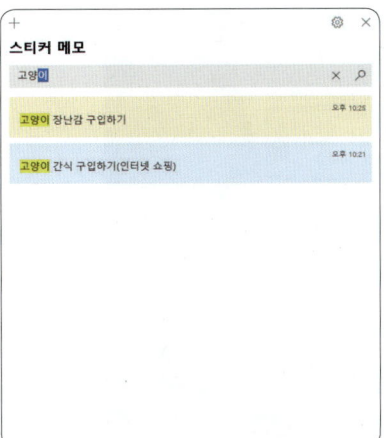

그림판 3D 활용하기

01 종이에 그림을 그리는 것처럼 컴퓨터에서도 그림을 그릴 수 있습니다. 작업표시줄의 검색창을 클릭한 후 '그림판 3D'를 입력하고 Enter 를 누릅니다.

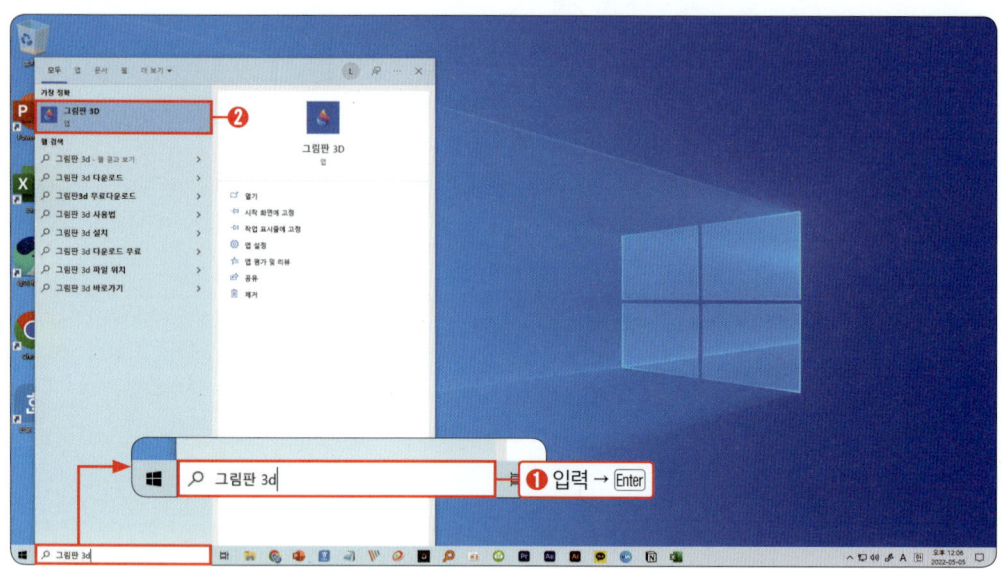

> **TipTalk** '그림판 3D'는 '윈도우 10' 버전부터 추가된 보조 프로그램으로, 기존의 '그림판'과는 다른 프로그램입니다. 평면(2D) 그림뿐만 아니라 입체(3D) 그림까지 표현할 수 있고, 다양한 브러시와 도구들이 추가되었답니다.

02 '그림판 3D' 창이 나타나면 새 작업을 시작하기 위해 [새로 만들기]를 클릭합니다.

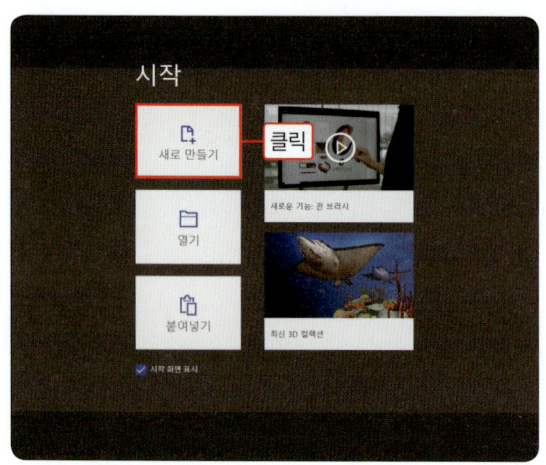

> **TipTalk** [열기]를 클릭하면 이전에 작업했던 파일을 불러올 수 있고, [붙여넣기]를 클릭하면 복사한 이미지를 바로 그림판에 불러올 수 있어요.

03 [브러시]를 클릭하면 마커, 연필, 크레용 등 10가지의 브러시 중 선택해 그림을 그릴 수 있습니다. 이 중에서 '마커'를 선택하고 마우스를 드래그해 그림을 그려 보세요.

TipTalk 브러쉬 중 '채우기'를 선택하면 선으로 둘러싸인 영역 안쪽을 간편하게 칠할 수 있어요. 그림을 지우고 싶을 때는 브러시에서 '지우개'를 선택하고 마우스를 드래그합니다. 이전 단계로 돌아가려면 위쪽의 [실행 취소]( ) 버튼을 클릭하면 됩니다.

04 다양한 브러시를 선택해 원하는 대로 그림을 그려 볼까요? 브러시의 두께, 불투명도, 색상을 자유롭게 변경하며 그림을 그릴 수 있습니다.

05 [2D 셰이프]를 이용하면 다양한 선이나 평면 도형을 넣을 수 있습니다. [말풍선](💬) 버튼을 선택해 볼까요?

06 원하는 위치에 드래그 앤 드롭해서 도형을 삽입해 봅시다. 그리고 화면 오른쪽에 나타난 '말풍선' 메뉴에서 '채우기' 색상을 흰색으로, '두께'를 5px로 변경해 봅시다.

> **TipTalk** 이렇게 말풍선을 삽입하면 그 안에 글자를 삽입할 수도 있겠죠? '그림판 3D'에서는 글자, 3D 셰이프, 스티커 등 다양한 요소를 추가할 수 있어요. 이 기능을 활용하면 지금까지 그린 것보다 더 멋진 그림을 그릴 수 있을 거예요. 자세한 내용은 **Week12**에서 더 자세히 배워 볼게요.

새로운 세상 속으로! 메타버스

유민이는 학교에 가지 않을 때도 친구들과 만나곤 해요. 가상의 아바타를 통해 친구들과 대화를 나누고, 즐거운 게임도 한답니다. 그리고 선생님이 만들어 놓은 공간으로 들어가 숙제를 제출하기도 하고요! 온라인 공간 속에서도 이 모든 일들이 가능하답니다! 영화나 소설에 등장하는 미래의 이야기가 아닙니다. 지금은 '메타버스' 시대니까요.

'메타버스(Metaverse)'는 '가상의', '뛰어넘는'이라는 의미의 영어 단어 '메타(Meta)'와 '우주', '세계'를 뜻하는 '유니버스'(Universe)를 합친 단어로, **현실과 가상이 복합적으로 결합된 3차원 확장 세계**를 의미해요.

메타버스에서는 사용자가 직접 꾸민 아바타를 활용해 다른 사용자와 만나서 대화할 수 있을 뿐만 아니라, 쇼핑, 취미 활동, 금융 서비스 이용 등 여러 일을 처리할 수 있어요. 따라서 메타버스를 활용하면 시간과 비용의 부담 없이 언제 어디서든 다양한 경험을 할 수 있다는 장점이 있습니다. 또한 새로운 서비스를 이용하면서 부가적인 경제적 가치가 창출됩니다. 즉, 자연스럽게 기업과 콘텐츠가 발전하는 것이죠.

하지만 메타버스로 인해 유발되는 문제도 있습니다. 우선 사람들 사이의 유대관계가 약화됩니다. 메타버스 공간에서는 가상의 아바타로 소통하므로 서로 깊게 이해하고 소통하는 것이 어렵기 때문입니다. 메타버스에 익숙하지 않은 사람과는 관계가 단절되는 등 디지털 소외 문제가 발생할 수도 있고요. 또한 메타버스도 인터넷을 활용한 서비스이기 때문에 개인정보 유출, 거짓 정보 유포, 저작권 침해와 같은 사이버 범죄에도 취약합니다.

새로운 세계를 열어 준 메타버스! 메타버스 기술은 또 다른 세계로 도약하기 위한 디딤돌 역할을 하고 있어요. 우리는 메타버스가 가진 장점을 적절하게 활용해 똑똑하게 활용합시다.

인터넷 세상으로 떠나요

학교 숙제를 해결하기 위해 자료를 조사할 때는 어떤 방법을 이용해야 할까요? 주제와 관련된 책을 찾아보거나 해당 분야의 전문가에게 직접 물어보는 방법이 있습니다. 하지만 이러한 방법으로 정보를 얻으려면 시간도 오래 걸리고, 많은 노력이 필요해요.

반면 인터넷에서 자료를 검색한다면 더 쉽고 빠르게 정보를 얻을 수 있어요. 인터넷의 바다에는 수백, 수천 권의 책을 합친 것보다 더 많은 자료가 존재한답니다! 직접 만나기 어려운 전문가들이 제공하는 정보도 가득하고요. 이처럼 인터넷 검색을 잘 활용하면 필요한 정보를 쏙쏙 얻을 수 있습니다.

인터넷 검색을 잘 하려면 우선 '웹 브라우저'를 100% 활용할 줄 알아야 해요. '웹 브라우저'란 인터넷에 접속할 수 있도록 도와주는 프로그램을 의미합니다. 우리는 이번 시간에 '마이크로소프트 엣지'라는 웹 브라우저를 유용하게 활용하는 방법을 알아볼 거예요. 선생님을 따라 인터넷 활용의 기본기를 다져 봅시다!

나는 인터넷을 이용할 때 '네이버'에 가장 많이 접속하는데, 매번 '네이버'를 검색해 들어가기 번거로워.

자주 들어가는 사이트를 저장해 놓는 방법이 있다고 들었는데!

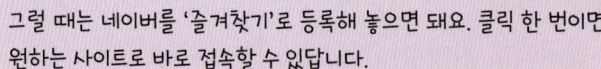
그럴 때는 네이버를 '즐겨찾기'로 등록해 놓으면 돼요. 클릭 한 번이면 원하는 사이트로 바로 접속할 수 있답니다.

웹 브라우저도 제가 필요한 대로 설정할 수 있군요!

맞아요. '마이크로소프트 엣지' 웹 브라우저를 설정하는 방법을 알아볼까요?

인터넷 기본 개념 다지기

> '인터넷'이란 무엇일까요? <

'**인터넷**'**은 전 세계의 정보가 연결된 컴퓨터 통신망**을 뜻합니다. 수많은 정보가 존재하는 인터넷 세상은 '정보의 바다'라고 불리기도 해요. 우리는 인터넷 덕분에 언제 어디서든 원하는 정보를 손쉽게 얻을 수 있습니다.

고양이에 대한 정보를 얻고자 하는 경우, 인터넷 검색창에 '고양이'라고 검색해 봅시다. 고양이와 관련된 수많은 정보가 여러분의 눈 앞에 펼쳐질 거예요. 그런데 이렇게 많은 정보 중에서 내게 필요한 내용을 어떻게 찾을 수 있을까요? 웹 브라우저를 똑똑하게 활용하는 방법을 익히고 인터넷에서 정보를 효과적으로 검색하는 능력도 길러 볼게요.

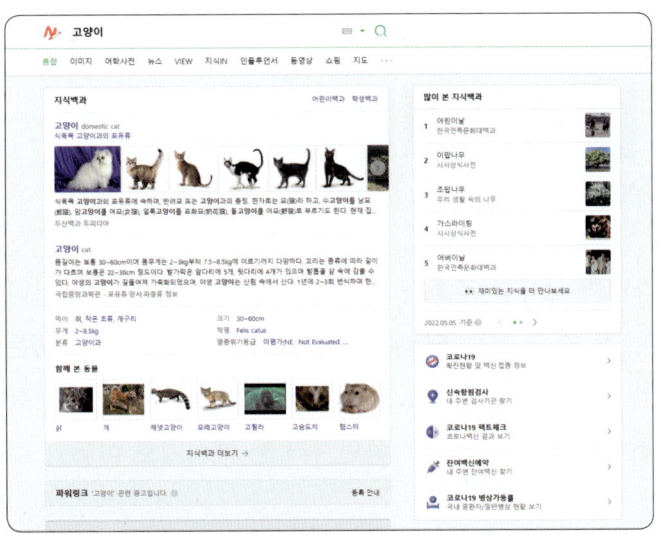

▲ '인터넷'을 통해 정보를 검색하는 모습

 잠깐만요 인터넷은 우리에게 이롭기만 할까요?

우리 생활 깊숙이 자리 잡고 있는 인터넷! 순기능이 많은 만큼 역기능도 가지고 있습니다. 우선 인터넷 환경에 과도하게 집착하고 의존하는 '인터넷 중독' 문제가 발생할 수 있습니다. 인터넷 중독은 현실 세계에서의 생활이나 인간 관계를 소홀히 하게 하는 등 2차적 피해까지 유발합니다. 또한 해킹, 사생활 침해, 개인정보유출과 같은 사이버 범죄가 발생하기도 합니다.

WEEK 06

'웹 브라우저'란 무엇일까요?

인터넷에 접속해 웹 페이지를 볼 수 있도록 도와주는 프로그램을 '웹 브라우저'라고 합니다. 쉽게 말해 웹 브라우저는 인터넷 세상에서 정보 검색, 저장, 전송 등의 일을 도와주는 역할을 합니다. 대표적인 웹 브라우저로는 '마이크로소프트 엣지', '크롬', '사파리', '파이어폭스' 등이 있습니다.

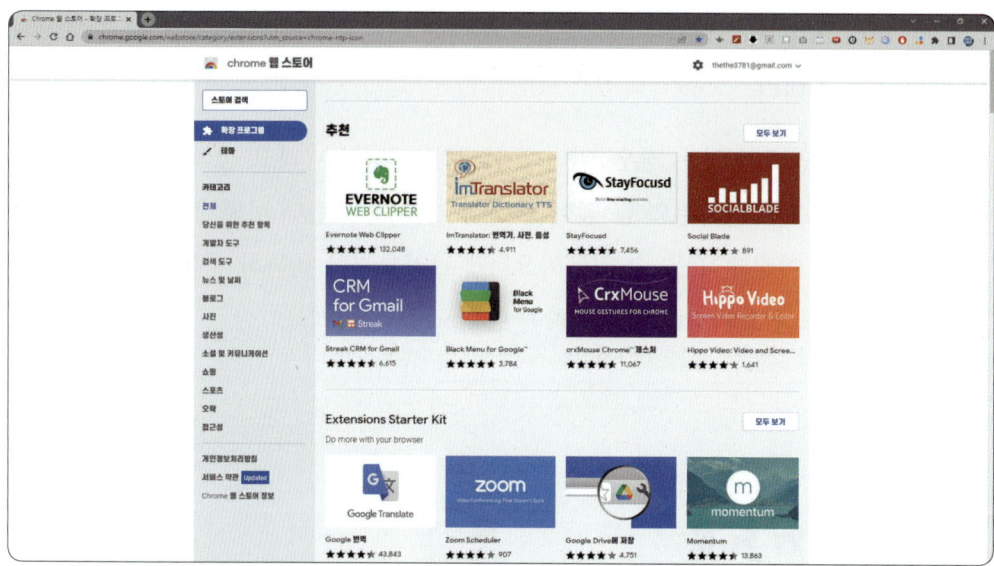

▲ 대표적 '웹 브라우저'인 크롬 이용 화면

인터넷 세상의 모든 웹 페이지에는 각각의 고유한 주소가 있습니다. 이것이 바로 **'URL'**입니다. 나의 집과 친구 집이 서로 다른 주소를 갖고 있듯, **웹 페이지 역시 고유의 주소를 가지고 있는 것**이죠. 예를 들어 포털 사이트 네이버의 경우에는 'www.naver.com'이라는 URL 주소를 갖고 있습니다. 웹 브라우저의 주소창에 URL 주소를 입력하면 원하는 페이지로 이동할 수 있답니다.

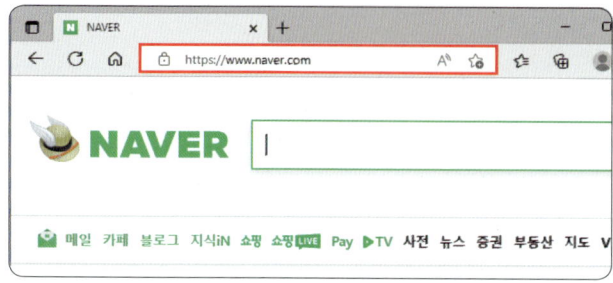

▲ 웹 페이지의 주소인 'URL'

웹 브라우저 실행 및 설정하기

01 다양한 웹 브라우저가 있지만 여기서는 '마이크로소프트 엣지' 브라우저를 기준으로 설명하겠습니다. 작업표시줄의 검색창에 'edge'를 검색하고 'Microsoft Edge'를 클릭해 실행합니다.

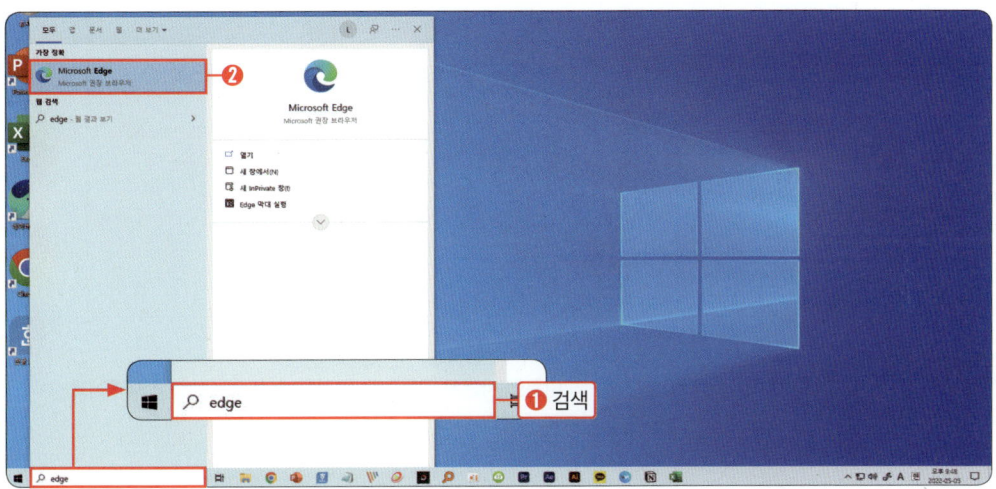

02 마이크로소프트 엣지를 처음 실행하면 각종 정보를 제공하는 메뉴가 나타납니다. 브라우저의 첫 화면은 사용자가 원하는 대로 설정할 수 있습니다. 오른쪽 위 [페이지 설정](⚙)을 클릭하고, 페이지 레이아웃을 [심플]로 변경해 봅시다.

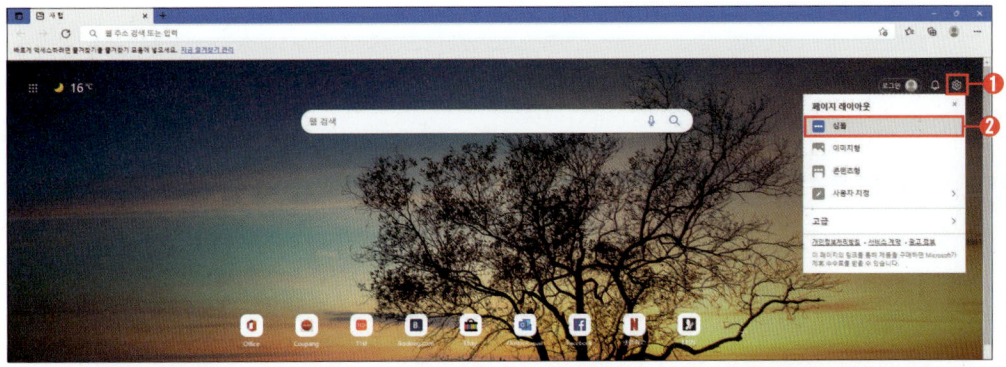

> **TipTalk** 페이지 레이아웃의 '이미지형'은 배경 이미지를 크게 보고 콘텐츠를 아래쪽에 배치하는 스타일이며, '콘텐츠형'은 배경 이미지를 작게 보고 콘텐츠를 크게 보는 스타일입니다. '사용자 지정'을 선택하면 배경과 콘텐츠를 세부적으로 설정할 수 있습니다.

03 브라우저의 첫 화면에 자주 방문하는 사이트를 등록할 수 있습니다. 먼저 사이트를 제거하는 방법을 알아볼까요? 아이콘에 마우스를 올린 후 ⋯-[제거]를 클릭하면 사이트가 삭제됩니다.

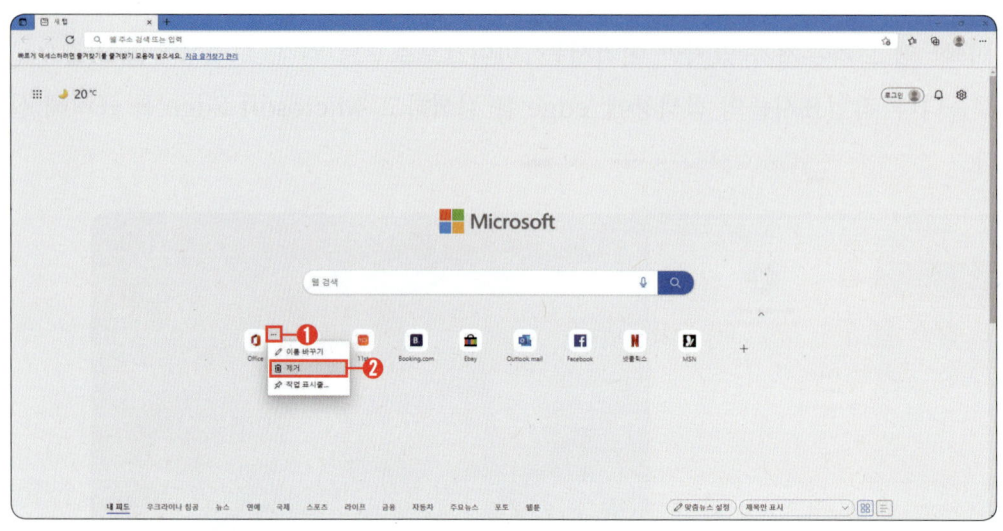

TipTalk ⋯-[이름 바꾸기]를 클릭하면 사이트의 이름을 사용자 마음대로 변경할 수 있고, [작업 표시줄...]을 클릭하면 사이트 바로가기 아이콘을 윈도우 화면의 작업표시줄에 추가할 수 있습니다.

04 브라우저 첫 화면에 사이트를 추가하려면 사이트 목록 오른쪽의 [사이트 추가](+) 버튼을 클릭합니다. [웹 사이트 추가] 창이 나타나면 여기에 추가할 사이트의 이름과 URL 주소를 입력해요. 만약 '네이버'를 추가하고 싶다면 '이름'에 '네이버'를, 'URL'에는 'naver.com'을 입력하고 [추가]를 클릭하면 되겠죠?

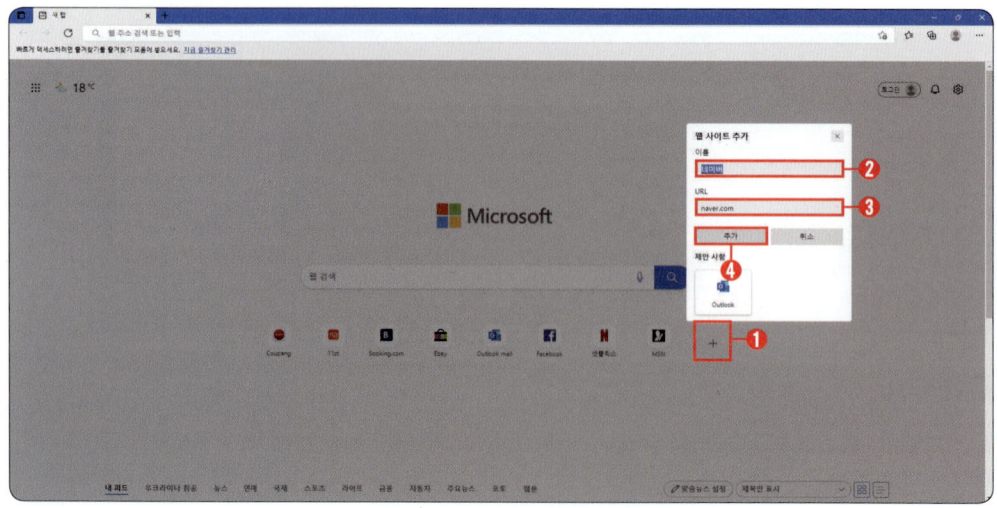

주소창에 URL 주소 입력하기

01 브라우저의 주소창에 URL을 입력하면 웹 페이지로 바로 이동할 수 있어요. '네이버'로 이동하기 위해 주소창에 'naver.com'을 입력하고 Enter 를 누릅니다.

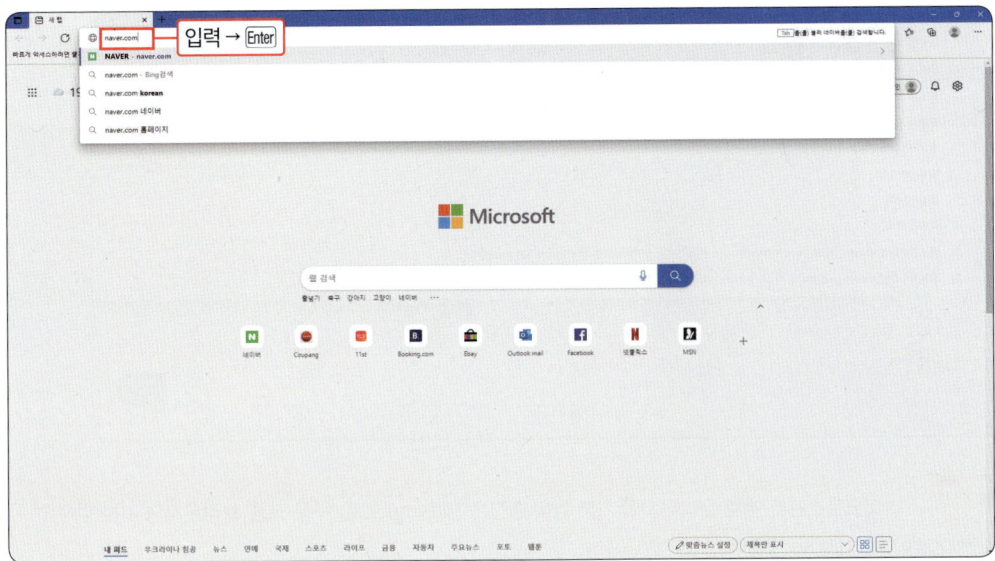

02 네이버 사이트로 바로 이동됩니다.

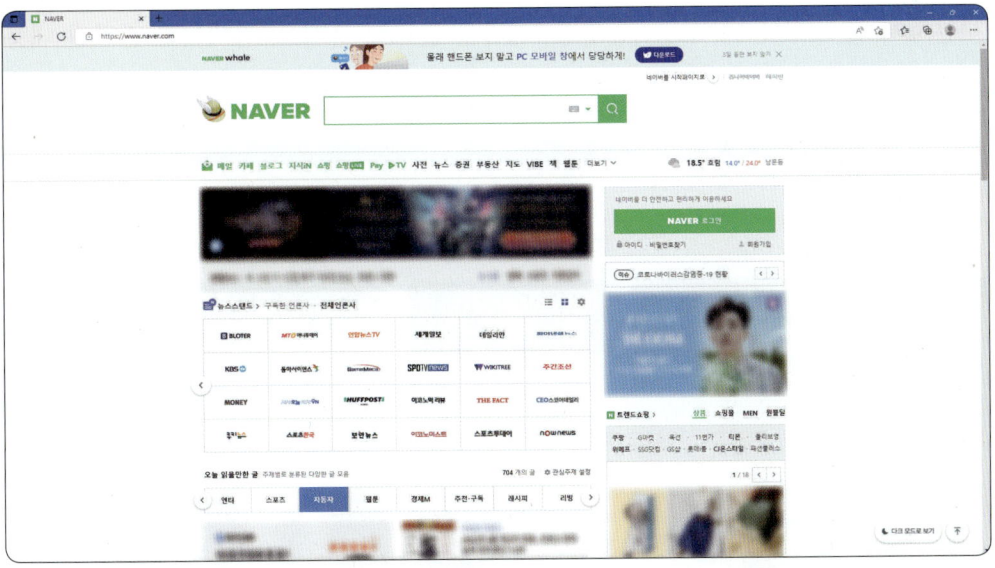

WEEK 06

주소창 활용해 검색하기

01 검색하고 싶은 내용이 있을 때, 포털 사이트로 따로 이동할 필요 없이 주소창에 검색어를 직접 입력해도 된답니다. 주소창에 검색어를 입력하고 Enter 를 누르세요.

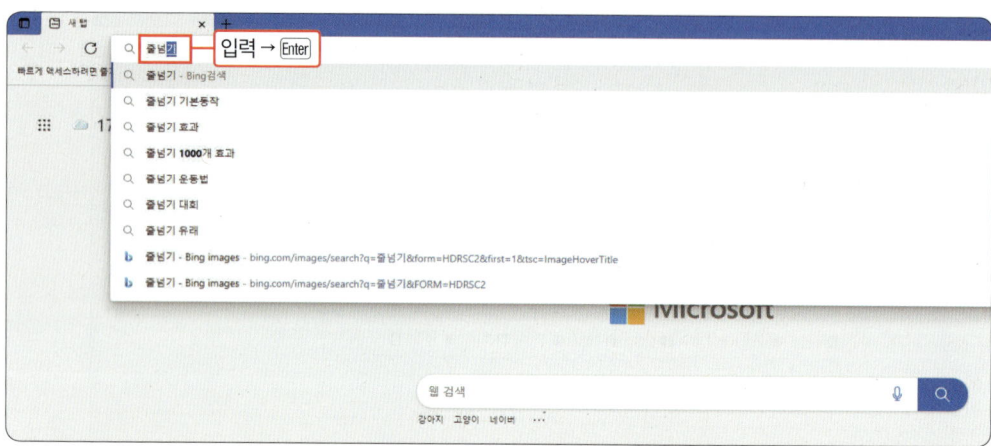

TipTalk '마이크로소프트 엣지' 브라우저의 기본 검색 엔진은 '빙(Bing)'으로, '구름 크롬' 브라우저의 기본 검색 엔진은 '구글(Google)'로 설정되어 있어요.

02 웹 페이지에 검색어와 관련된 정보가 나타납니다. 검색된 결과를 이미지, 동영상, 뉴스 등으로 구분해서 볼 수 있는데, 그중 [동영상] 메뉴를 클릭해 볼게요. 검색어와 관련된 내용 중 동영상 자료만 나타납니다.

03 이전 페이지로 돌아가고 싶을 때는 주소창 왼쪽의 [뒤로 가기](←) 버튼을 클릭하면 됩니다. 다시 검색 첫 페이지로 돌아갔죠?

> **TipTalk** [뒤로 가기](←) 버튼을 클릭한 후, 원래 있던 페이지로 돌아가려면 [앞으로 가기](→) 버튼을 클릭하면 됩니다.

04 원하는 내용을 찾았다면, 해당 페이지로 접속해 더 자세한 내용을 살펴봅시다. 오른쪽 '위키백과' 항목의 글자를 클릭해 해당 웹 페이지로 접속해 보세요.

> **TipTalk** 마우스를 올려 놓았을 때 글자에 밑줄이 생기면 클릭하여 다른 웹 페이지로 이동할 수 있어요.

즐겨찾기 관리하기

01 자주 찾는 사이트는 '즐겨찾기'로 등록해 봅시다. 일일이 주소를 입력할 필요 없이 클릭 몇 번으로 간편하게 접속할 수 있어요. 원하는 사이트에 접속한 후 주소창 오른쪽의 [즐겨찾기에 추가](☆) 버튼을 클릭합니다.

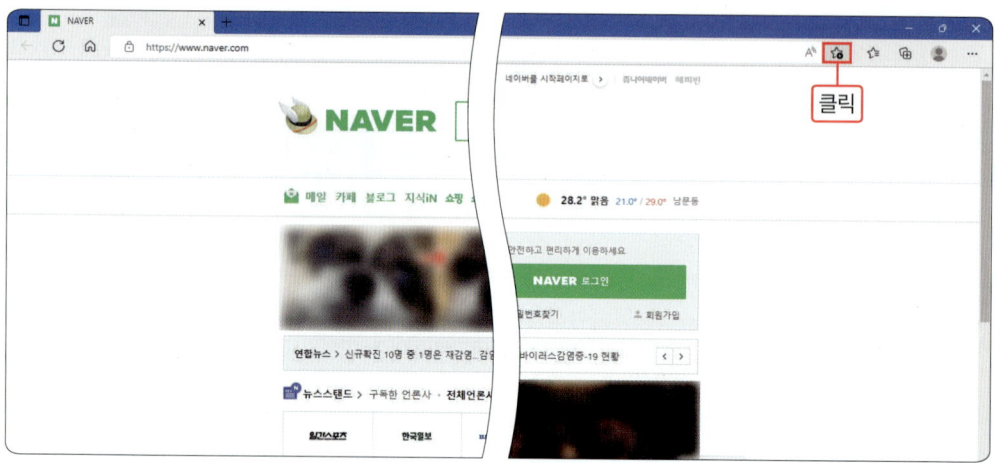

02 '즐겨찾기 추가됨'이라는 창이 나타나면 '이름'을 알아보기 쉽게 입력하고 [완료]를 클릭합니다.

TipTalk '폴더'를 변경해 즐겨찾기 목록을 정리할 수도 있어요.

03 즐겨찾기한 사이트는 어디에서 볼 수 있을까요? 주소창 오른쪽의 [즐겨찾기](☆) 버튼를 클릭합니다. 이곳에서 즐겨찾기한 사이트를 확인할 수 있습니다.

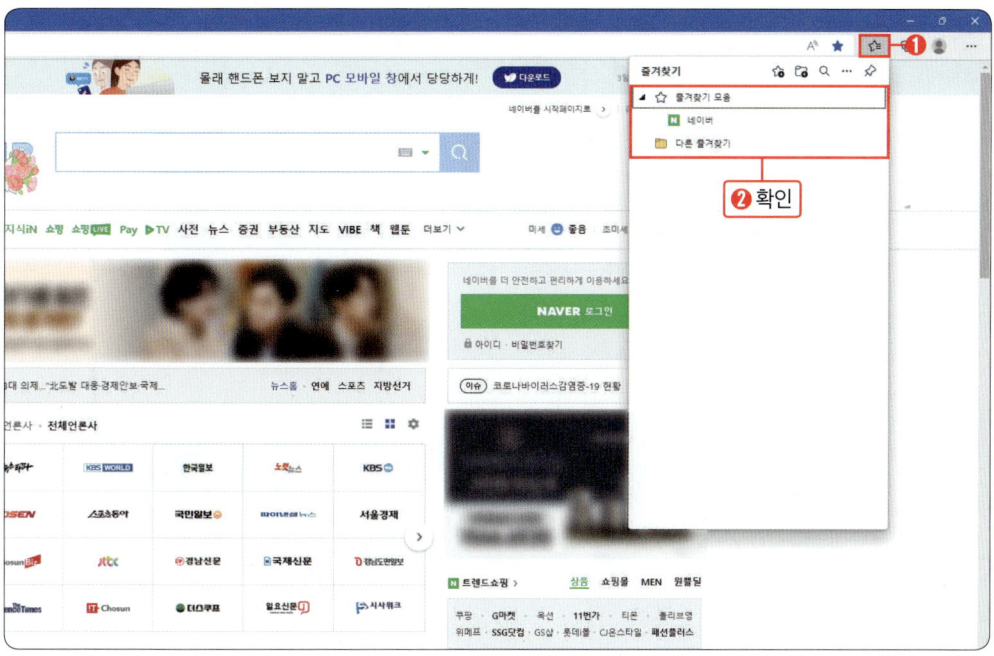

04 즐겨찾기에 다른 사이트도 추가한 후 즐겨찾기 모음을 확인해 봅시다. 주소창에 사이트 URL을 입력하고 Enter를 누릅니다.

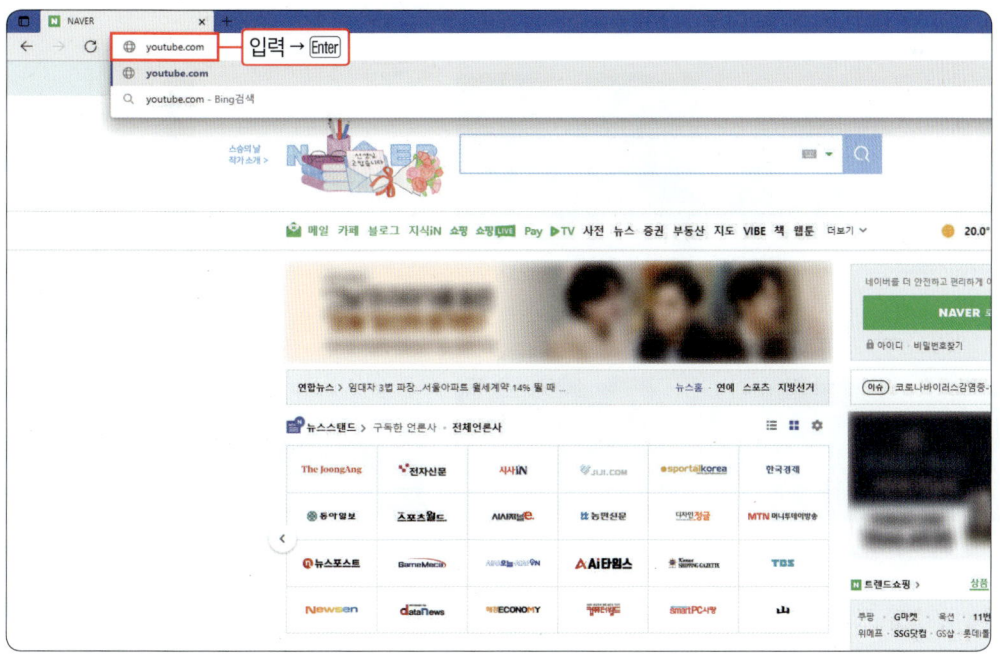

05 [즐겨찾기에 추가](☆) 버튼을 클릭한 후 '이름'을 입력하고 [완료]를 클릭합니다.

06 [즐겨찾기](☆) 버튼을 클릭하면 즐겨찾기 모음이 나타납니다. 방금 등록한 사이트를 확인할 수 있어요.

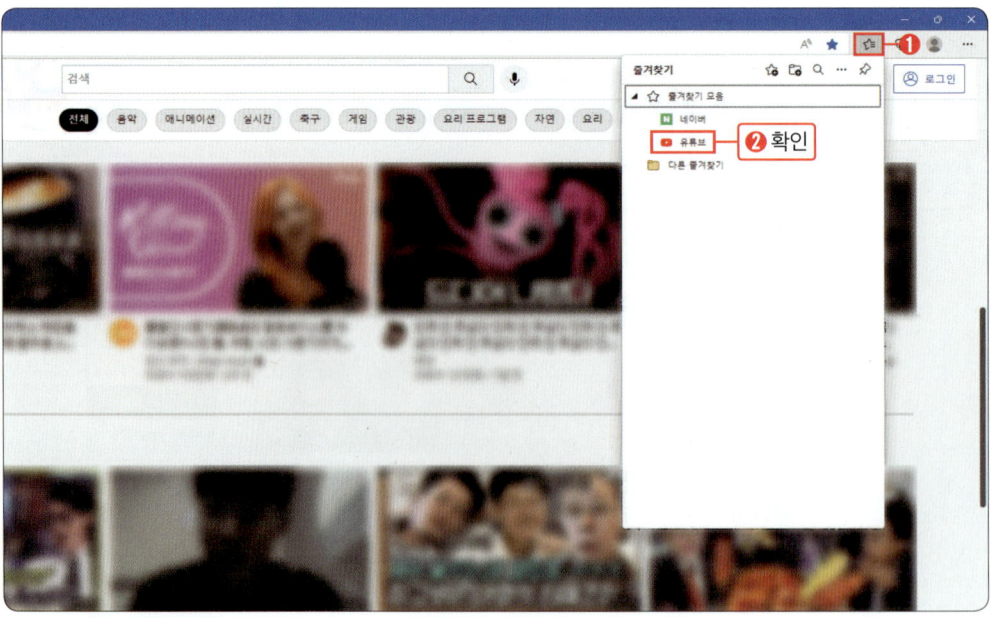

07 현재 탭 오른쪽의 [새 탭](+)을 클릭해 새로운 '탭'을 열어 봅시다.

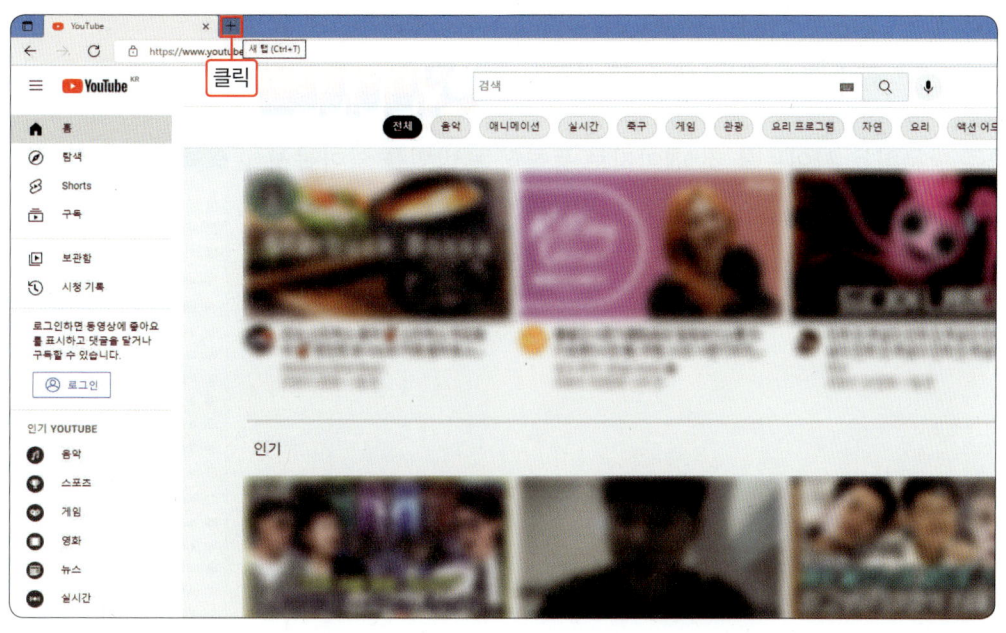

TipTalk '탭'이란 웹 사이트를 볼 수 있는 각각의 페이지입니다. 하나의 창에 여러 개의 탭을 생성할 수 있어요.

08 새로운 탭을 열면 웹 브라우저의 첫 화면이 나타나요. 웹 주소창 아래쪽을 보면 즐겨찾기한 사이트를 볼 수 있답니다. 사이트를 클릭하면 바로 접속할 수 있어요.

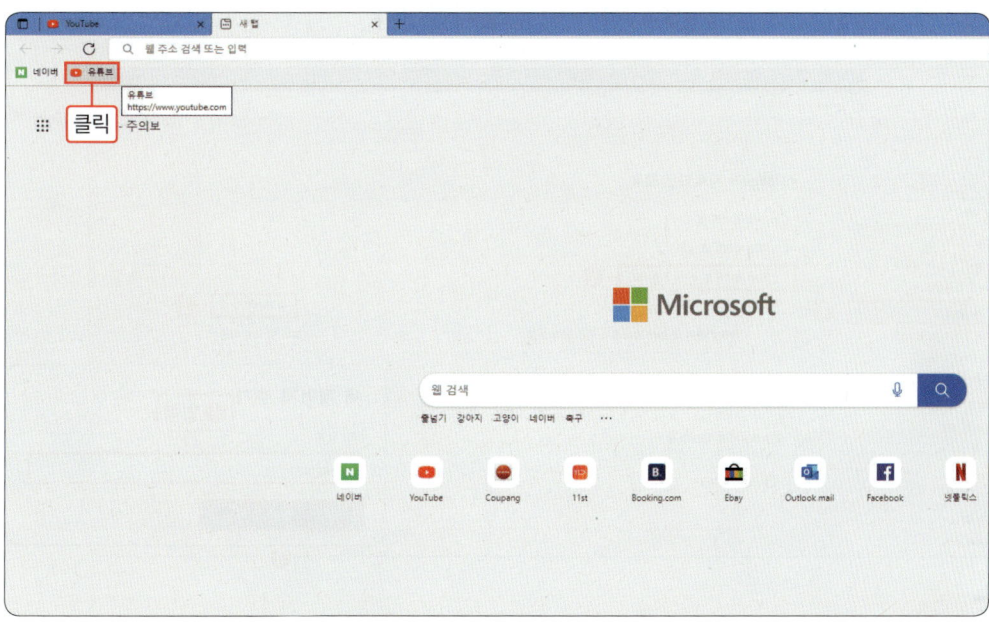

 ## 브라우저 시작 페이지 변경하기

01 자주 방문하는 사이트를 첫 페이지로 등록하는 방법을 알아봅시다. 웹 브라우저의 오른쪽 위의 [설정 및 기타](…) 버튼을 클릭하고 [설정]을 선택합니다.

02 설정창 왼쪽에서 [시작, 홈 및 새 탭] 메뉴를 클릭한 후 'Edge가 시작되는 경우'를 [다음 페이지를 열 수 있습니다]로 설정하고 [새 페이지 추가]를 클릭합니다. 새 창이 나타나면 시작 페이지로 설정할 URL을 입력하고 [추가]를 클릭합니다.

TipTalk 네이버를 시작 페이지로 설정하려면 'naver.com'을 입력하면 되겠죠?

03 '홈 단추' 메뉴에서 [도구 모음에 홈 버튼 표시 기능]을 활성화시켜 봅시다. 그럼 웹 주소 입력창 왼쪽에 시작 페이지로 이동할 수 있는 [홈](🏠) 버튼이 생깁니다.

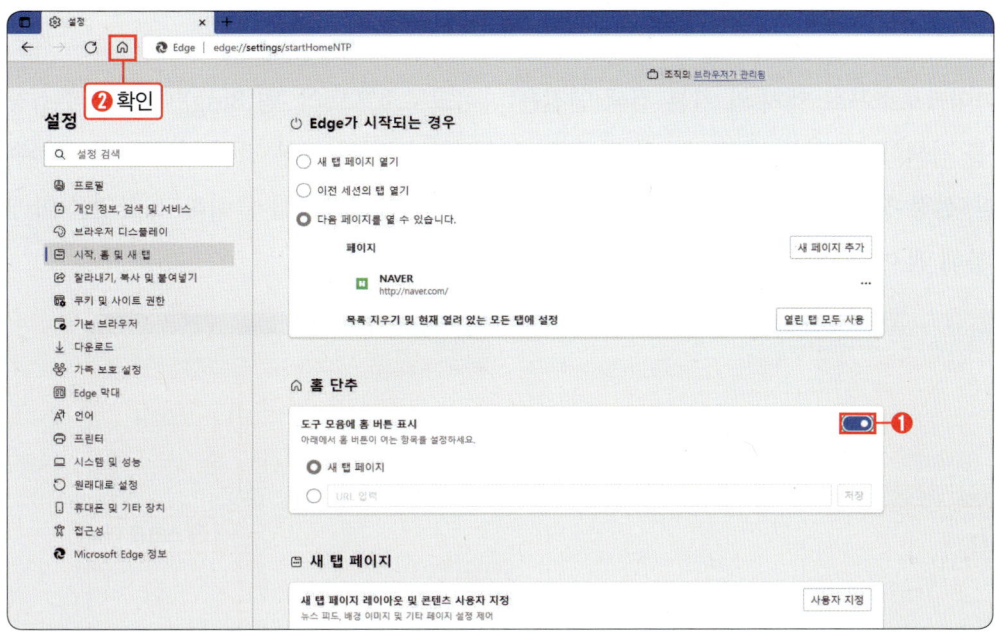

04 '홈 단추' 메뉴에서 URL 입력 창에 원하는 사이트의 URL 주소를 입력해 봅시다. 여기에서는 네이버의 URL인 'naver.com'을 입력하고 [저장]을 클릭할게요. 웹 주소 입력창 왼쪽에 있는 [홈 단추]를 클릭하면 네이버로 바로 이동됩니다.

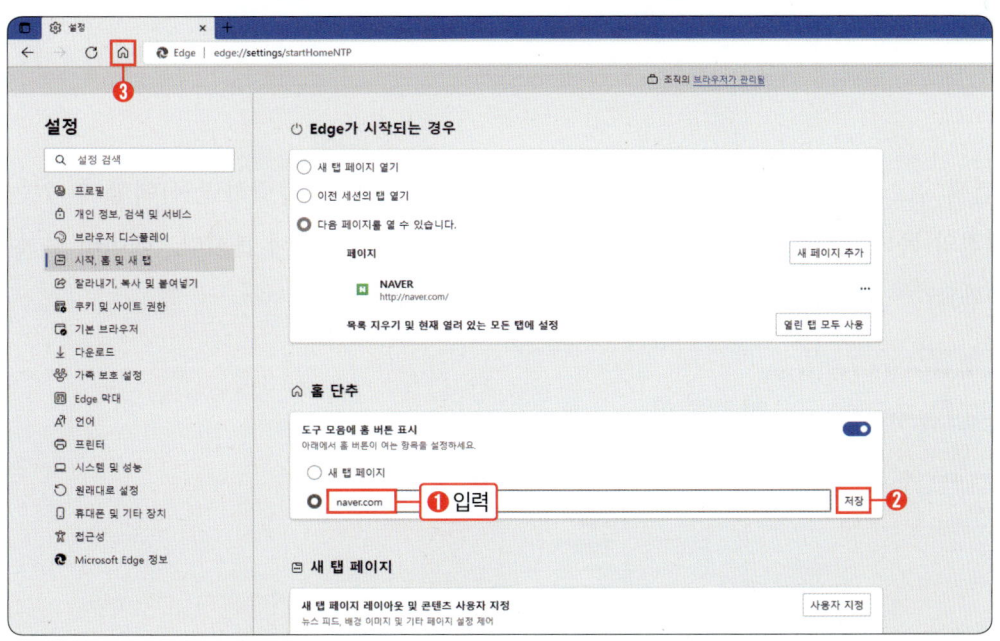

 ## 기본 검색 엔진 변경하기

01 '마이크로소프트 엣지'의 기본 검색 엔진은 마이크로소프트의 '빙(Bing)'이에요. 주소창에 단어를 검색하면 '빙'을 통해 검색한 결과를 보여 주죠. 하지만 기본 검색 엔진을 변경할 수 있습니다. 설정 창 왼쪽의 메뉴에서 [개인 정보, 검색 및 서비스] 메뉴를 클릭하고, 화면을 아래로 스크롤해 맨 아래쪽에 있는 [주소 표시줄 및 검색]을 선택합니다.

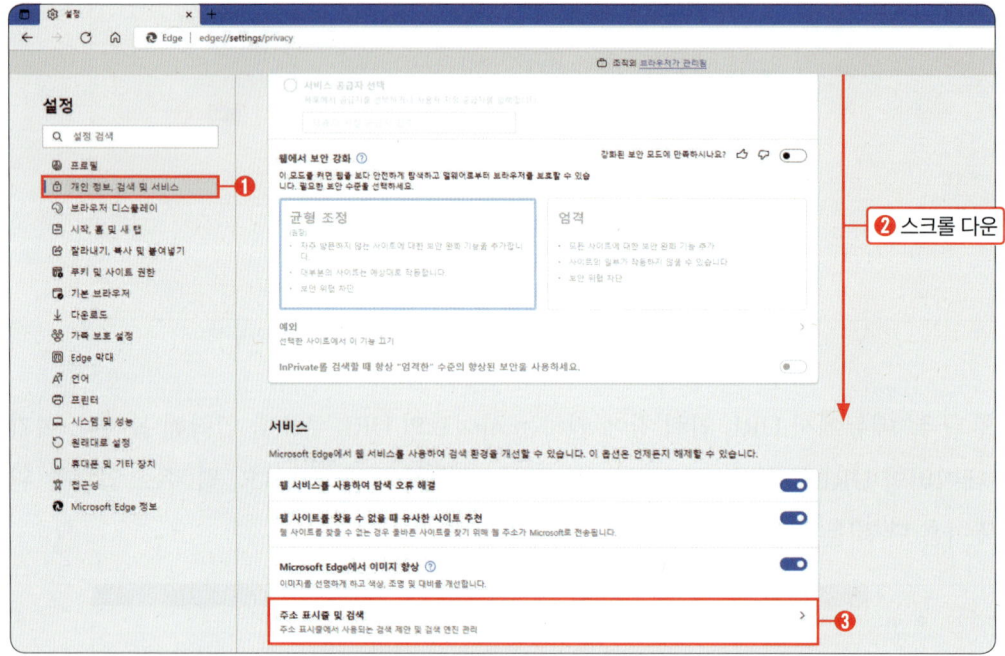

02 '검색 주소창에 사용된 검색 엔진'에서 [목록](∨) 버튼을 클릭하면 선택할 수 있는 검색 엔진의 목록이 나타납니다. 이 중 원하는 검색 엔진으로 변경해 봅시다. '네이버'로 설정해 볼까요?

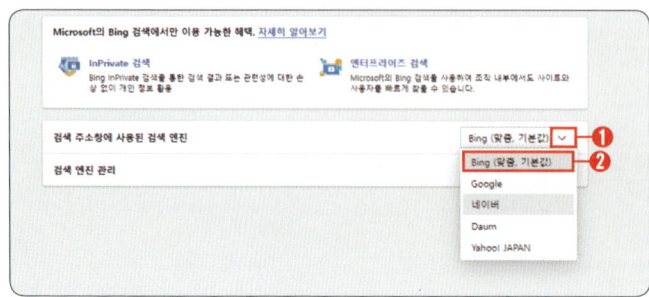

03 주소창에 검색어를 입력하면 원래는 '빙'을 통해 검색한 결과가 나왔지만 이제는 '네이버'를 통해 검색한 결과가 나타납니다. 주소창에 '강아지'라고 입력하니 네이버 검색 결과가 나타나죠?

둘째마당

실전! 컴퓨터와 친해지기

여러 가지 프로그램을 활용해 학교 숙제를 해결할 수 있어요. 선생님이 고른 예제를 따라하며 컴퓨터 실력을 쑥쑥 길러 봅시다.

WEEK 07 ··· '파일'과 '폴더'를 자유자재로 다뤄요
WEEK 08 ··· 한글 프로그램을 활용해 글을 써요
WEEK 09 ··· 필요한 정보만 쏙쏙 검색해요
WEEK 10 ··· 파워포인트를 활용해 발표 자료를 만들어요
WEEK 11 ··· 엑셀을 활용해 숫자를 관리해요
WEEK 12 ··· 그림판을 활용해 그림을 그려요

'파일'과 '폴더'를 자유자재로 다뤄요

책을 사러 서점에 간다고 상상해 보세요. 서점에는 굉장히 많은 책이 있지만, 원하는 책을 어렵지 않게 찾을 수 있어요. 책들이 소설, 동화책, 참고서 등 분야별로 구분되어 있기 때문이에요. 만약 책이 규칙성 없이 마구 놓여 있다면 내가 원하는 책을 찾기가 무척 어려울 거예요.

컴퓨터를 사용할 때도 마찬가지예요. 컴퓨터는 다양한 정보를 '파일' 형태로 저장하는데, '폴더'를 만들어 파일을 정리할 수 있습니다. 즉, '파일'과 '폴더' 덕분에 컴퓨터에 저장되어 있는 정보를 사용자의 필요에 따라 구분할 수 있는 거죠.

만약 컴퓨터 안의 자료가 전혀 정리되어 있지 않다면 어떨까요? 바탕화면이 매우 복잡해질 뿐만 아니라 내가 저장한 자료를 찾는 데도 시간이 오래 걸릴 거예요.

컴퓨터로 다양한 작업을 하려면 파일과 폴더에 대해 이해하는 과정이 꼭 필요합니다. 차근차근 컴퓨터와 친해져 볼까요?

 으악! 컴퓨터 바탕화면이 너무 지저분해졌어.

 정말이네! 아이콘으로 꽉 찼어.

여러 프로그램으로 만든 파일을 전부 '바탕화면'에 정리했군요? 이럴 때는 '폴더'를 만들어 파일을 정리해 봅시다.

 폴더요? 서랍장 같은 건가요?

맞아요! 자신의 기준에 따라 폴더를 만들어 파일을 그 안에 쏙 집어 넣으면 된답니다. 선생님은 '학교 수업 준비', '우리반 사진', '가족 기록' 등의 폴더를 만들었답니다.

 우와! 저도 얼른 만들어 보고 싶어요. 저는 '강아지' 폴더를 만들래요.

 **'파일'과 '폴더'로 정보 정리하기**

＞ '파일'이란 무엇인가요? ＜

<mark>'파일'이란 정보를 모아놓은 집합체</mark>입니다. 컴퓨터 문서 프로그램을 활용해 글을 작성하면, 문서 파일로 저장할 수 있어요. 컴퓨터에서 그림을 그린다면 이미지 파일로 저장할 수 있고요. 이처럼 파일은 데이터의 성격에 따라 문서 파일, 이미지 파일, 동영상 파일 등으로 구분할 수 있습니다.

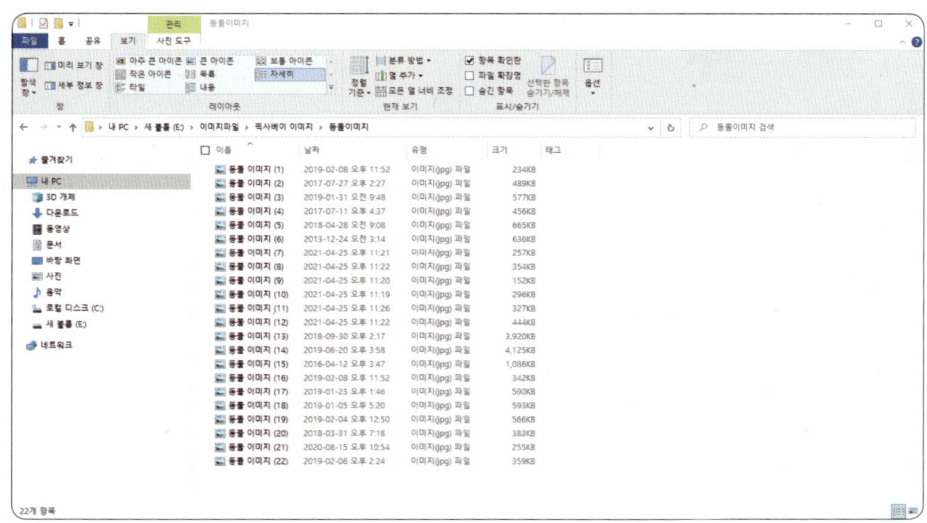

▲ 정보를 저장하는 '파일'

TipTalk 파일을 마우스 왼쪽 버튼으로 더블 클릭하면 파일을 열 수 있답니다.

＞ '폴더'란 무엇인가요? ＜

여러 프로그램을 이용해 만든 파일을 정리할 공간이 없다고 생각해 보세요. 모든 파일이 뒤죽박죽 섞여 복잡해지겠죠? 이때 필요한 것이 바로 '폴더'입니다.

<mark>'폴더'는 파일을 저장할 수 있는 상자</mark>입니다. 폴더를 더블 클릭하면 폴더 안에 들어있는 파일을 살펴볼 수 있습니다. 폴더에 다양한 성격의 파일을 저장할 수 있고, 폴더 안에 또 다른 폴더를 만들 수도 있습니다.

예를 들어 '가족 사진 폴더'를 하나 만들어 폴더 안에 사진 파일을 저장할 수 있습니다. 폴더 안에 날짜별로 폴더를 만들어 사진을 정리할 수도 있고요.

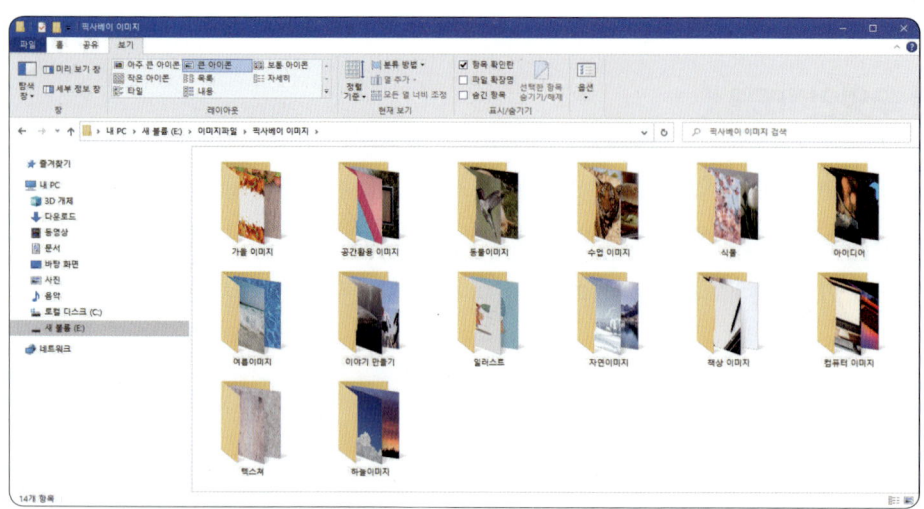

▲ '파일'을 저장하는 공간인 '폴더'

잠깐만요 파일의 '확장명' 알아보기

파일의 이름은 '파일명.확장명' 형식으로 구성되어 있어요.

예 가족사진.jpg

　　파일명　확장명

'확장명'이란 파일의 종류를 나타내는 이름입니다. 파일의 성격에 따라 확장명이 각각 다르죠. 따라서 확장명만 보아도 어떤 파일인지 파악할 수 있어요.

파일 종류	확장명	파일 종류	확장명
그림 파일	bmp, png, jpg, gif	문서 파일	hwp(한글), xlsx(엑셀), pptx(파워포인트), txt(텍스트)
음악 파일	wma, mp3	압축 파일	zip
동영상 파일	avi, mp4, mov	실행 파일	exe

 여러분도 필요에 따라 다양한 폴더를 만들고, 파일을 차곡차곡 정리해 보세요! 나중에 파일을 찾아보기도 쉽고 바탕화면도 훨씬 깨끗해져요.

 ## 파일 복사하고 붙여넣기

01 똑같은 파일이 하나 더 필요하다면 파일을 '복사'한 후 '붙여넣기'하면 됩니다. 복사하고 싶은 파일을 마우스 오른쪽 버튼으로 클릭하고 [복사]를 선택해요. 컴퓨터의 '클립보드'에 해당 파일이 잠시 저장됩니다.

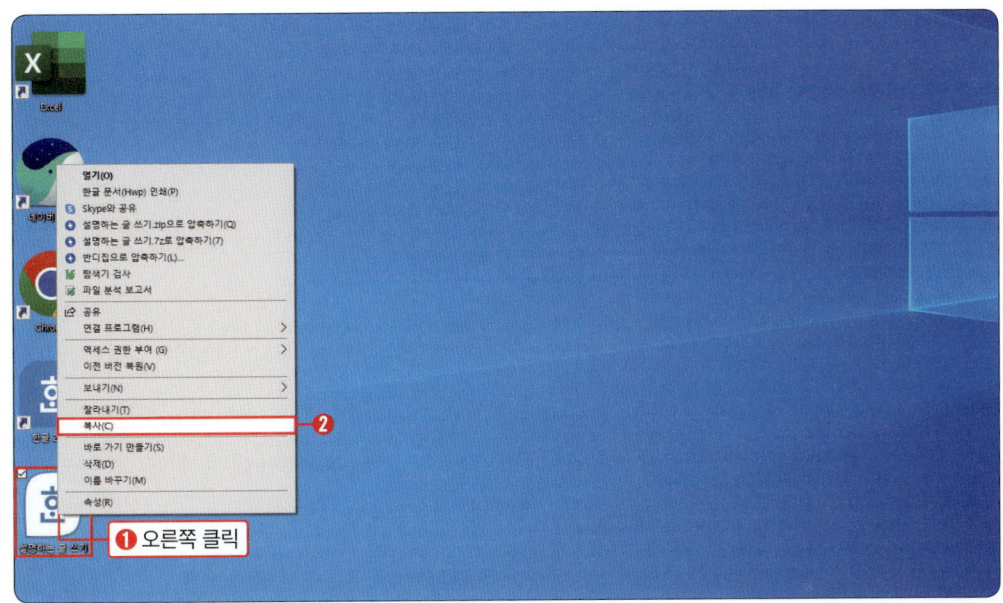

TipTalk 두 개 이상의 파일을 드래그해 선택한 후 한꺼번에 복사할 수도 있습니다. 파일은 물론 폴더도 복사할 수 있어요.

 **'클립보드' 알아보기**

'클립보드'란 컴퓨터의 임시 저장 공간을 의미합니다. 파일이나 이미지 등을 복사하거나 잘라내는 경우, 해당 자료를 잠시 넣어 두는 주머니와 같은 역할을 해요. 파일을 복사하면 자동으로 '클립보드'에 저장이 되고, 붙여넣기를 하면 클립보드에 저장된 파일을 다시 가지고 와서 붙여넣는 것이죠.

02 '붙여넣기' 기능을 활용해서 파일을 원하는 위치에 붙여넣어 봅시다. 파일을 붙여넣기할 폴더로 이동해 마우스 오른쪽 버튼으로 빈곳을 클릭하고 [붙여넣기]를 선택하세요.

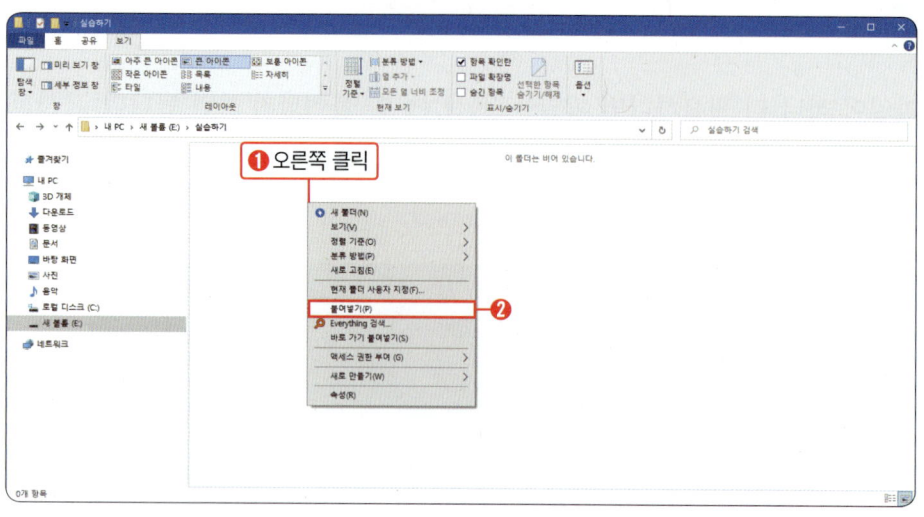

> **TipTalk** [붙여넣기]를 클릭하려면 우선 파일이나 폴더가 복사되어 있어야 합니다.

03 복사했던 파일이 똑같이 생성됩니다. 붙여넣기를 한 파일은 복사했던 원본 파일의 내용과 같습니다.

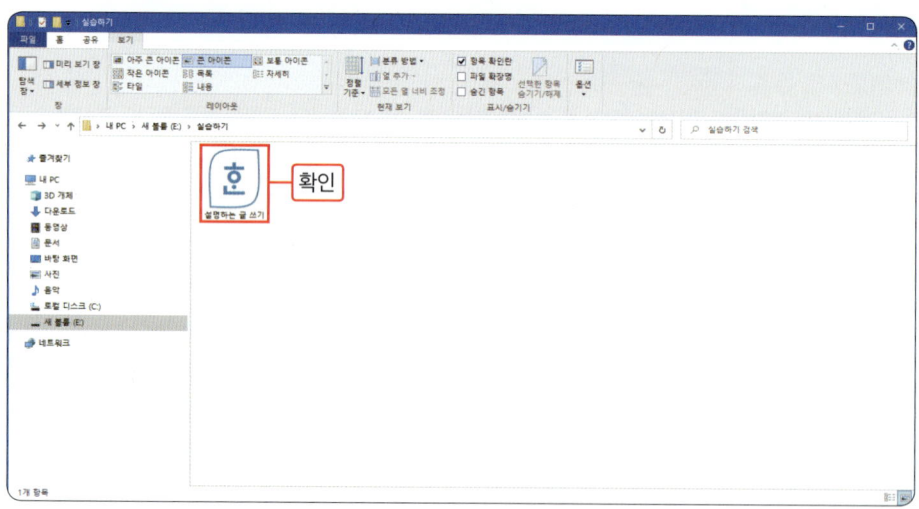

> **TipTalk** '붙여넣기' 기능은 '복사' 기능과 함께 많이 사용되는 기능이기 때문에 단축키를 알아두면 편리합니다. Ctrl와 C를 함께 눌러 파일을 복사한 후, 원하는 저장 위치로 이동해 Ctrl과 Shift를 함께 눌러 붙여넣기를 실행해 봅시다. 짜잔! 복사했던 파일이 나타나죠? 참고로 파일을 복사했던 저장 위치에 바로 붙여넣기 하면 원본 파일 이름 뒤에 '-복사본'이 추가된 채 생성됩니다.

파일 이동하기

01 파일이나 폴더를 다른 위치로 옮겨 보겠습니다. '복사' 기능과는 달리 원래 저장되어 있던 공간에서는 파일이 사라집니다. 파일을 마우스 오른쪽 버튼으로 클릭하고 [잘라내기]를 선택합니다. 파일이 반투명한 상태로 바뀌죠? 이동할 준비가 되었다는 신호랍니다.

02 [잘라내기] 한 파일을 옮길 위치로 이동해요. 폴더의 빈곳을 마우스 오른쪽 버튼으로 클릭하고 [붙여넣기]를 선택하면 [잘라내기]했던 파일이 등장합니다.

03 파일이 원래 저장되어 있던 위치에는 해당 파일이 사라진 것을 확인할 수 있습니다.

TipTalk '복사·붙여넣기' 기능과 '잘라내기·붙여넣기' 기능의 차이점을 발견했나요? '복사·붙여넣기' 기능을 이용하면 파일이 한 개 더 생성되지만, '잘라내기·붙여내기' 기능을 이용하면 파일이 저장된 위치만 변경됩니다.

잠깐만요 '드래그 앤 드롭'으로 파일 이동하기

이번에는 다른 방법으로 파일을 옮겨 볼게요. 파일을 선택하고 다른 폴더로 드래그한 후 손가락을 떼어 보세요. 파일이 폴더 안으로 쏙 들어갑니다. 해당 폴더를 더블 클릭해서 열어보면 파일이 이동한 것을 확인할 수 있어요.

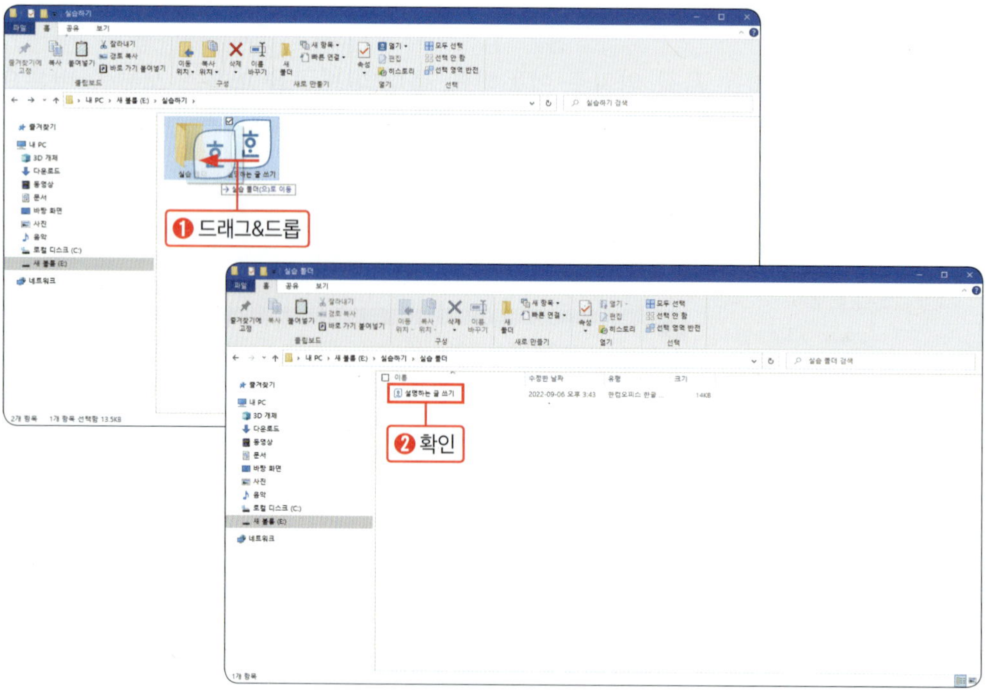

❶ 드래그&드롭

❷ 확인

파일 삭제하기

01 파일이 더이상 필요하지 않다면 어떻게 해야 할까요? 필요 없는 물건을 휴지통에 버리는 것처럼 파일도 휴지통에 버릴 수 있답니다. 삭제하려는 파일을 마우스 오른쪽 버튼으로 클릭하고 [삭제]를 선택하세요. 파일이 원래 있던 위치에서 사라지고 바탕화면에 있는 '휴지통'으로 이동합니다.

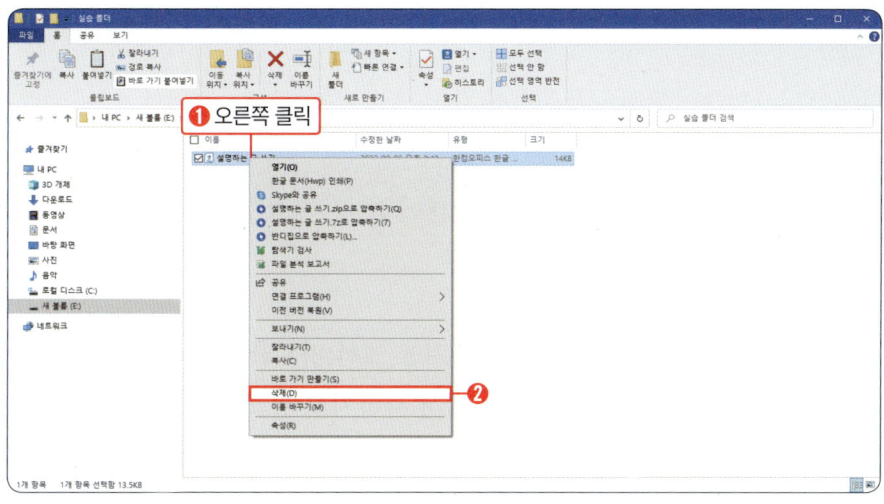

> **TipTalk** 파일이 열려 있는 동안에는 삭제되지 않습니다. 예를 들어, 편집 중인 한글 문서 파일은 아무리 삭제하려 해도 삭제가 되지 않습니다.

02 '휴지통'은 삭제한 파일을 임시 보관하는 저장 폴더라고 생각하면 됩니다. 삭제한 파일을 확인해 볼까요? 바탕화면의 '휴지통' 아이콘을 더블 클릭해 보세요.

03 '휴지통' 폴더에서 삭제했던 파일을 확인할 수 있어요.

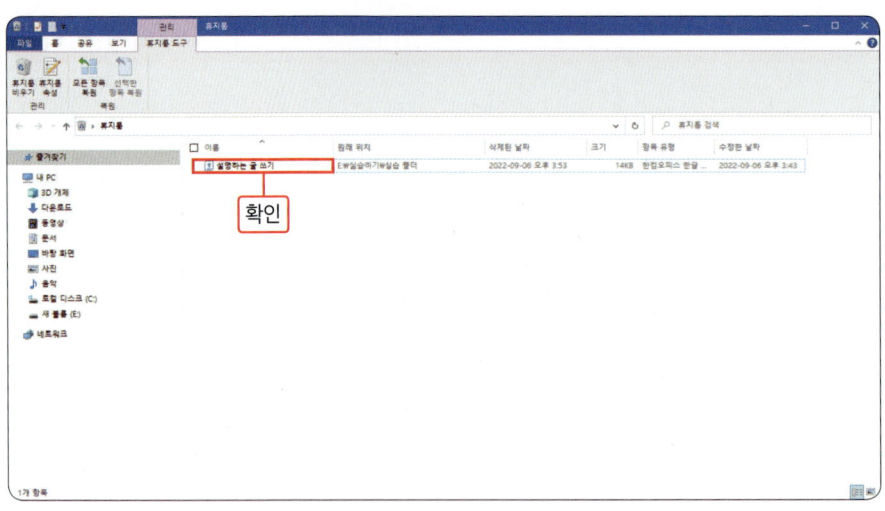

TipTalk 파일을 삭제하기 전에 정말 지워도 되는 파일인지 한 번 더 확인하는 것이 좋겠죠?

04 삭제한 파일을 복원하는 방법을 알아볼게요. '휴지통'에서 파일을 마우스 오른쪽 버튼으로 클릭하고 [복원]을 선택하세요. 파일이 '휴지통'에서 사라지고 원래 저장되어 있던 폴더에 다시 등장합니다.

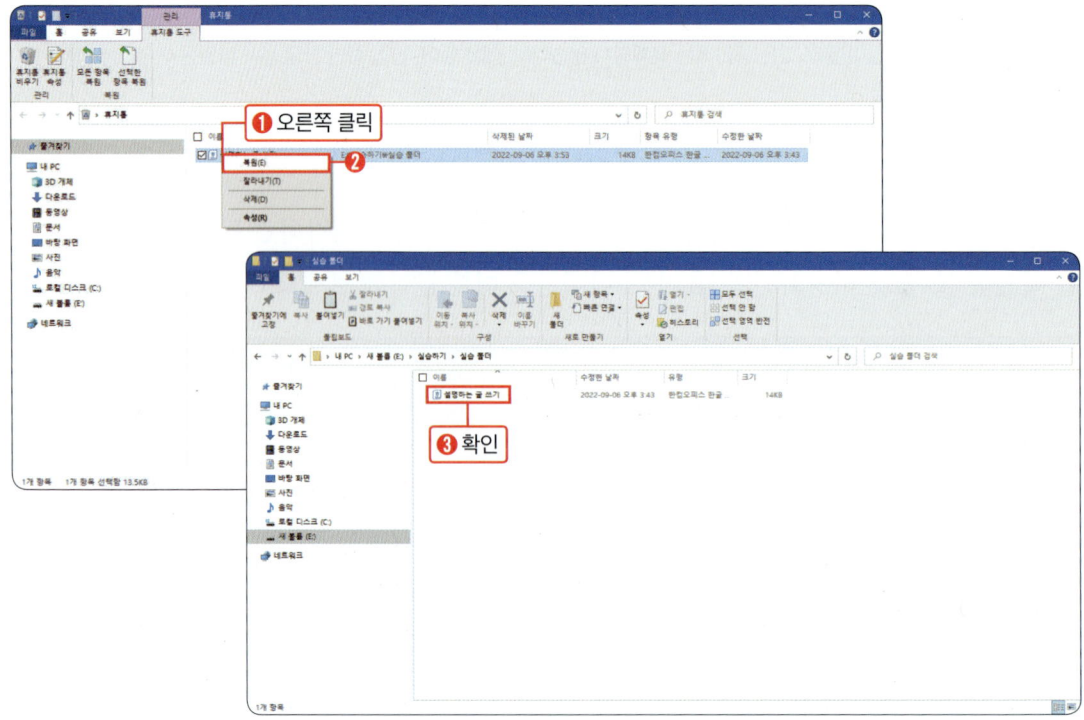

 ## 새 폴더 만들고 이름 변경하기

01 바탕화면에 새로운 폴더를 만들어 봅시다. 바탕화면의 빈곳을 마우스 오른쪽 버튼으로 클릭하고 [새 폴더]를 클릭하세요.

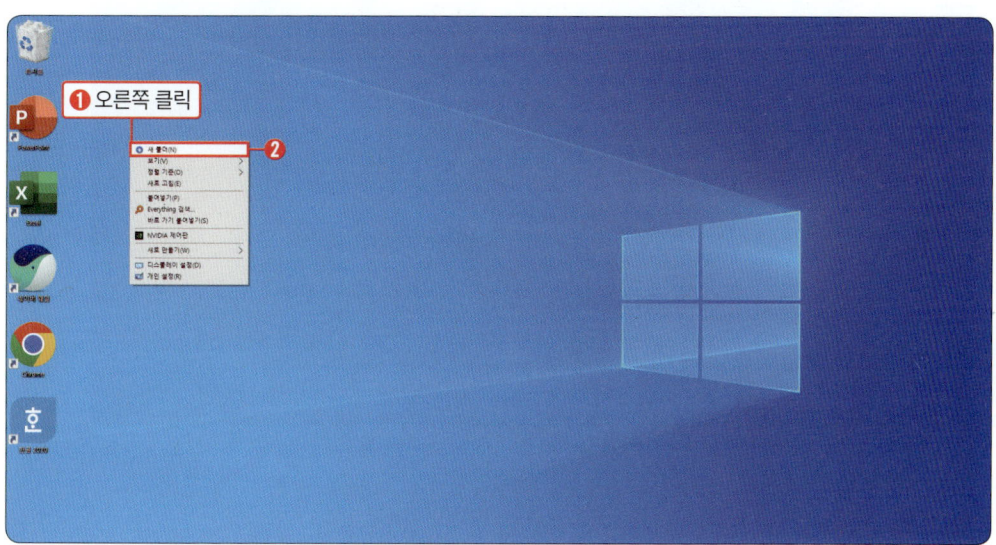

02 '새 폴더'라는 이름의 폴더가 생성됩니다. 이름 부분이 파란색 블록으로 표시되어 있죠? 새로운 이름을 입력하고 Enter를 클릭하면 이름을 변경할 수 있습니다. '실습 폴더'라고 바꿔 볼까요?

03 이름을 다시 변경하고 싶다면 폴더를 마우스 오른쪽 버튼으로 클릭하고 [이름 바꾸기]를 선택합니다. 폴더의 이름이 다시 파란색 블록으로 표시되면 새 이름을 입력하고 Enter 를 클릭하세요.

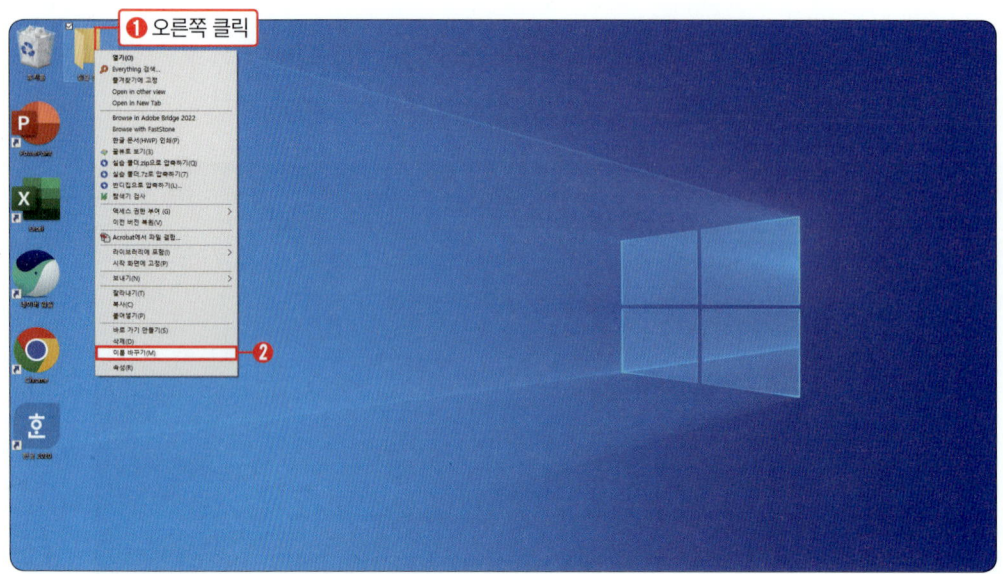

 **폴더 삭제하기**

폴더를 삭제하는 방법도 파일을 삭제하는 방법과 같습니다. 삭제하고자 하는 폴더를 마우스 오른쪽 버튼으로 클릭하고 [삭제]를 선택해 볼까요? 해당 폴더가 바탕화면의 '휴지통'으로 이동합니다.
폴더를 삭제하면 폴더 안에 들어 있는 파일까지 함께 삭제되므로 주의하세요! 따라서 폴더 안의 파일을 꼼꼼하게 살펴보고 삭제해야 합니다. '휴지통'에 버린 폴더는 파일을 복원했던 것과 같은 방법으로 복원할 수 있습니다. 휴지통에서 폴더를 마우스 오른쪽으로 클릭하고 [복원]을 선택하면 되겠죠?

 여러분의 옷장이나 서랍이 마구 어질러진 상태로 있다면 원하는 것을 빨리 찾을 수 없겠죠? 파일과 폴더를 미리미리 정리하는 습관을 가집시다.

파일 및 폴더 검색하기

01 특정 파일이나 폴더를 찾고 싶다면 '검색' 기능을 이용해 봅시다. 폴더를 더블 클릭해서 열어 보세요. 오른쪽 위를 살펴보면 돋보기 아이콘이 보이죠? '검색' 기능을 담당하는 곳입니다.

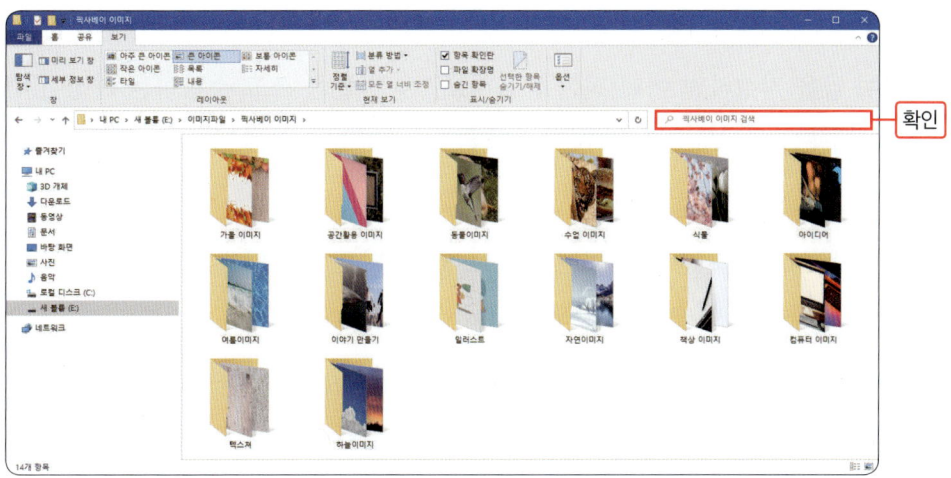

02 찾고자 하는 파일이나 폴더의 이름을 검색 창에 입력하고 Enter 를 눌러 봅시다. 검색어가 포함된 파일이나 폴더가 모두 나타납니다.

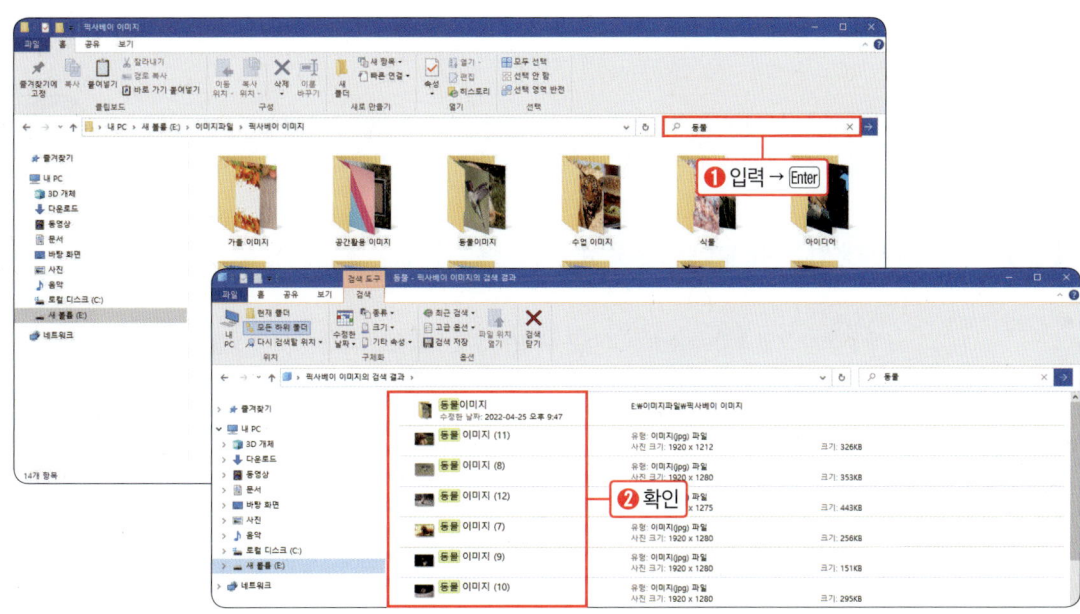

한글 프로그램을 활용해 글을 써요

여러분의 생각을 글로 표현하는 경우를 떠올려 보세요. 간단한 메모를 할 때, 친구에게 편지 쓸 때, 학교 숙제를 할 때… 일상 속에서 글을 써야 하는 상황을 자주 마주치게 되죠?

컴퓨터를 활용하여 글을 작성하면 어떤 점이 좋을까요? 우선 글을 쓰고 수정하는 과정이 편리합니다. 잘못 쓴 내용이 있어도 지우개로 지우지 않아도 되고, 중간에 내용을 쉽게 추가할 수 있어요.

또한 글쓰기 결과를 컴퓨터에 저장해서 보관할 수도 있고, 다른 사람에게 파일로 공유할 수도 있습니다. 결과물을 종이 위에 인쇄할 수도 있고요.

이번 시간에는 컴퓨터를 활용해서 글을 쓰는 방법을 알아보겠습니다. '한글' 프로그램을 활용하면 문서를 쉽고 편하게 작성할 수 있답니다. 처음부터 컴퓨터로 글을 쓰는 것이 쉽지는 않을 수도 있어요. 하지만 익숙해지면 아주 간편하게 쓰고 수정할 수 있습니다.

흠, 내가 방학 때 썼던 독서기록지가 어디에 있더라… 종이에 적어 두었는데 못 찾겠어.

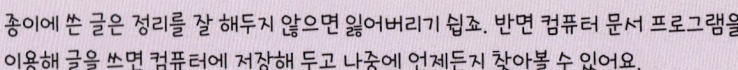

종이에 쓴 글은 정리를 잘 해두지 않으면 잃어버리기 쉽죠. 반면 컴퓨터 문서 프로그램을 이용해 글을 쓰면 컴퓨터에 저장해 두고 나중에 언제든지 찾아볼 수 있어요.

컴퓨터로 글을 써 본 적은 없는데! 편리한 점이 또 있나요?

글을 쓰다 보면 중간에 추가하고 싶은 내용이 생길 수도 있겠죠? 종이 위에 글을 쓴 경우 지우고 다시 써야 하지만 문서 프로그램을 이용하면 손쉽게 내용을 수정할 수 있어요.

오! 저도 컴퓨터로 글을 써 보고 싶어요. 가장 먼저 부모님께 편지를 쓸래요.

좋아요. 지금 바로 '한글' 프로그램을 익혀 볼까요?

한글 프로그램 실행 및 저장하기

01 한글 프로그램을 실행하고, 작업한 파일을 저장해 볼까요? [시작](■) 버튼을 클릭하고, 'ㅎ' 영역으로 내려가서 한글 프로그램을 찾아 클릭합니다.

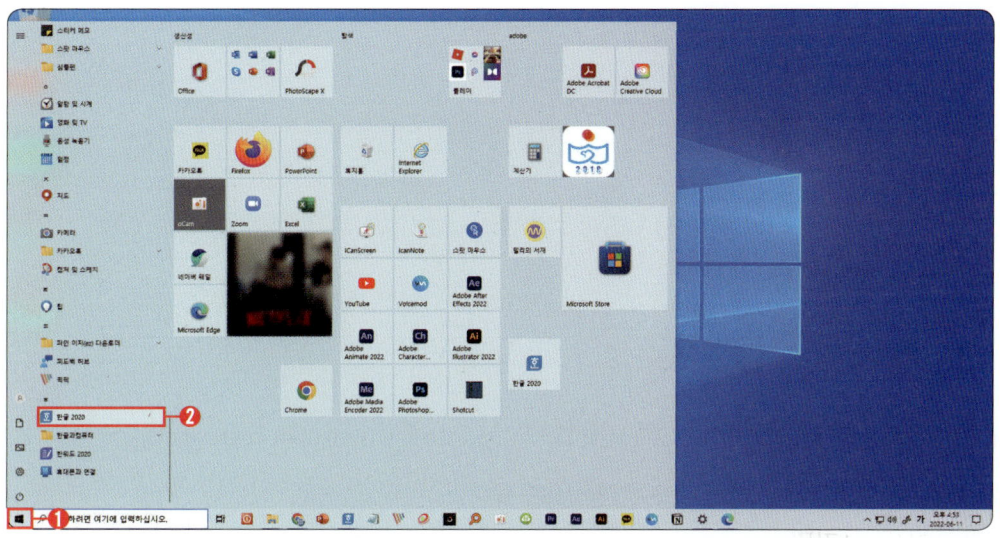

> **TipTalk** 한글 프로그램은 버전에 따라서 이름이 조금씩 다를 수 있습니다. 하지만 기본적인 사용법은 비슷하기 때문에 걱정하지 말고 여러분 컴퓨터에 설치된 한글 프로그램을 열어주세요.

02 한글 프로그램이 열리면 가장 위쪽에 한글 문서의 파일명이 나타납니다. 기본적으로 '빈 문서 1'이라고 나올 거예요.

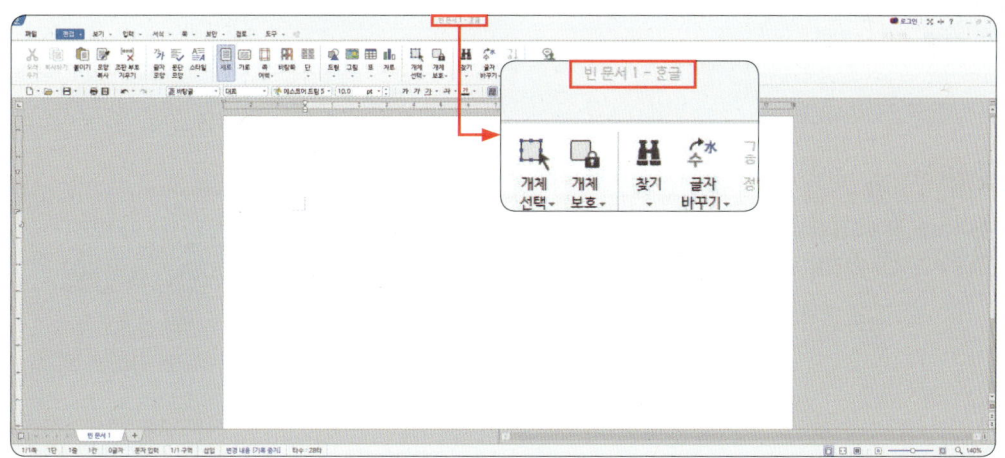

03 한글 문서를 저장하기 위해 [파일] 탭-[저장하기]를 선택해 봅시다.

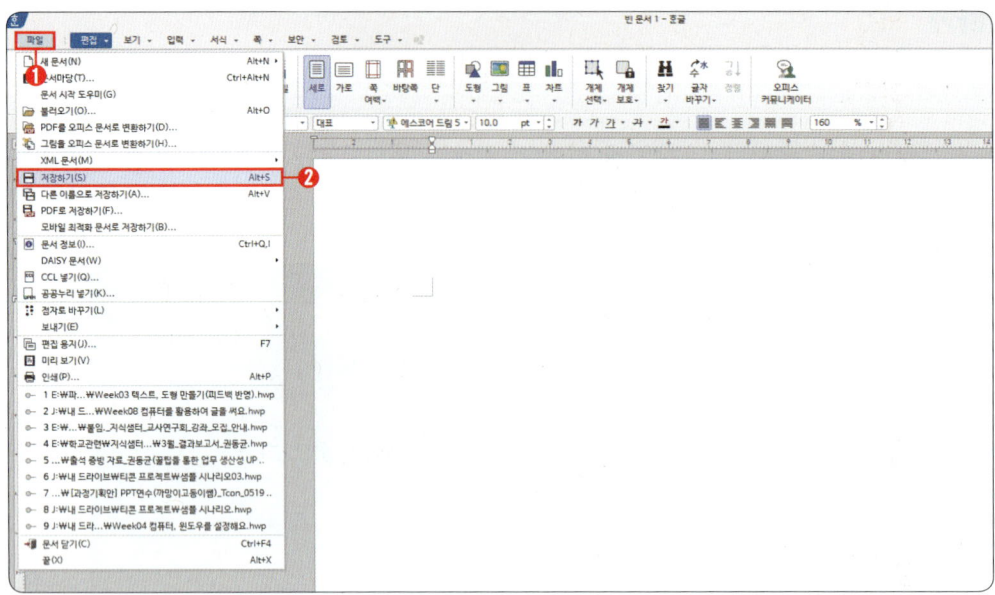

04 '다른 이름으로 저장하기' 창이 나타나면 저장 위치를 바탕화면으로 설정하고 파일 이름을 '연습하기'라고 입력한 후 [저장]을 눌러 봅시다.

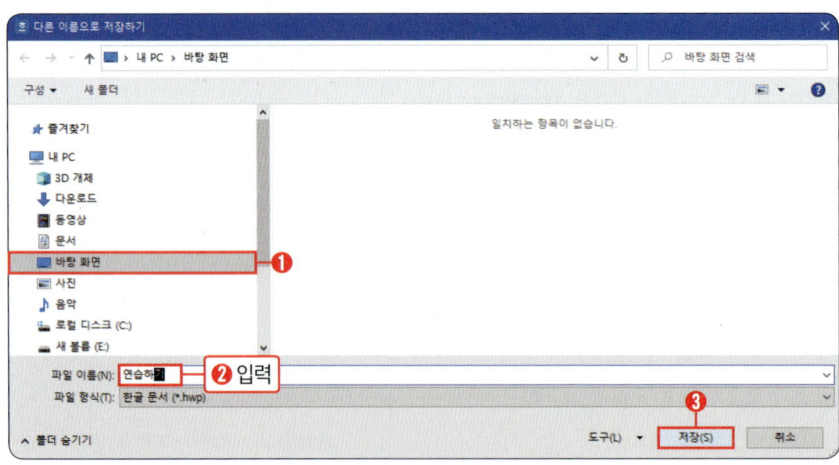

TipTalk 한글 문서의 이름이 '빈 문서 1'에서 '연습하기'로 변경된 것이 보일 거예요. 그리고 바탕화면에 '연습하기'라는 이름의 한글 파일이 생긴 것도 확인할 수 있어요.

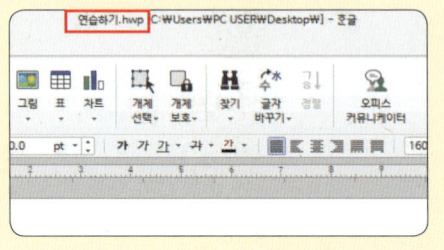

 ## 한글 프로그램으로 글 쓰고 편집하기

01 한글 프로그램을 활용해서 글을 쓰면 여러 가지 기능을 적용해 편집할 수 있습니다. 우선 빈 문서의 공간을 마우스로 클릭하고 '안녕하세요.'라고 써 봅시다.

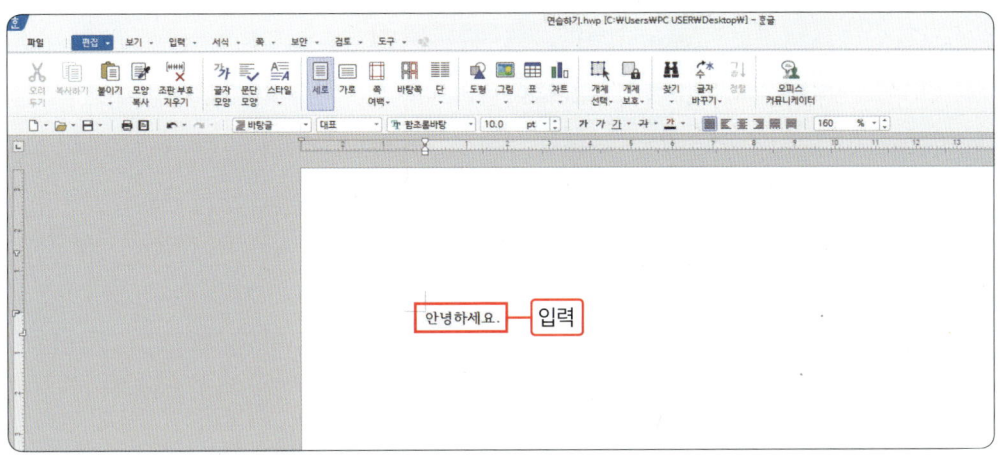

TipTalk 입력한 글의 끝부분에 커서가 깜빡거리죠? 글자의 입력 위치를 알려주는 것이랍니다.

02 입력한 글자를 꾸미려면 마우스로 드래그해서 블록을 설정해야 합니다. '안녕하세요.'라는 글이 검은색 블록으로 선택된 것을 확인할 수 있어요.

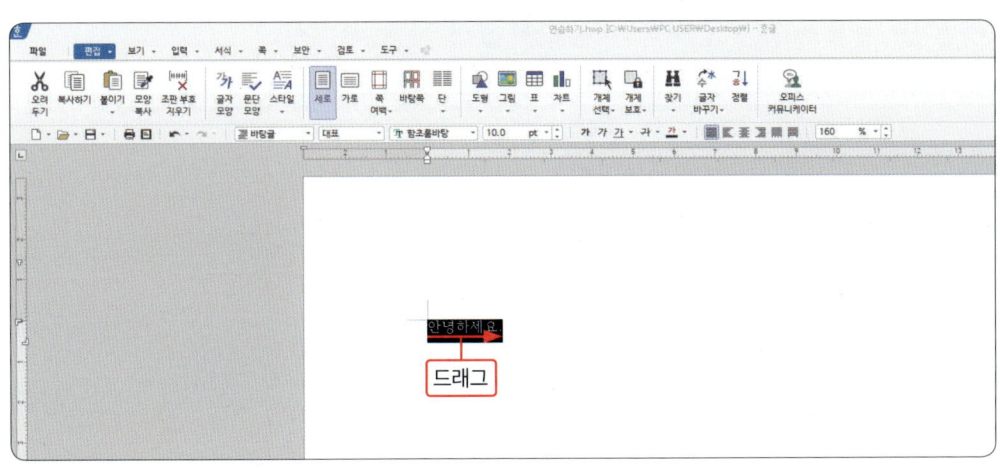

TipTalk 입력한 글을 더블 클릭해도 블록으로 설정됩니다.

03 글꼴을 바꿔 볼까요? 위쪽 메뉴를 보면 현재 글꼴 이름이 나타나 있어요. 오른쪽의 화살표(▼) 버튼을 누르고 '굴림'을 선택해 봅시다.

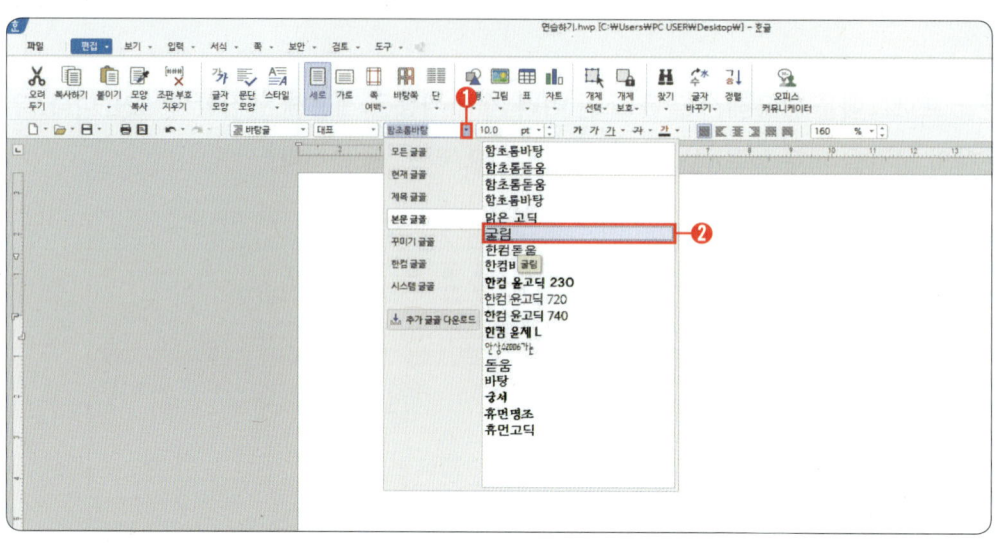

TipTalk 처음에는 글꼴이 '함초롬바탕'으로 설정되어 있을 거예요.

04 글꼴 이름 옆의 '10.0pt'는 현재 글자의 크기입니다. 글자 크기는 직접 원하는 숫자로 입력할 수도 있고, 화살표(▼) 버튼을 클릭해 한 단계씩 조절할 수도 있습니다. '20pt'로 변경해 봅시다.

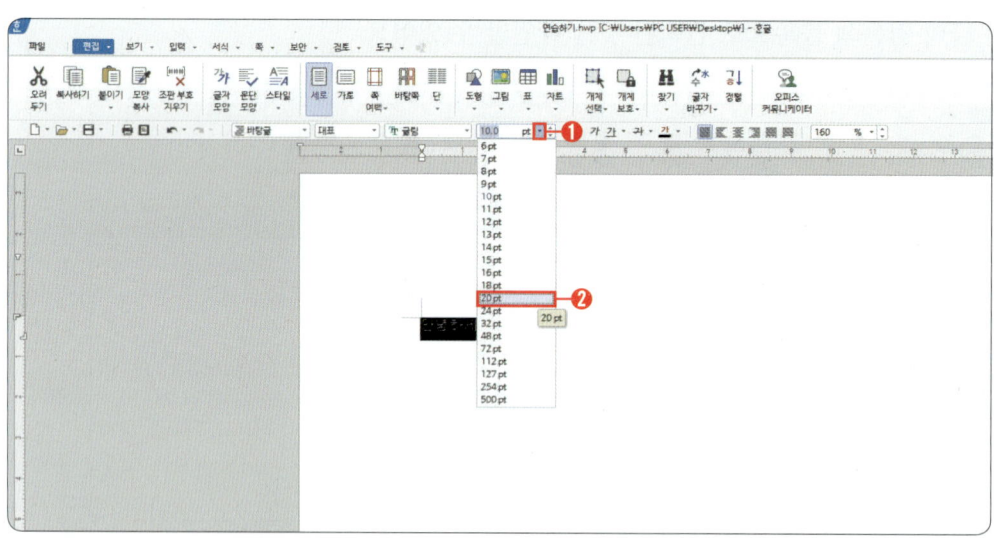

TipTalk 글꼴 크기의 기본 단위는 'pt'로, '포인트'라고 읽으면 됩니다.

05 글자 크기 변경 메뉴 오른쪽에 있는 [진하게](가) 버튼을 클릭해 봅시다. 블록 설정한 글자를 진하게 만들 수 있습니다. 한 번 더 클릭하면 원래대로 돌아온답니다.

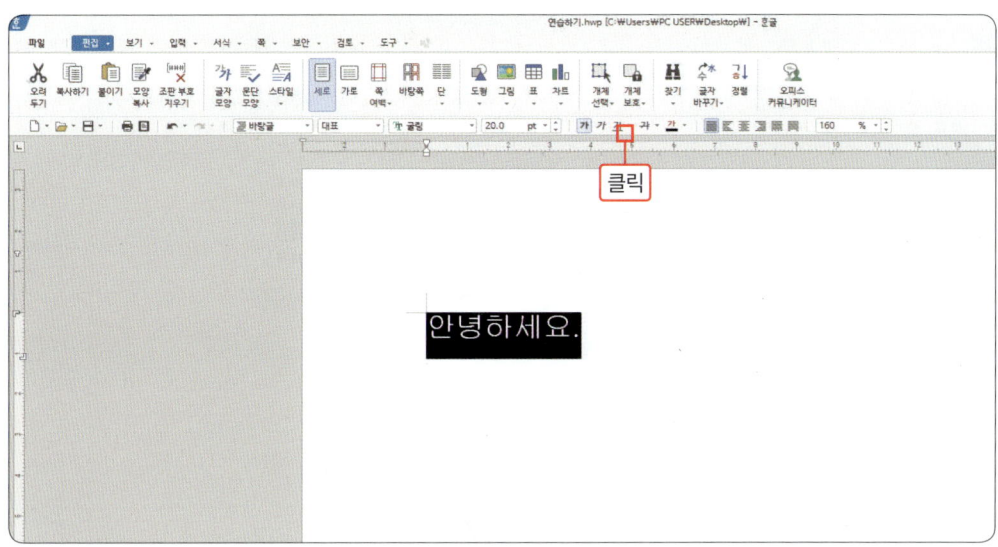

TipTalk 글자를 진하게 만들면 그 부분에 집중할 수 있어요. 글에서 강조하고 싶은 부분을 블록으로 설정한 후 '진하게' 기능을 적용해 보세요.

06 [기울임](가) 버튼을 클릭하면 글을 기울어지게 만들 수 있고 [밑줄](가) 버튼를 클릭하면 입력한 글에 밑줄이 추가됩니다. 버튼을 한 번 더 누르면 적용된 기능을 없앨 수 있어요.

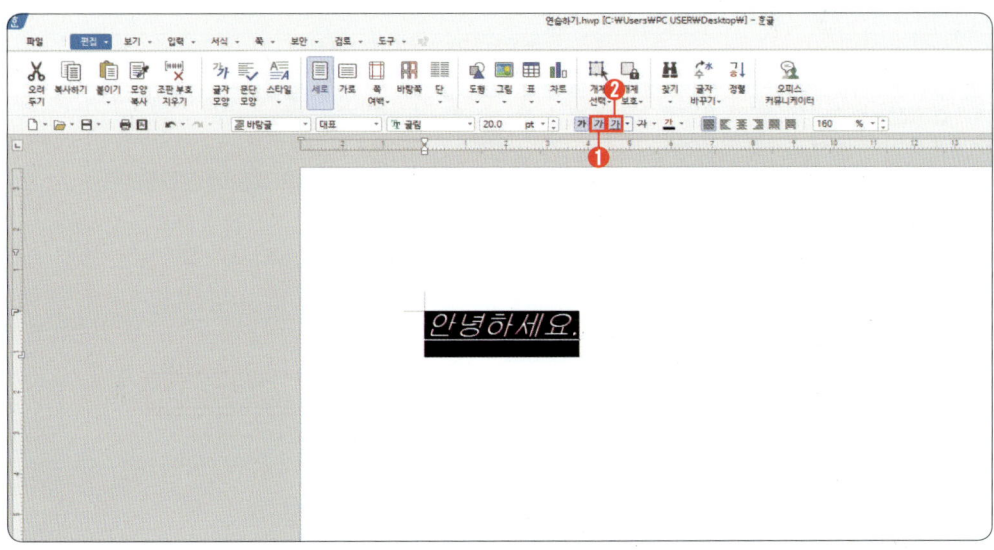

07 이제 글자의 색깔을 변경해 볼까요? [글자 색](가) 버튼 오른쪽의 화살표(▼) 버튼을 클릭하면 다양한 색상이 나타나요. 이 중에서 원하는 색을 선택해 봅시다.

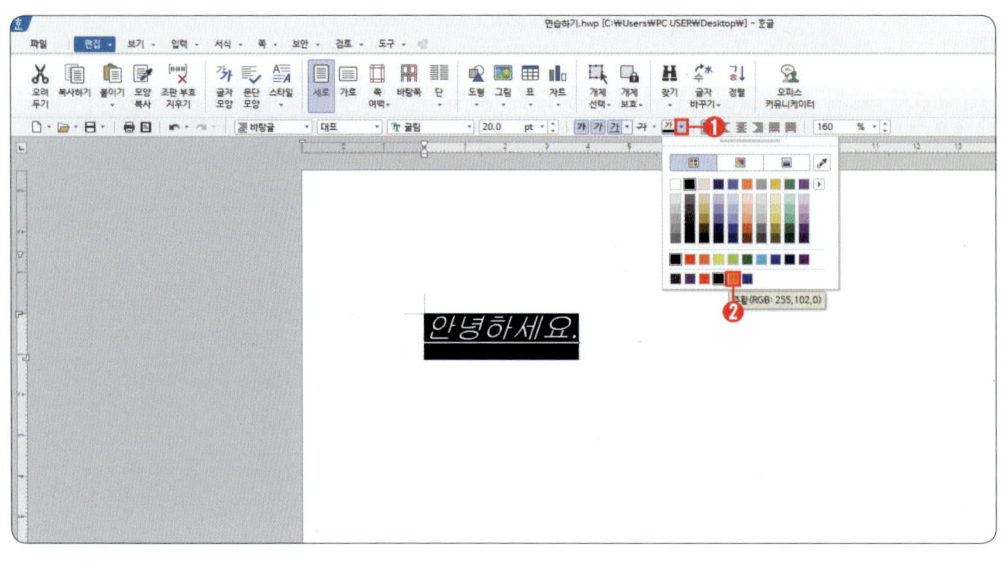

> **TipTalk** 문서의 빈곳을 클릭하면 블록이 해제됩니다.

08 Enter 를 누르면 줄이 바뀌어요. 줄 바꿈을 한 후 '한글 프로그램 연습을 하고 있습니다.' 라고 입력해 봅시다. 그럼 앞에서 적용한 글꼴, 크기, 진하게, 기울임, 밑줄, 색깔이 그대로 유지될 거예요.

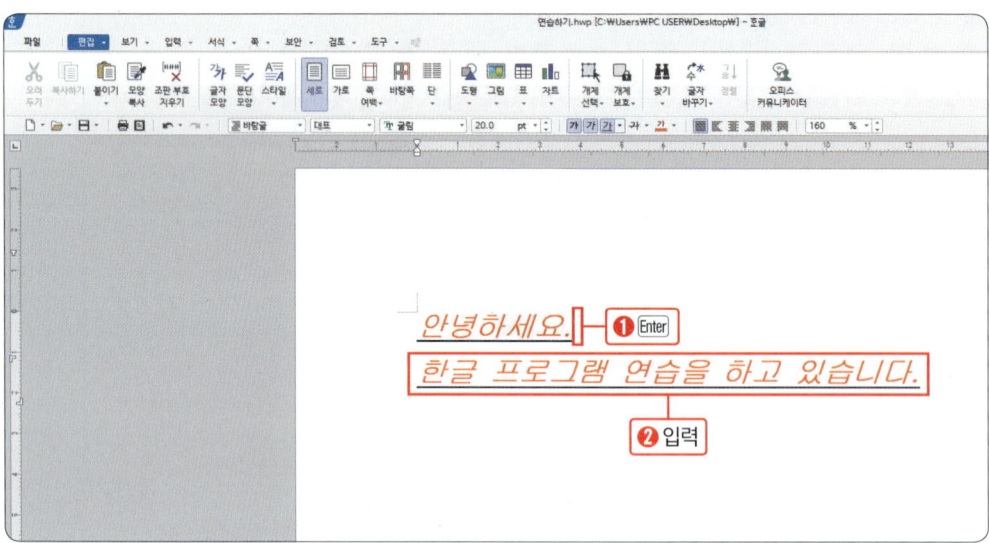

09 드래그해서 아랫줄만 블록으로 선택해 봅시다. 그리고 글자 크기를 '12pt'로 변경하고 [진하게], [기울임], [밑줄]을 전부 해제하세요. 글자 색도 검은색으로 변경해 봅시다.

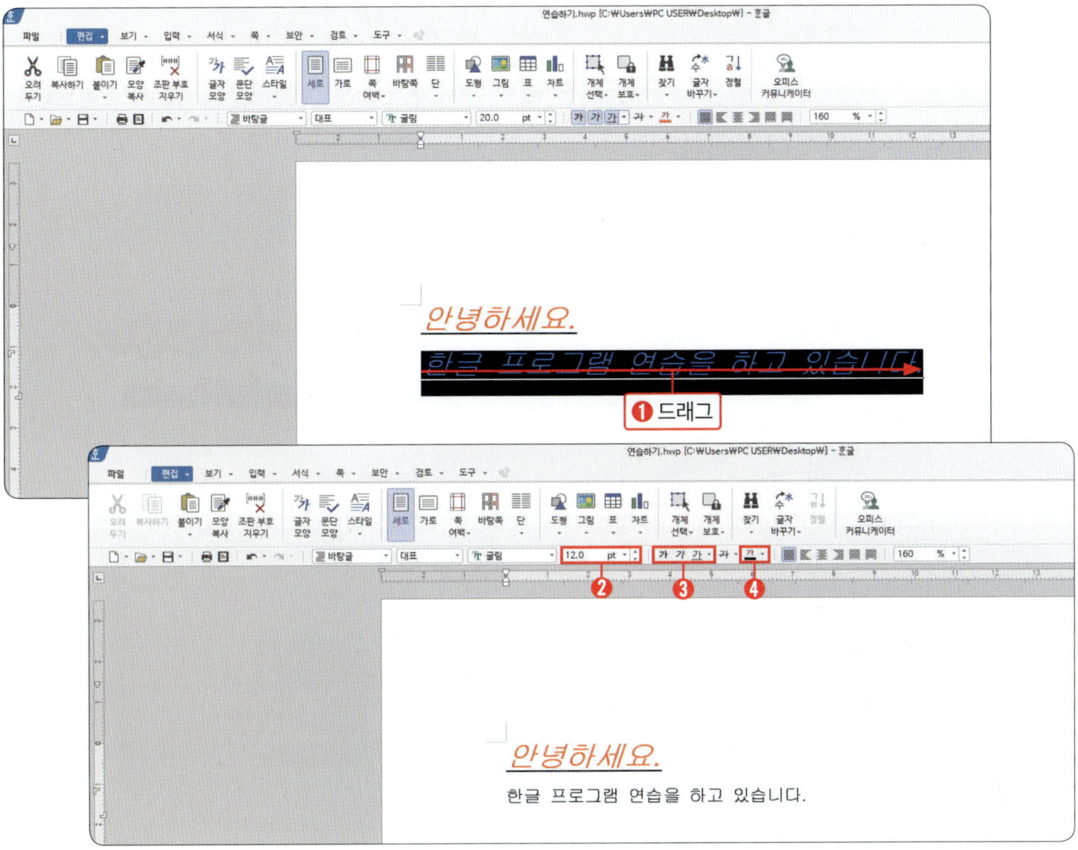

10 입력한 글을 지워 볼까요? 마우스 커서가 깜빡거리는 위치에서 키보드의 Backspace 를 누르면 왼쪽으로 한 글자씩 지워져요. 한꺼번에 지우고 싶다면 지우려는 부분을 마우스 왼쪽 버튼으로 드래그해서 블록으로 지정한 후 Backspace 를 누르면 된답니다.

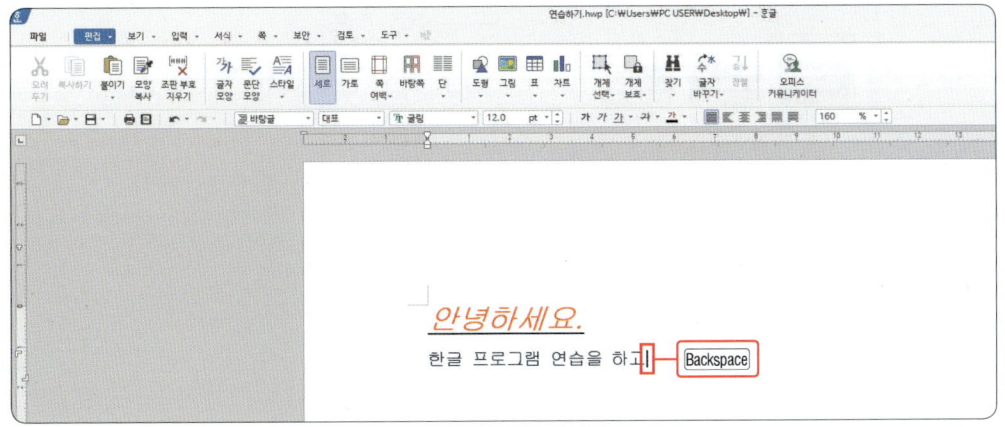

한글 문서에 그림 삽입하기

01 한글 프로그램에서 그림을 넣는 방법을 알아봅시다. [편집] 탭을 클릭하고 [그림]을 선택해 '그림 넣기' 창을 열어 봅시다.

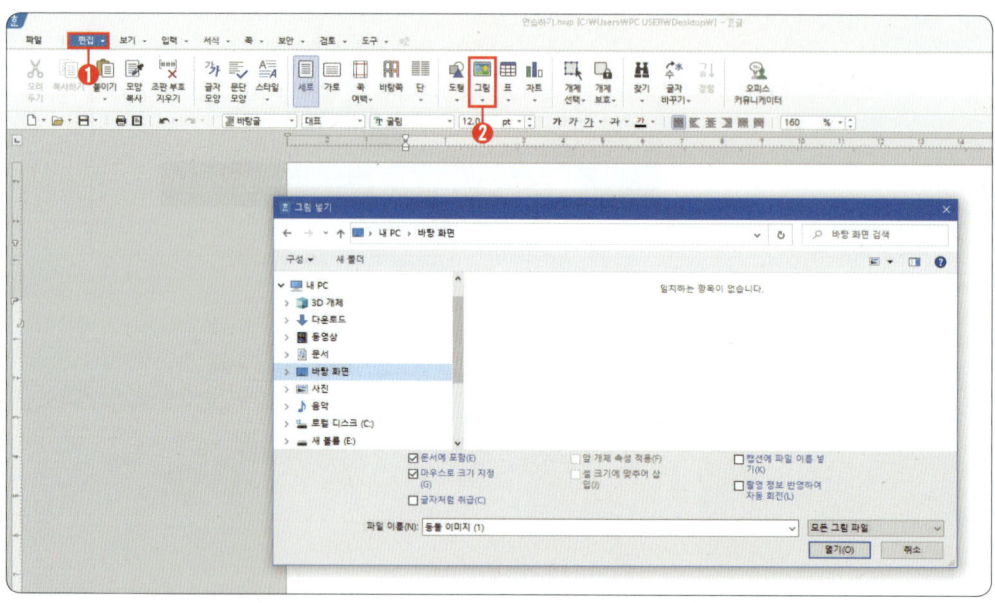

> **TipTalk** 그림 넣기 단축키는 Ctrl + N, I 입니다.

02 삽입할 그림이 있는 폴더에 들어가 그림을 선택한 후 [열기]를 클릭합니다.

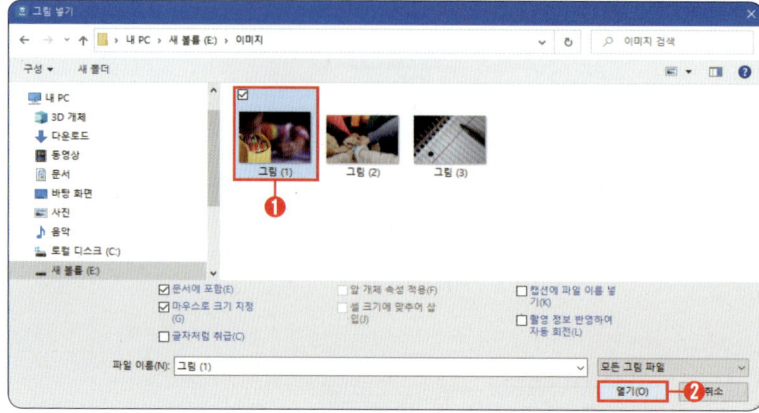

03 마우스 왼쪽 버튼을 클릭한 상태로 원하는 크기만큼 드래그해서 그림을 삽입해요.

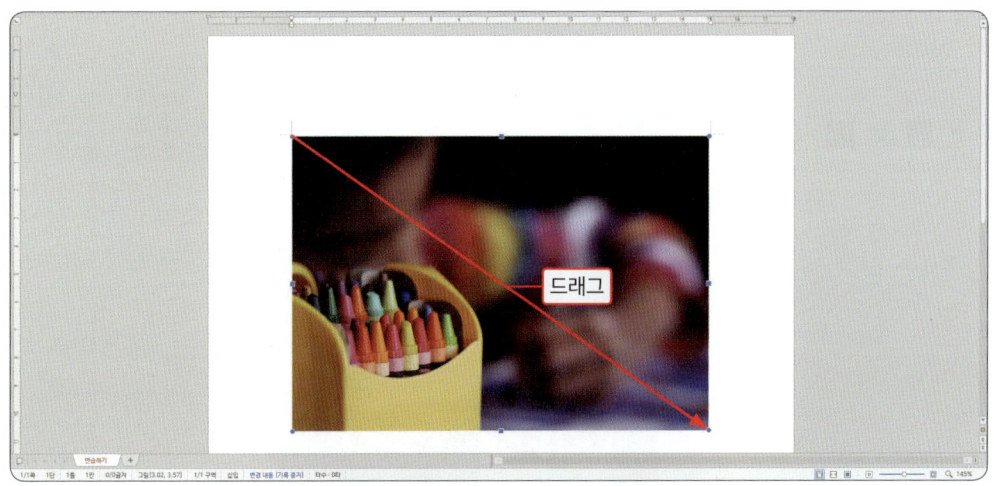

04 삽입한 그림을 더블 클릭하면 '개체 속성' 창이 열려요. '위치'에서 [글자처럼 취급] 체크박스를 선택해 보세요.

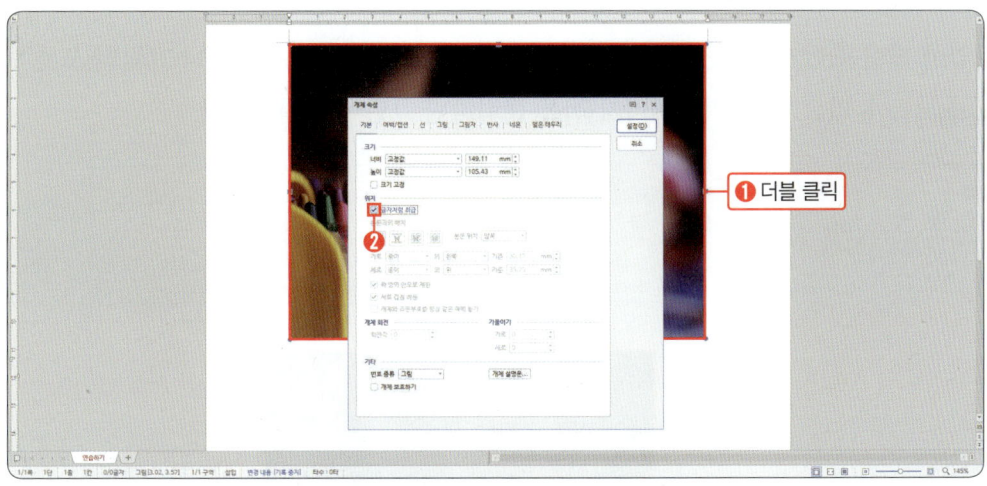

> **잠깐만요** '글자처럼 취급'이란 무엇인가요?
>
> '글자처럼 취급'이란 문서에 삽입한 그림을 '글자'처럼 생각한다는 의미예요. 원래 문서에 삽입한 그림은 마음대로 드래그해서 움직일 수 있고, 글자와 겹쳐서 배치할 수도 있어요. 반면 '글자처럼 취급'을 체크하면 글자처럼 Spacebar 를 통해 한 칸씩 이동할 수 있지만 글자와 겹쳐서 배치하는 등의 편집은 불가능합니다. '글자처럼 취급'을 해야 문서를 편집할 때 그림이 제자리에 고정되기 때문에, 문서 작업을 하는 경우 그림을 '글자처럼 취급'하는 경우가 많아요.

05 그림의 크기를 변경해 봅시다. 그림을 선택하면 경계선 위에 점이 나타나는데, 꼭짓점의 점을 잡고 드래그해야 원본 비율을 유지한 채 변경할 수 있습니다.

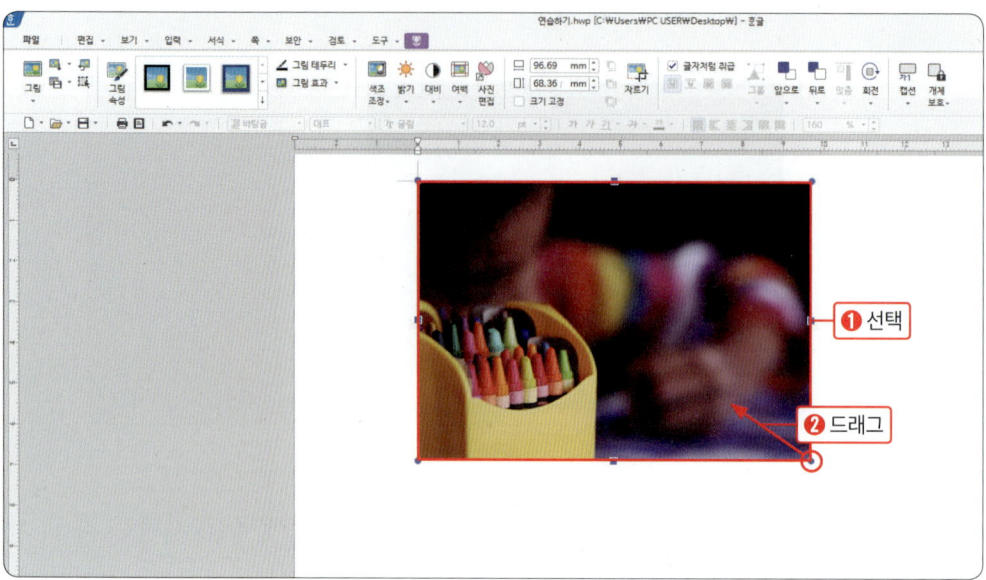

06 삽입한 그림을 삭제하려면 그림을 선택하고 키보드의 Delete 를 누르거나 그림의 오른쪽에서 Backspace 를 눌러요. '지우기'에서 [지움]을 클릭하면 그림이 지워집니다.

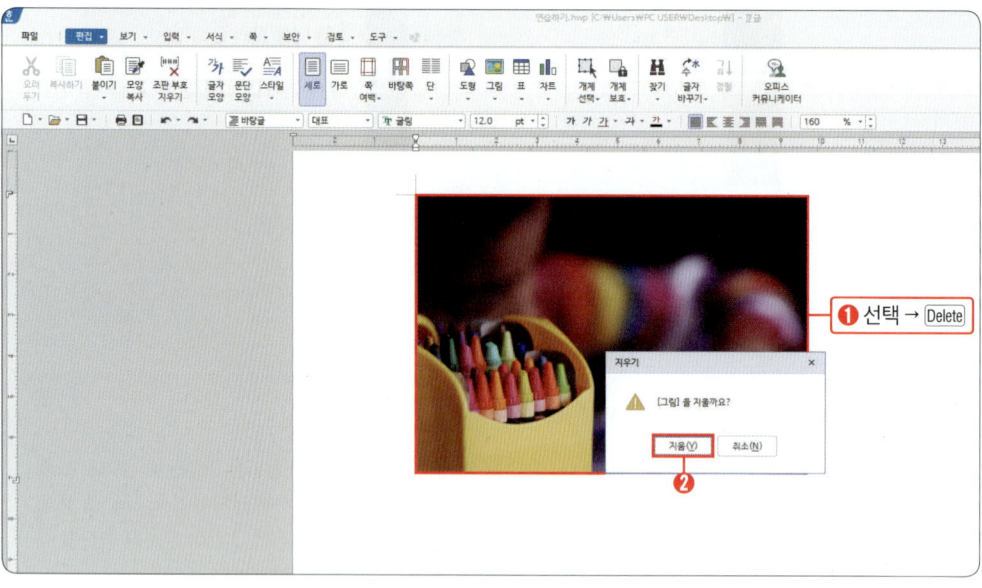

 **한글 문서에 표 삽입하기**

01 문서 안에 표를 삽입할 수도 있어요. [편집] 탭에서 [표]를 클릭해 '표 만들기' 창을 열어 봅시다.

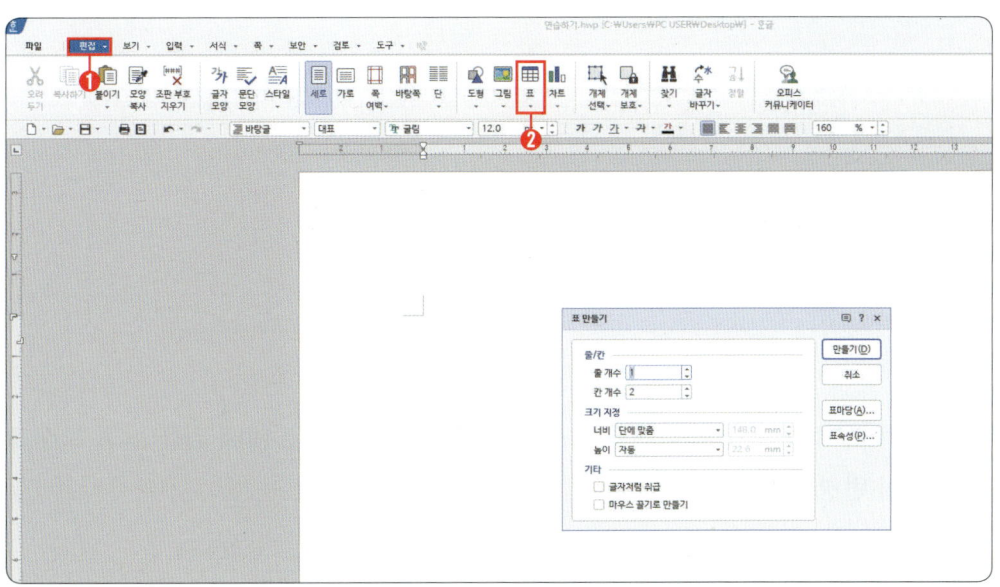

TipTalk 표 넣기 단축키는 Ctrl + N, T 입니다.

02 '줄/칸' 메뉴에서 필요한 줄과 칸의 개수를 입력해 봅시다. 줄은 가로, 칸은 세로 영역을 말해요. '줄 개수'에 '3'을, '칸 개수'에 '2'를 입력하고 [만들기]를 클릭해 봅시다.

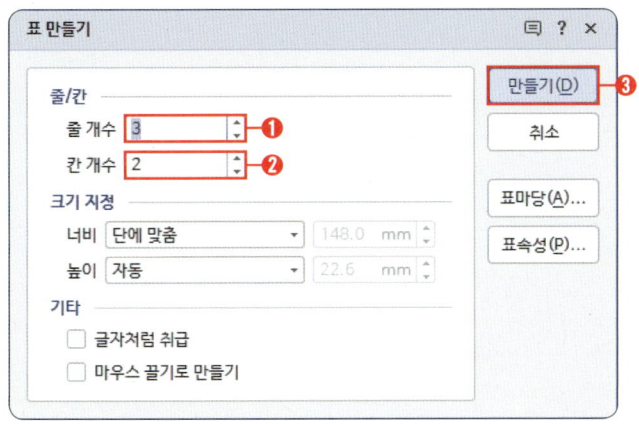

03 삽입된 표 안에 글자를 입력해 볼게요. 첫 번째 칸에 '구분'이라고 써 볼까요?

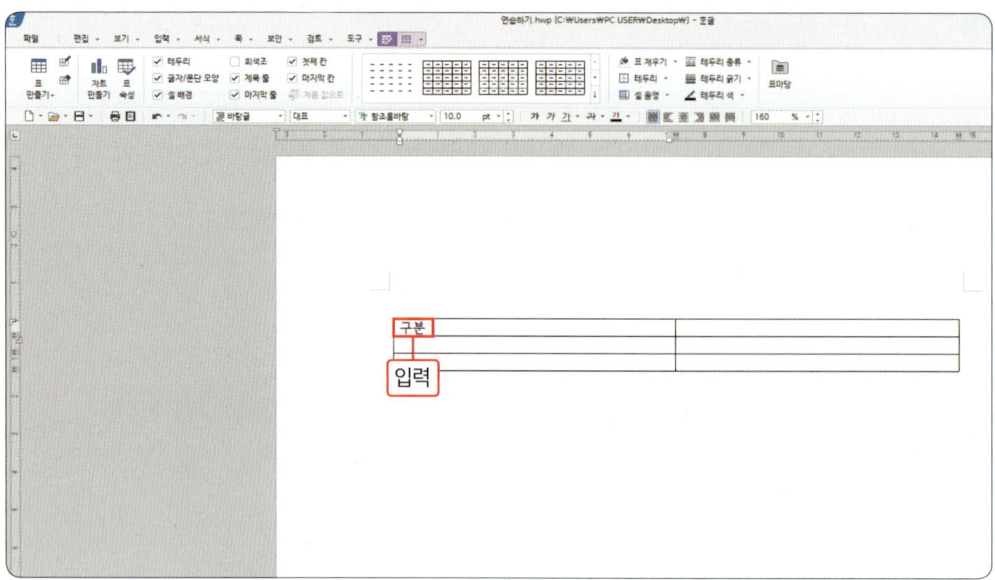

04 세로 선에 마우스 커서를 올리면 화살표 모양으로 바뀐답니다. 이때 선을 잡고 드래그하면 표의 간격이 변경됩니다.

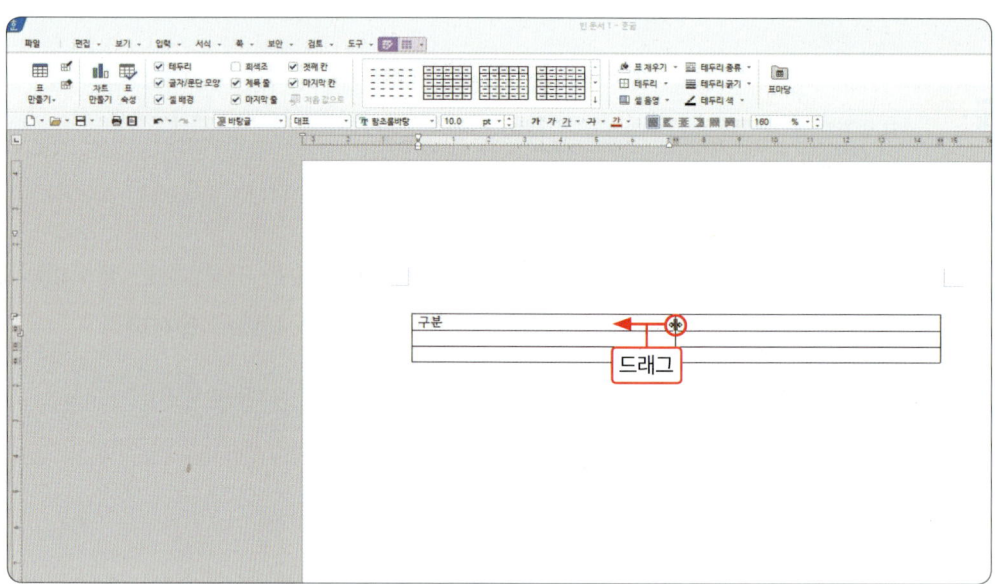

05 표의 안쪽을 드래그하면 표의 '셀'을 선택할 수 있어요. 표 안의 글자를 가운데 정렬로 바꾸어 볼까요? 위쪽 메뉴에서 [가운데 정렬](≡) 버튼을 클릭해요.

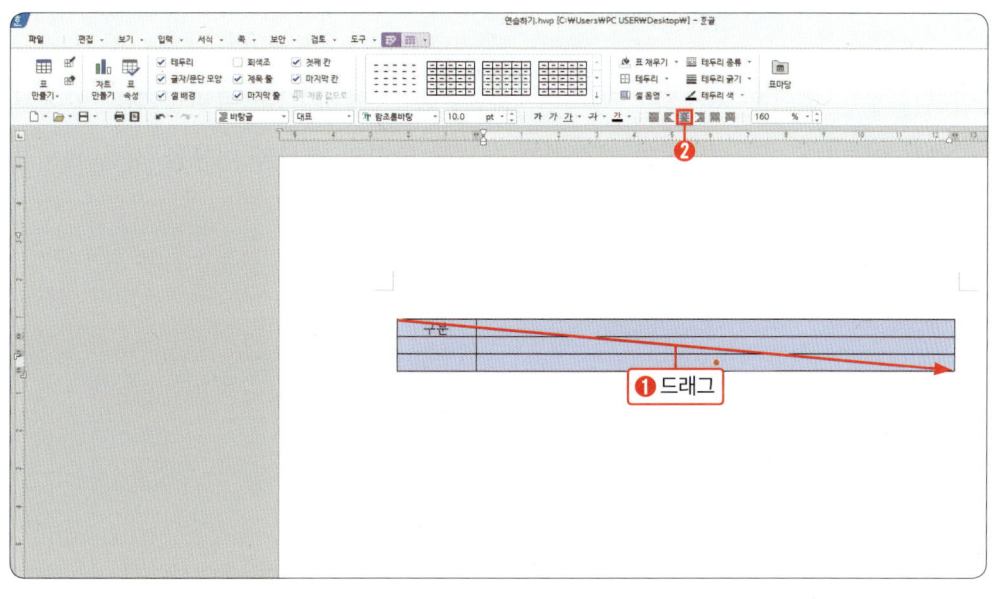

TipTalk 한글 프로그램에서는 표 안의 칸을 '셀'이라고 불러요.

06 표 안에 내용을 입력하고 98쪽에서 배운 대로 글자 모양을 변경해 봅시다. 이렇게 만든 표를 글의 보조 자료로 활용할 수 있겠죠?

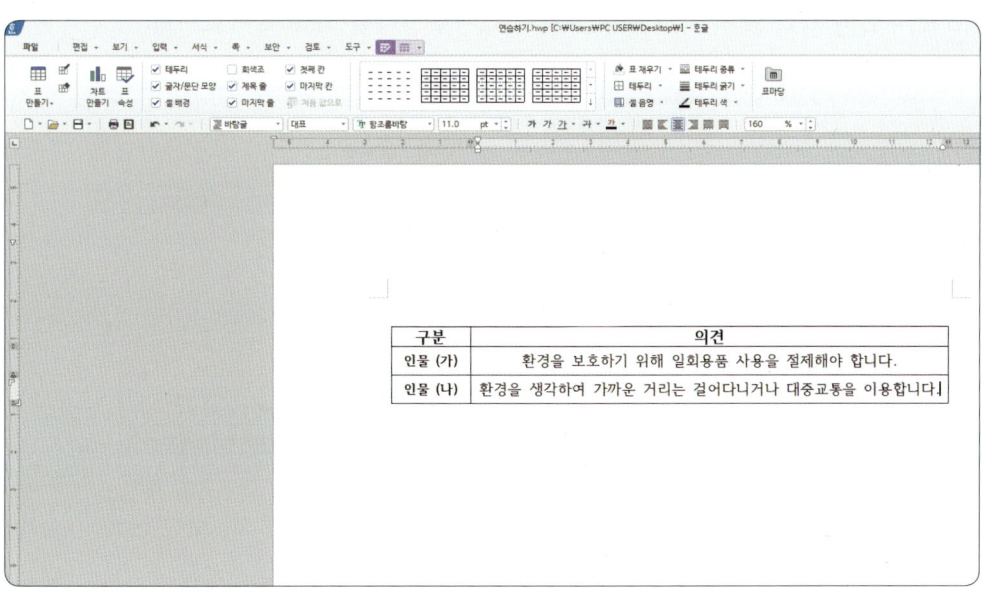

한글 문서 파일로 저장하기

01 작업하는 도중 파일을 저장하고 싶다면 [파일] 탭-[저장하기]를 클릭합니다. 앞에서 '연습하기'라는 이름으로 문서를 이미 저장했기 때문에 파일의 경로와 이름을 지정하는 창이 따로 나타나지 않아요. 저장하기 단축키는 Ctrl+S 입니다.

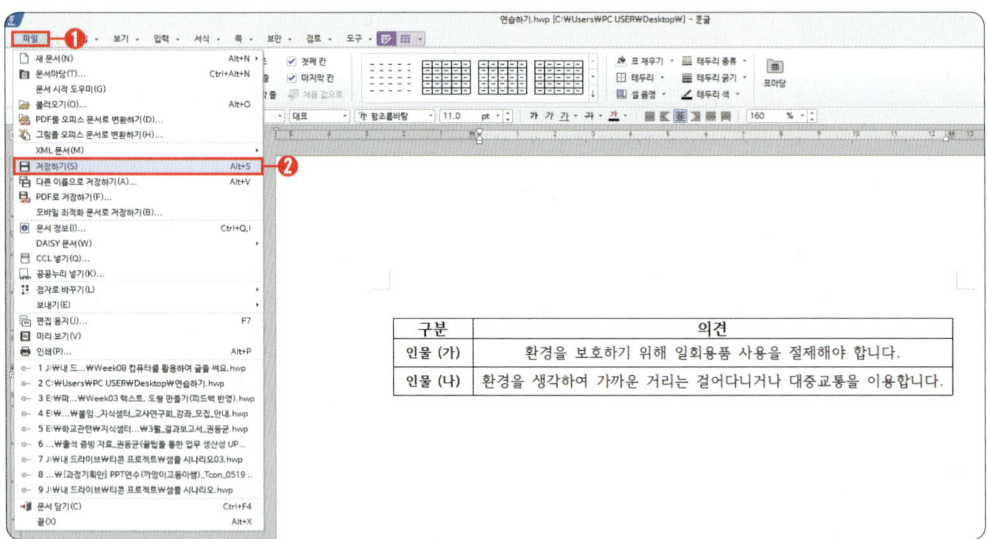

02 삽입할 그림이 있는 폴더에 들어가 그림을 선택한 후 [열기]를 클릭합니다.

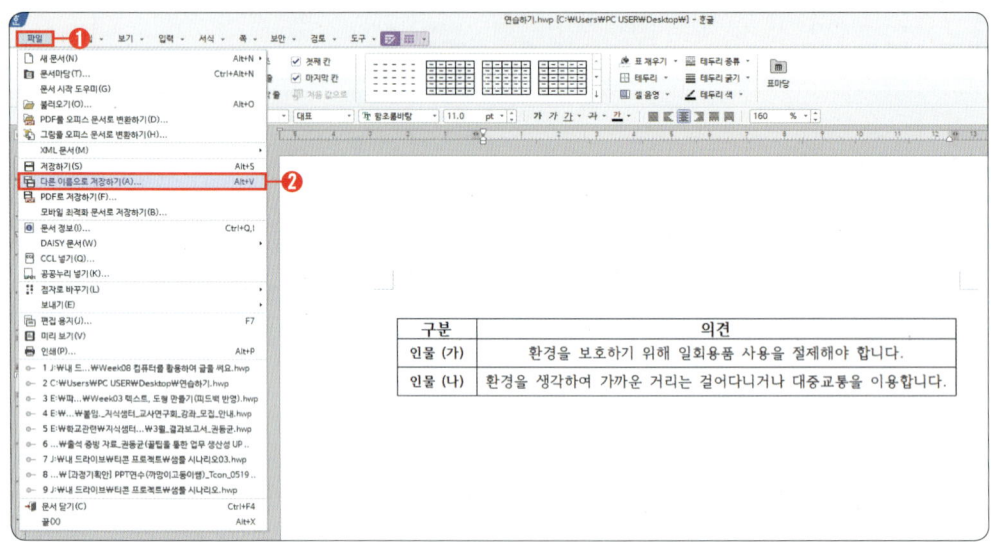

03 '다른 이름으로 저장하기' 창이 열리면 파일을 저장할 경로와 이름을 새로 지정하고 [저장]을 선택합니다.

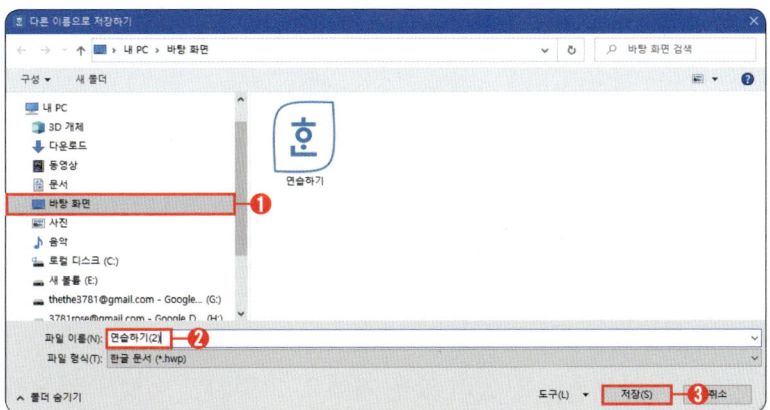

> **TipTalk** '다른 이름으로 저장하기'를 하면 원래의 파일은 유지하고 새로운 파일이 하나 더 생깁니다. 새로운 파일로 작업을 한다고 생각하면 되겠죠?

04 편집을 하던 중 저장을 하지 않은 채 [닫기](×) 버튼을 클릭하면 현재 문서를 저장할 것인지 묻는 창이 나타납니다. [저장]을 클릭하면 편집 중이던 파일을 저장할 수 있습니다.

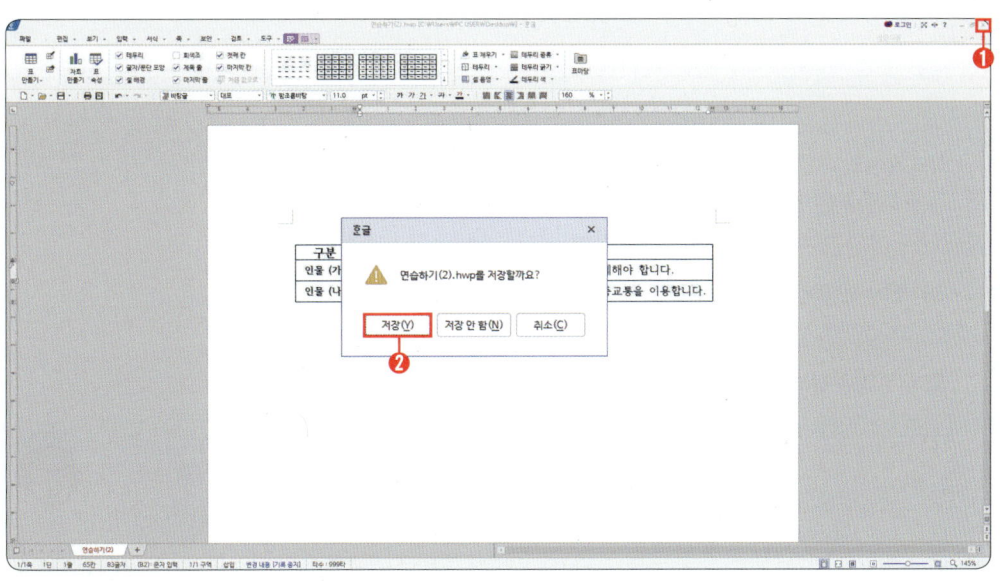

> **TipTalk** 만약 편집한 내용을 저장하지 않을 것이라면 [저장 안 함]을, 문서를 닫지 않고 다시 편집 화면으로 돌아가려면 [취소]를 누르면 됩니다.

필요한 정보만 쏙쏙 검색해요

인터넷을 흔히 정보의 바다라고 부르곤 해요. 인터넷 공간은 무수히 많은 정보로 가득하기 때문이지요. 넓디 넓은 정보의 바다 속에서 우리가 원하는 정보를 쏙 건져 올리려면 어떻게 해야 할까요? 검색창에 검색어를 입력하면 되지 않냐고요?

많은 친구들이 단순히 검색어만 입력하고 Enter를 눌러 왔을 거예요. 그렇지만 이렇게 검색하면 지나치게 많은 정보가 주어집니다. 그중 내게 필요한 자료가 어떤 것인지 선별하기란 쉽지 않아요. 정보의 바다 속에서 허우적거리며 정보 찾기에 실패하거나, 잘못된 정보를 찾을 수도 있어요.

이번에는 선생님이 알려주는 방법을 이용해 원하는 정보를 빠르고 정확하게 찾아볼게요. 내게 필요한 자료만 쏙쏙 찾아내는 비법을 익힐 수 있어요. 국어, 사회 과목의 숙제를 할 때 큰 도움을 받을 수 있을 거예요. 검색 자신감을 쑥쑥 키워 볼까요?

 학교 숙제로 '지구온난화'에 대한 발표 자료를 만들어야 하는데, 어떻게 하면 좋을까?

 인터넷에 검색해 보자! '지구온난화'라고 입력하고 엔터를 누르면…

 흠, 너무 많은 정보가 나와서 뭘 클릭해야 할지 모르겠어.

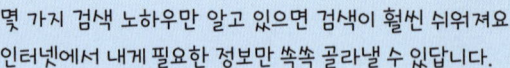
몇 가지 검색 노하우만 알고 있으면 검색이 훨씬 쉬워져요. 인터넷에서 내게 필요한 정보만 쏙쏙 골라낼 수 있답니다.

 검색할 때마다 원하는 내용을 찾지 못해서 힘들었는데 검색을 잘 할 수 있는 방법이 따로 있었군요!

어렵지 않아요. 선생님을 따라해 볼까요?

네이버 검색 옵션 활용하기

01 네이버와 같은 포털 사이트에서 정보를 검색할 때 '검색 옵션'을 활용하면 내게 필요한 정보를 쉽게 찾을 수 있습니다. 검색창에 '지구온난화'를 입력한 후 Enter를 누르거나 돋보기 모양의 검색 버튼을 클릭합니다.

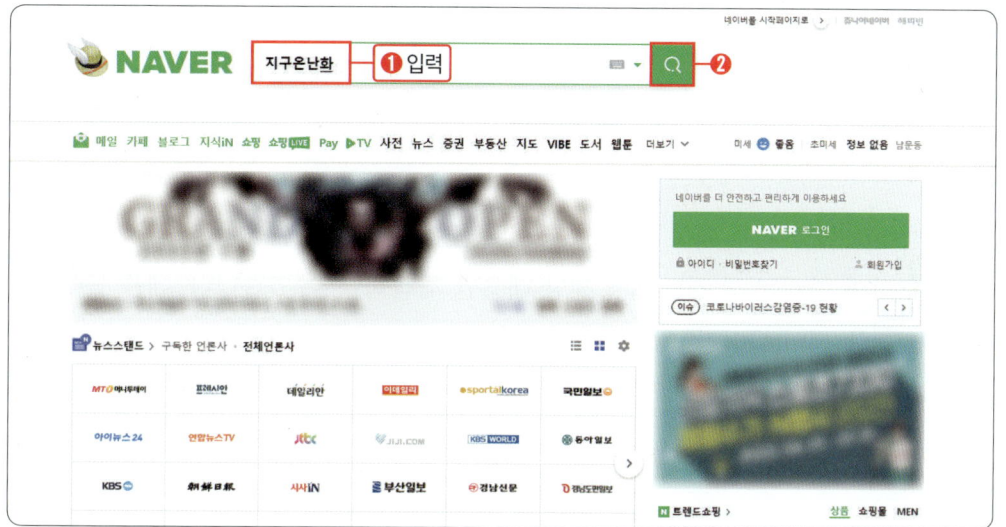

02 '지구온난화'와 관련된 링크, 지식백과, 뉴스 등 수많은 정보가 화면에 나타납니다.

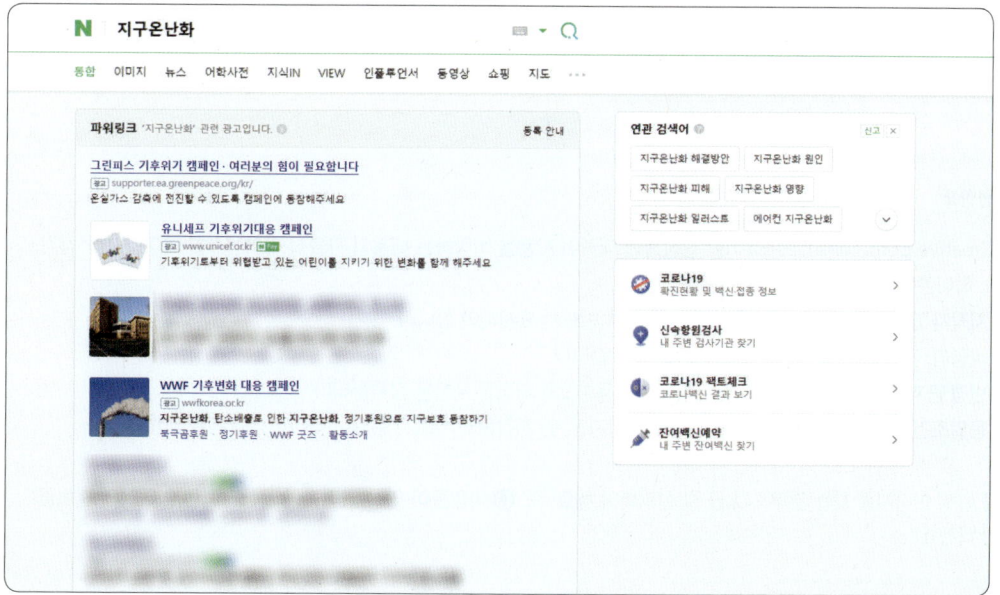

03 검색어와 관련한 이미지만 보고 싶다면 어떻게 할까요? 검색 결과 상단에서 [이미지] 메뉴를 클릭합니다. 그런 다음 '검색 옵션'을 활용하기 위해 [옵션]을 클릭해요.

04 이미지의 '크기', '기간', '색상', '출처', 'CCL' 옵션을 선택할 수 있는 영역이 나타납니다. 옵션을 선택하면 현재 검색 결과에서 해당 내용만 재검색할 수 있습니다. 예를 들어, '고화질', '1년 이내', '녹색이 들어간', '상업적 이용 가능' 이미지를 찾고 싶다면 그에 맞춰 옵션을 선택해 보세요.

 **'CCL'이란 무엇인가요?**

'CCL(Creative Commons Licens)'이란 창작물에 대하여 사용을 허락하는 내용의 자율적 라이선스를 의미합니다. 각각의 CCL 아이콘이 어떤 의미를 갖는지 살펴봅시다.
- ❶ ⓘ **저작자 표시**: 저작자의 이름, 출처 등 저작자를 반드시 표시해야 합니다.
- ❷ ⓢ **비영리**: 저작물을 영리 목적으로 이용할 수 없습니다.
- ❸ ⊖ **변경 금지**: 저작물을 변경하거나 저작물을 이용한 2차 저작물 제작을 금지합니다.
- ❹ ⓞ **동일조건변경허락**: 2차 저작물을 제작해도 되지만, 원 저작물과 반드시 동일한 라이선스를 적용해야 합니다.

발표를 위해 이미지를 찾는 경우 CCL을 잘 살펴봐야 해요. 즉, ⓘ 아이콘이 있는 이미지를 사용하려면 이미지의 출처를 밝혀야 하겠죠?

05 '지구온난화'와 관련된 뉴스만 보고 싶다면 [뉴스] 메뉴를 선택해 봅시다. '정렬', '기간', '유형', '언론사' 등 검색 옵션을 활용해 원하는 정보를 찾을 수 있습니다. 예를 들어, '최신순', '3개월', '동영상' 뉴스를 선택하면 그에 맞는 검색 결과를 볼 수 있어요.

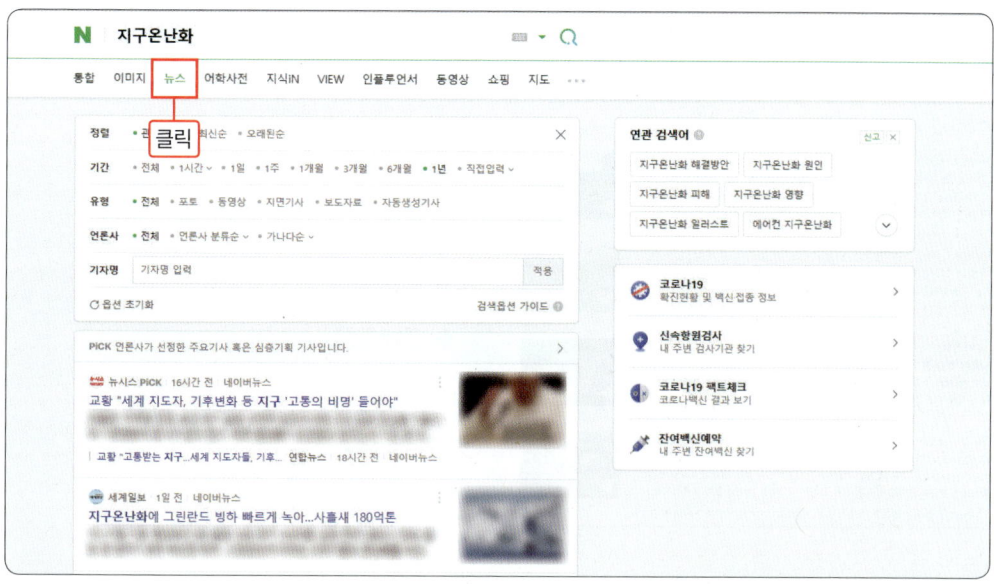

TipTalk 이미지 검색 결과에서 [옵션]을 선택한 이후에 [뉴스] 메뉴를 클릭하면 자동으로 [옵션] 메뉴가 활성화된 상태로 검색됩니다. 만약 검색 옵션이 나타나지 않는다면 검색 결과의 위쪽에 보이는 [옵션]을 선택하세요.

06 '지구온난화'에 대해 전문적인 지식을 찾고 싶다면 [지식백과] 메뉴를 선택합니다.

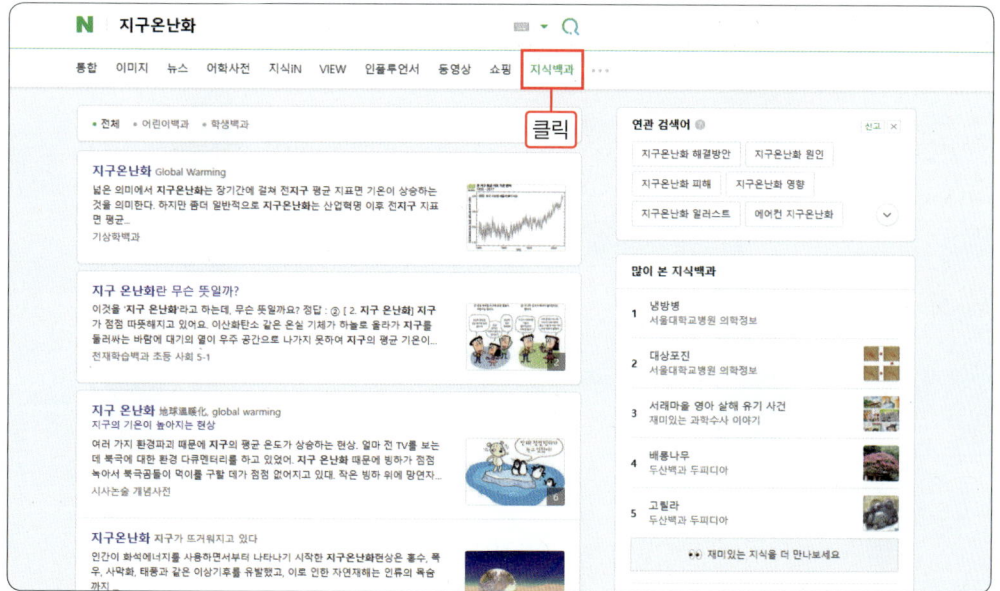

113

07 오른쪽의 ⋯를 클릭하면 더 많은 메뉴를 확인할 수 있어요. 예를 들어, 검색어와 관련한 도서를 찾고 싶다면 ⋯을 클릭해 [도서]를 선택합니다.

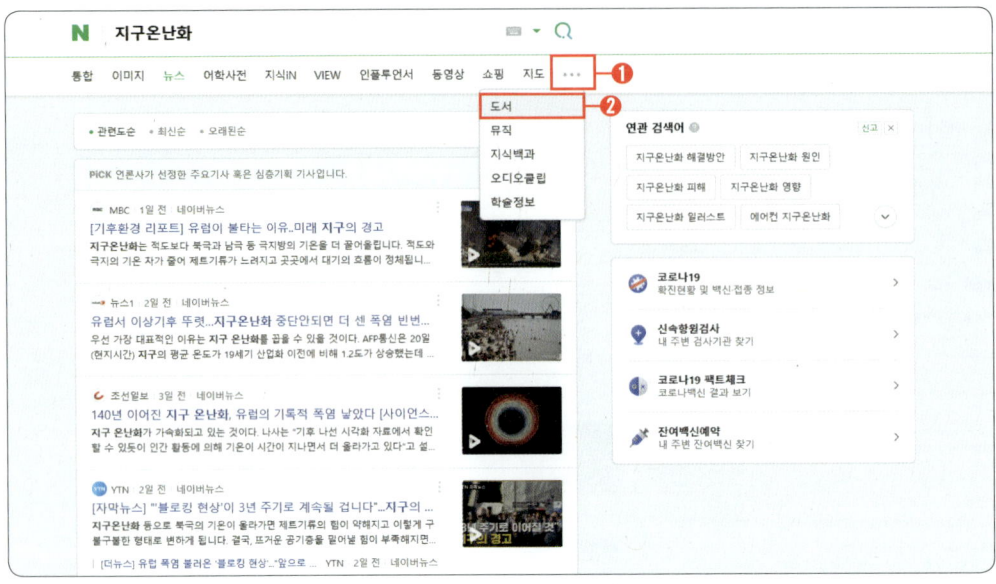

08 새로운 탭에서 검색어와 관련한 도서를 찾아볼 수 있습니다.

네이버 상세 검색 기능 활용하기

01 '상세 검색' 기능을 이용하면 원하는 검색 조건을 설정해 정보를 더 정확하게 찾을 수 있습니다. 정확하게 일치하는 검색 결과를 얻고 싶다면 '큰따옴표(", ")'를 활용합니다. 검색 창에 "도시 문제"를 입력하고 검색해 봅시다.

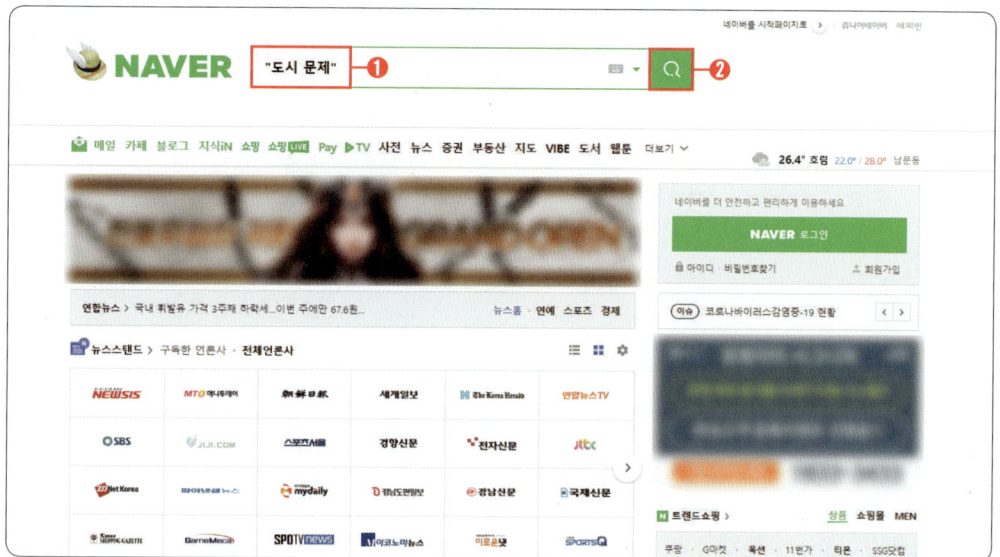

02 "도시 문제"라는 검색어와 정확하게 일치하는 상세 검색 결과만 나타납니다.

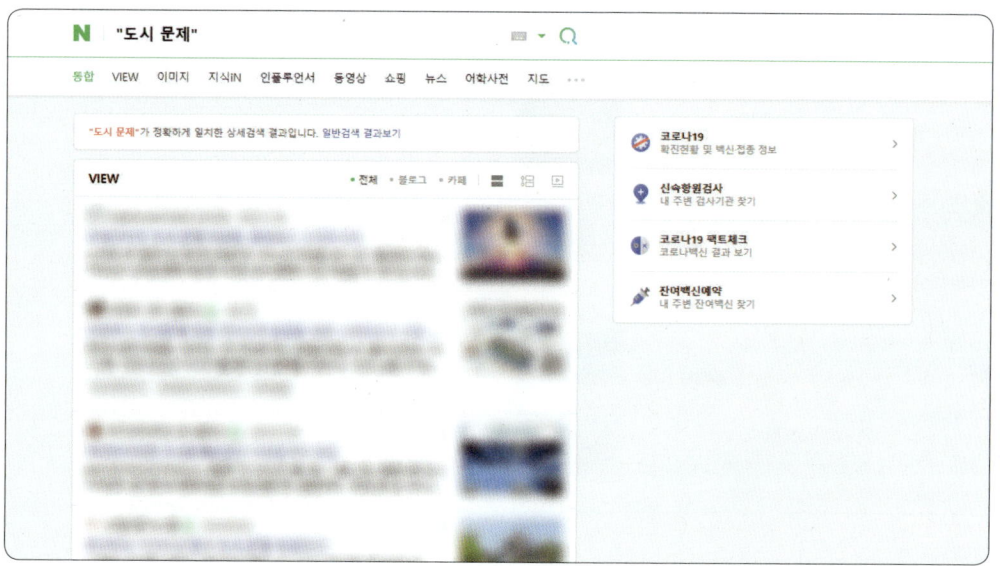

03 반드시 포함해야 하는 검색어는 '플러스(+)' 기호를 활용합니다. '도시 문제 +해결'이라고 검색해 봅시다.

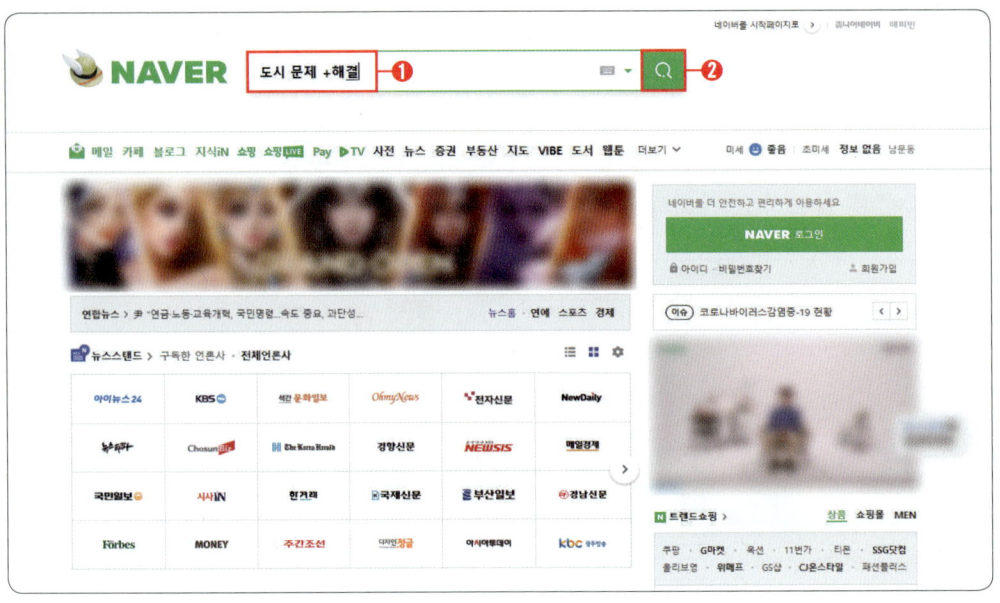

> **TipTalk** 이때 검색어 뒤에 한 칸을 띄우고 '+'를 쓴 후, 포함할 검색어는 띄어쓰기 없이 써야 합니다.

04 그럼 '도시 문제'에 대한 검색 결과 중 '해결'을 포함한 검색 결과만 나타납니다.

05 반대로 특정 단어를 제외하고 싶을 때는 '마이너스(-)' 기호를 활용합니다. '도시 문제 -환경'이라고 검색해 봅시다.

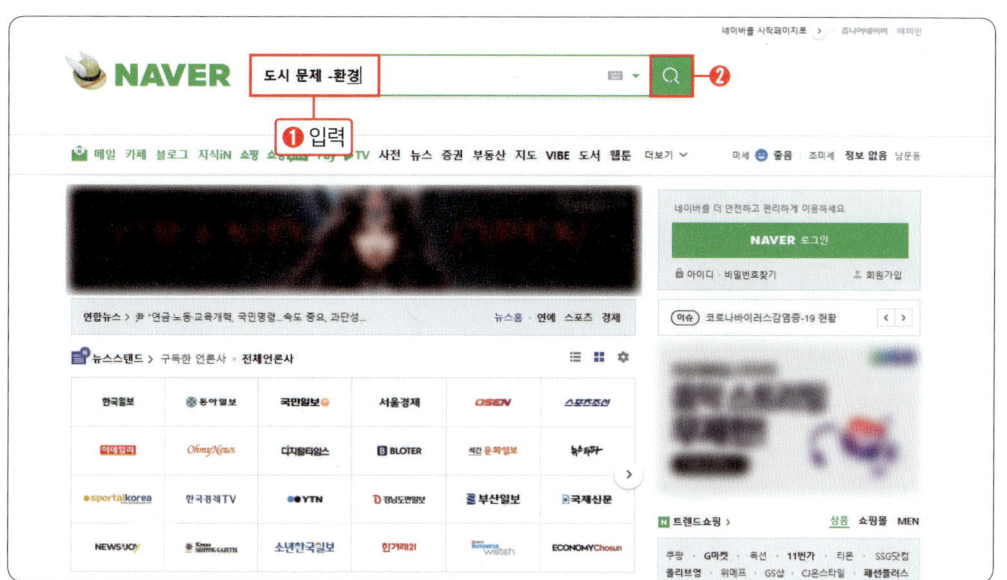

TipTalk 이때 검색어 뒤 한 칸을 띄우고 '-'를 쓴 후, 제외할 검색어는 띄어쓰기 없이 써야 합니다.

06 그럼 '도시 문제'에 대한 검색 결과 중 '환경'을 제외한 상세 검색 결과가 나타납니다.

07 상세 검색은 여러 개를 조합해 사용할 수도 있습니다. 이번에는 '도시 "기후" +이산화탄소 -정부'라고 검색해 봅시다.

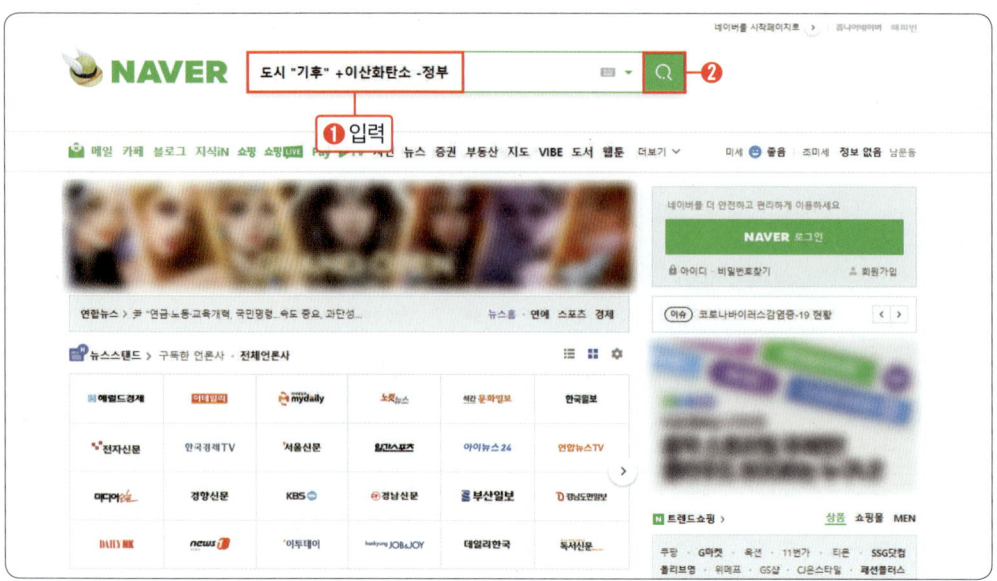

08 '도시'에 대한 검색 결과 중 "기후"라는 검색어가 정확하게 일치하고 '이산화탄소'를 포함하고 '정부'를 제외한 상세검색 결과를 얻을 수 있습니다.

 ## 네이버 검색 결과 스마트하게 활용하기

01 네이버의 상세검색 방법을 통해 여러분이 원하는 결과를 찾았다면 이제 그 결과를 활용해 편리하게 자료를 만드는 방법을 알아봅시다. 네이버의 상세검색으로 "반려동물"을 검색한 후, [뉴스] 메뉴를 선택해 봅시다.

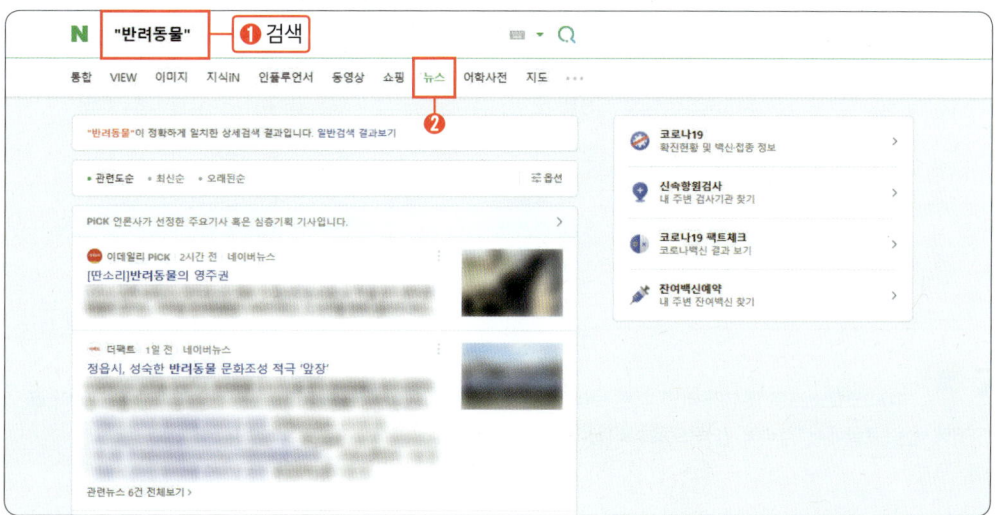

02 뉴스 자료 중 하나를 선택해서 내용을 살펴봅시다. 자료를 살펴보다 보면 자료의 키워드가 될 만한 내용을 찾을 수 있습니다. 뉴스 내용 중 중요한 부분을 마우스로 드래그해 봅시다.

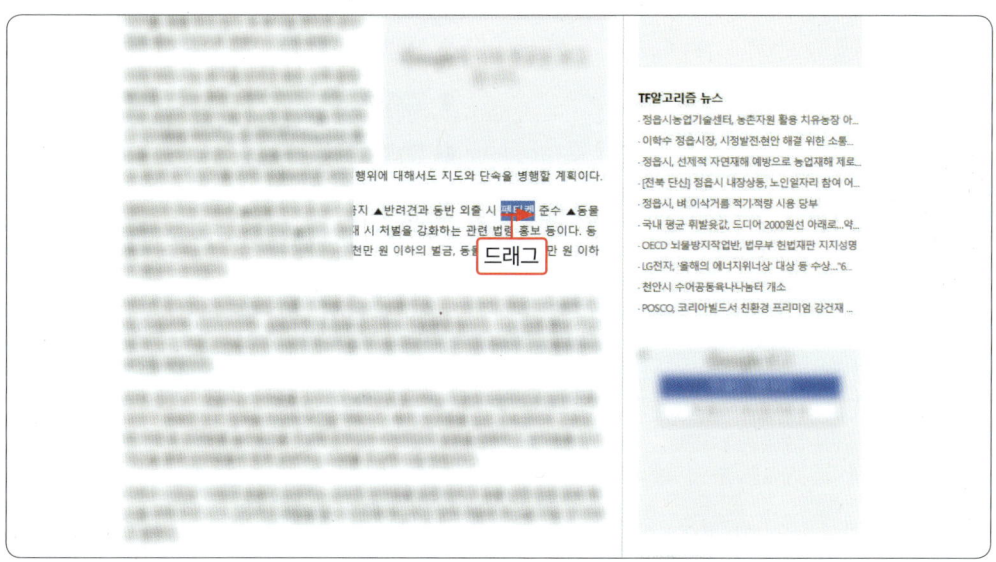

03 드래그한 부분을 마우스 오른쪽으로 클릭하고 [웹에서 '검색어'를 검색하기]를 선택합니다.

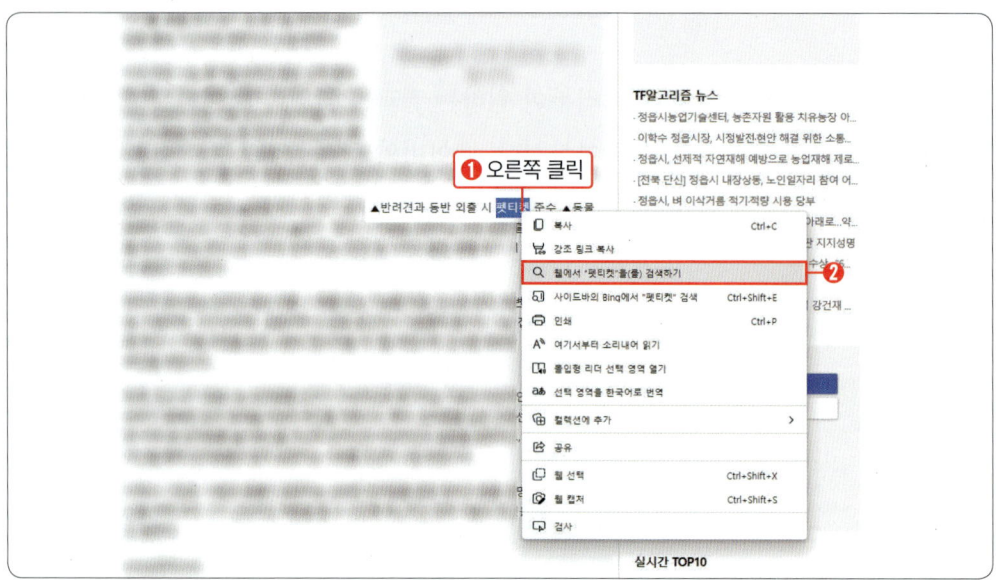

> **TipTalk** 마이크로소프트 엣지가 아닌 다른 브라우저에는 메뉴 이름이 다르게 나타날 수 있습니다. 예를 들어 크롬 브라우저에서는 [구글에서 '검색어' 검색]으로 나타납니다.

04 브라우저의 새로운 탭에서 해당 검색어에 대한 결과를 볼 수 있습니다.

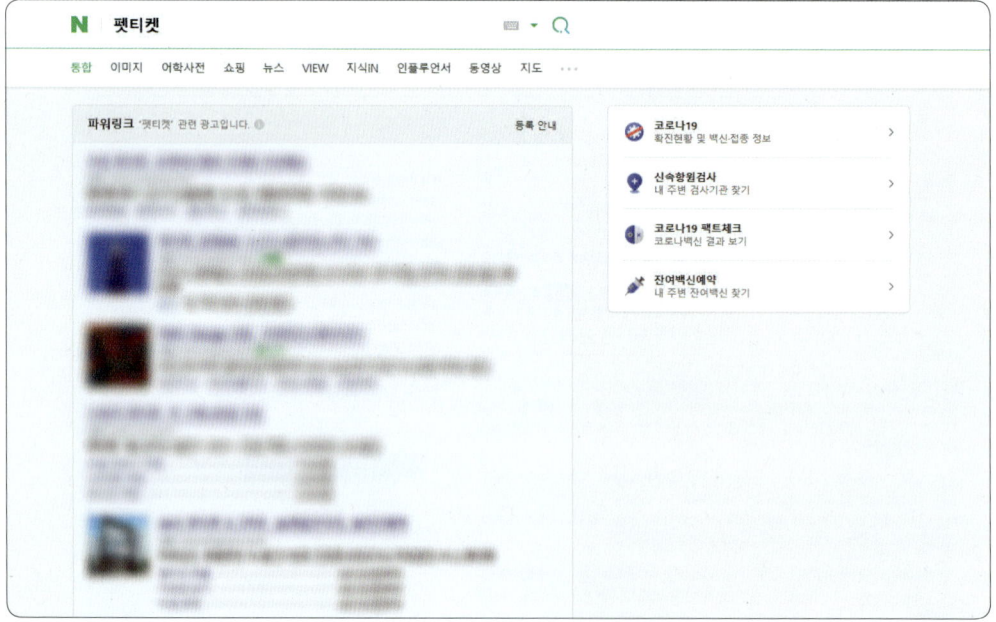

05 검색 내용의 일부를 텍스트로 활용해야 한다면 화면 마우스 오른쪽 버튼으로 클릭하고 [웹 선택]을 선택합니다.

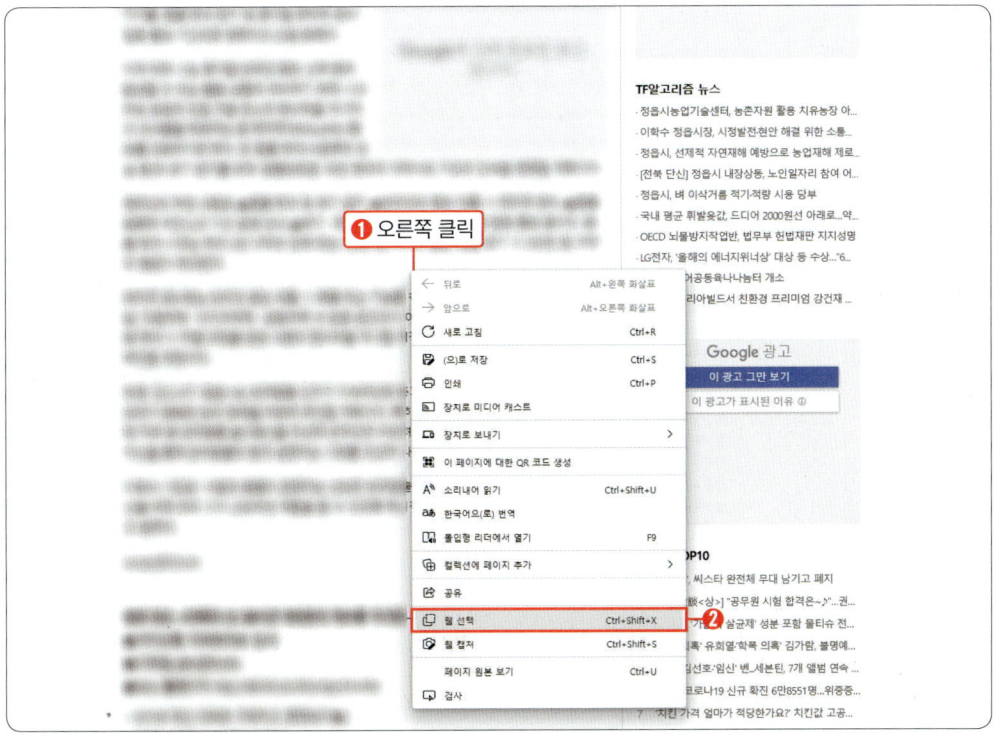

06 마우스로 필요한 영역을 선택하고 [복사]를 클릭합니다.

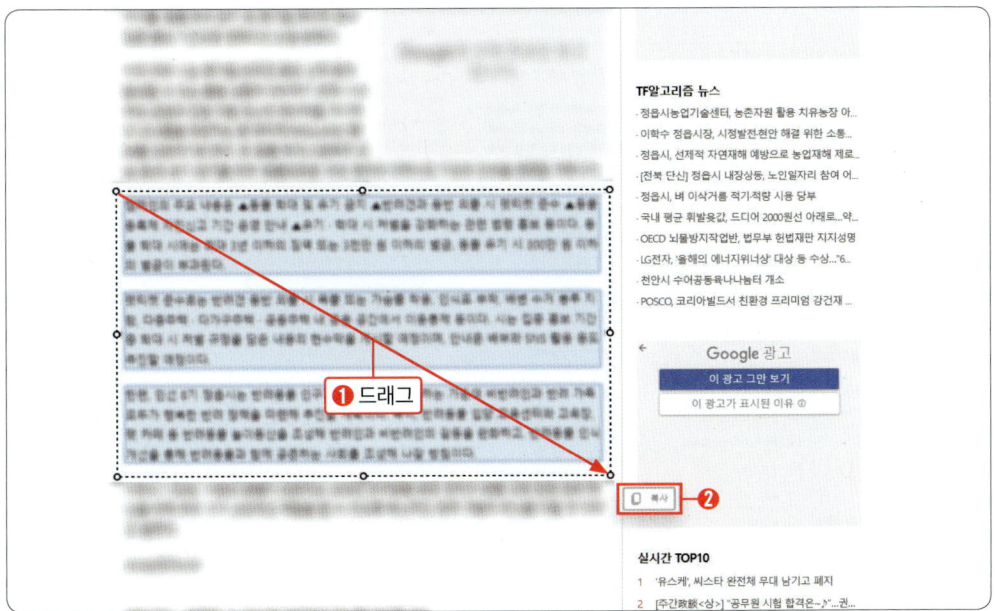

07 한글이나 파워포인트와 같은 프로그램을 실행하고, Ctrl과 V를 동시에 눌러 붙여넣기 합니다. 복사한 내용을 텍스트로 불러올 수 있습니다.

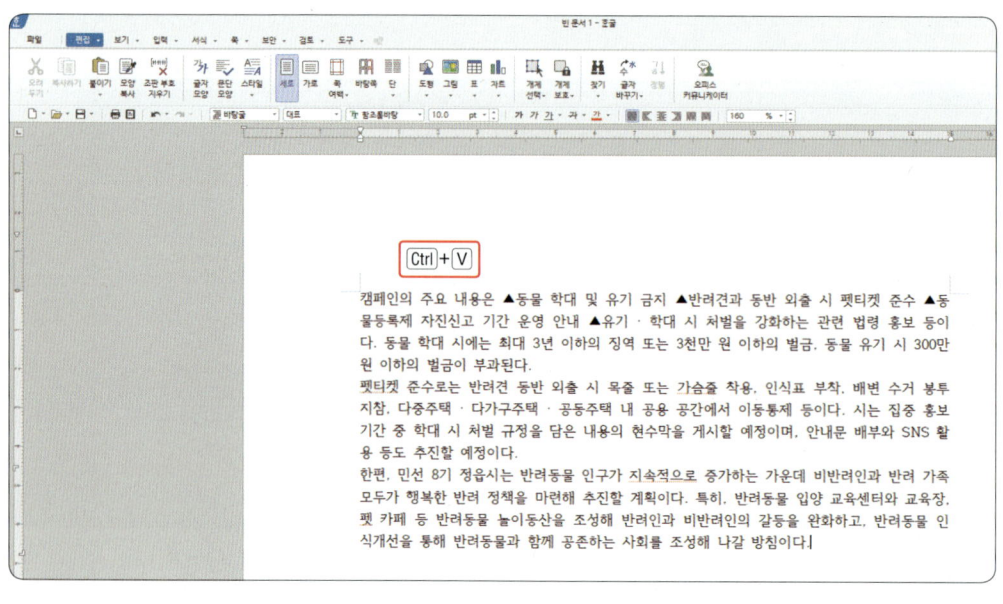

TipTalk 복사한 자료를 숙제에 그대로 쓰면 안 돼요! 숙제를 하기 위한 재료로만 참고하거나, 출처를 밝혀 이용해야 해요.

08 만약 특정 부분을 이미지로 캡처하고 싶다면 검색 결과를 마우스 오른쪽 버튼으로 클릭하고 [웹 캡처]를 선택합니다.

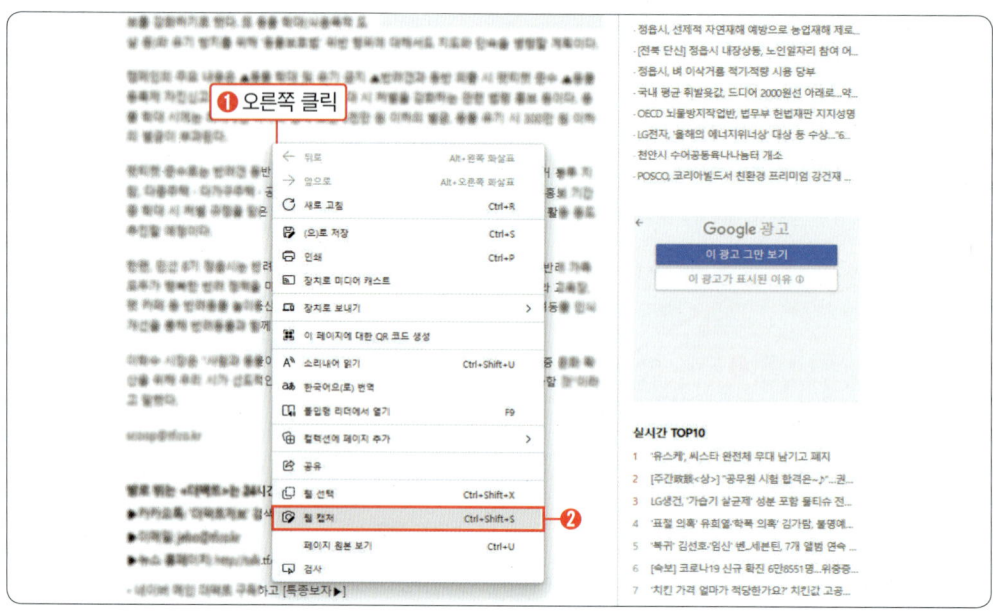

09 [캡처 영역]을 선택해서 직접 필요한 부분을 지정하거나, [전체 영역]을 선택해 전체 화면을 캡처할 수 있습니다. [복사]를 누르면 컴퓨터의 클립보드에 저장됩니다.

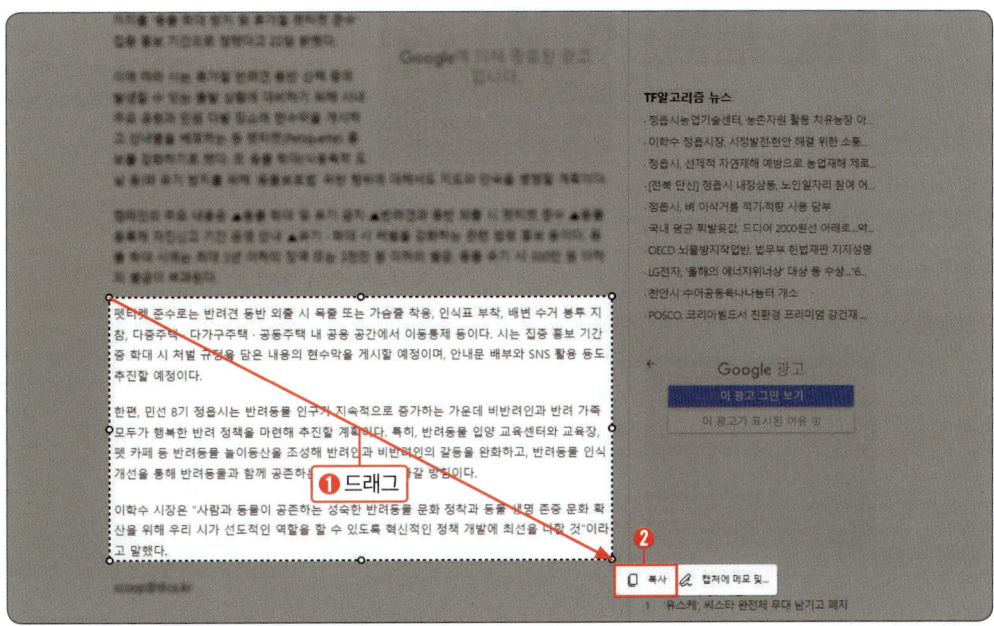

10 한글이나 파워포인트와 같은 프로그램을 열어서 Ctrl와 V를 동시에 눌러 붙여넣기하면 복사한 내용을 이미지로 불러올 수 있습니다.

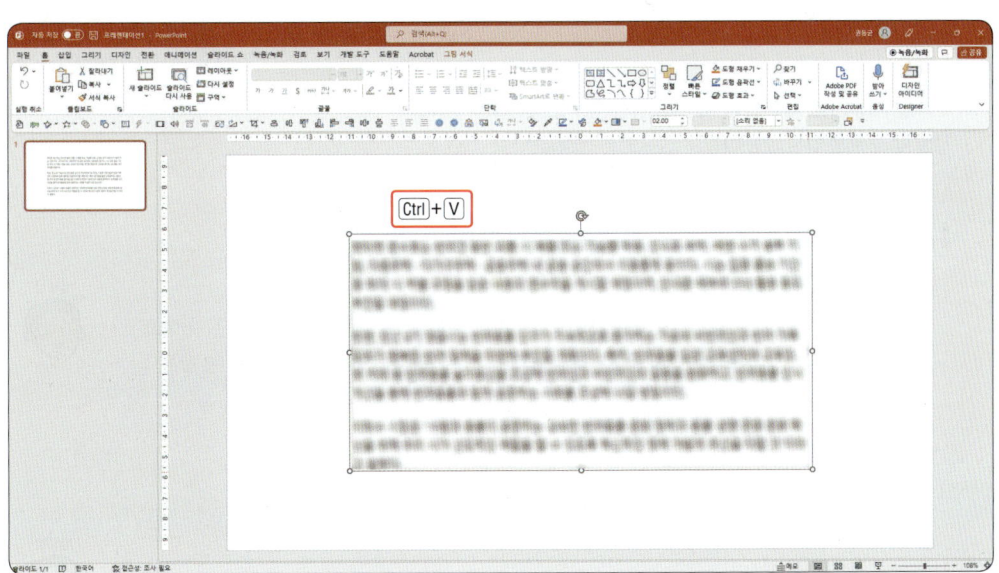

파워포인트를 활용해 발표 자료를 만들어요

학교에서 발표를 했던 경험을 떠올려 보세요. 발표 주제에 맞는 그림이나 영상, 표 등 다양한 자료를 준비해 친구들에게 소개해 본 적 있죠? 그런데 자료를 단순히 나열하기만 한다면 친구들이 발표 내용에 집중하기 어려울 거예요.

발표 주제를 효과적으로 전달하려면 어떻게 해야 할까요? 수집한 자료를 정리해, 전달할 내용과 그림, 동영상 등이 적절히 배치된 발표 자료를 만드는 것이 좋아요. '파워포인트'라는 발표 자료 제작용 프로그램을 사용하면 깔끔한 발표 자료를 만들 수 있답니다.

'파워포인트'는 전 세계 많은 사람들이 학교나 회사에서 발표나 회의를 할 때 활용하는 프로그램입니다. 멋진 발표 자료를 만들어 조사한 내용을 효과적으로 전달할 수 있는 방법을 알아보겠습니다.

발표할 내용은 다 정리했는데, 이 내용을 친구들에게 효과적으로 전달할 좋은 방법은 없을까?

흠, 선생님은 수업하실 때 멋진 슬라이드쇼를 보여주시던데!

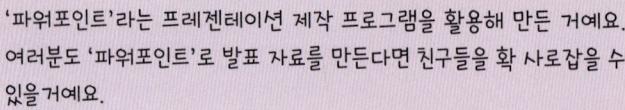

'파워포인트'라는 프레젠테이션 제작 프로그램을 활용해 만든 거예요. 여러분도 '파워포인트'로 발표 자료를 만든다면 친구들을 확 사로잡을 수 있을 거예요.

그럼 그림이나 표도 보여줄 수 있나요?

그럼요! 다양한 애니메이션 효과를 넣어 발표에 집중하게 만들 수도 있어요.

저도 얼른 만들어 보고 싶어요!

 **제목 슬라이드 만들기**

01 파워포인트의 첫 슬라이드는 제목, 발표자 정보, 대표 이미지를 넣어 발표 자료의 특징이 잘 드러나도록 구성해야 해요. 우선 슬라이드에 포함된 레이아웃을 드래그하여 선택하고 키보드의 Delete 를 눌러 삭제해 빈 슬라이드로 만들어요.

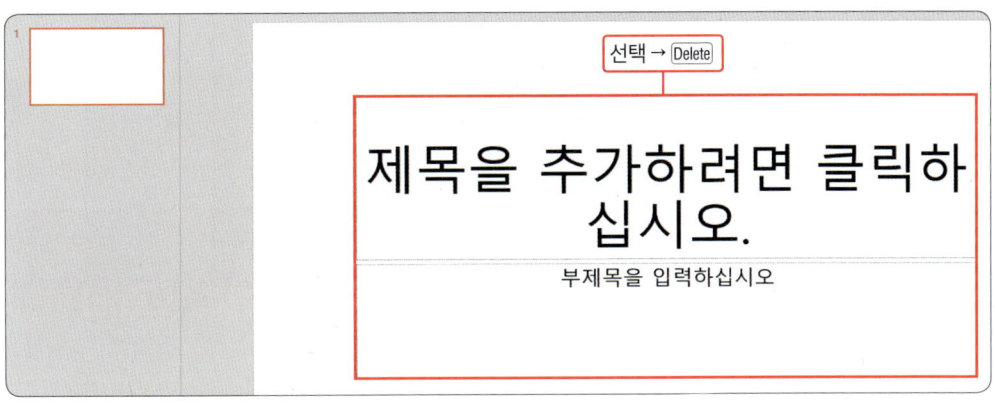

TipTalk 파워포인트는 여러 장의 '슬라이드'로 구성되어 있어요. '슬라이드'는 자료를 담은 종이 한 장과 같답니다.

02 슬라이드에 그림을 삽입해 볼게요. [삽입] 탭의 '이미지' 그룹에서 [그림]을 클릭하면 '그림 삽입' 창이 나타납니다. 그림이 있는 폴더에서 파일을 선택하고 [열기]를 클릭해요.

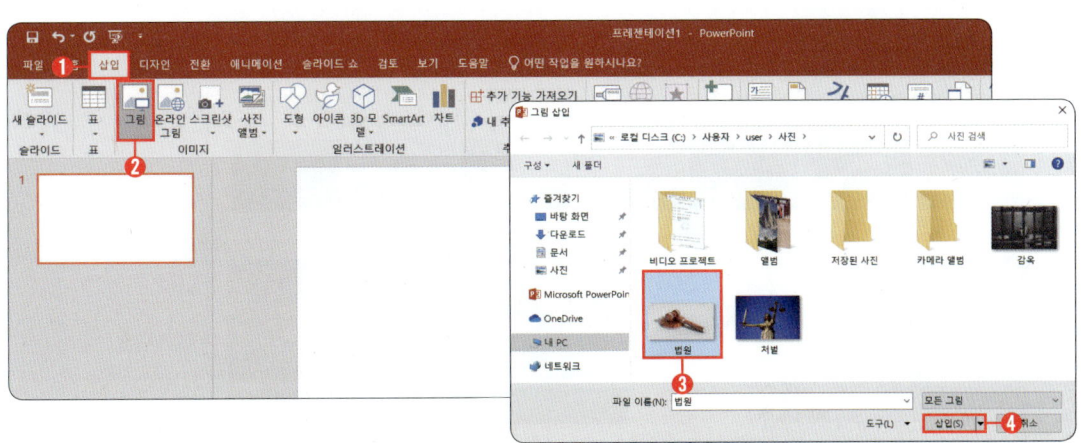

TipTalk '픽사베이'와 같은 이미지 다운로드 사이트에서 이미지를 찾거나, 길벗출판사 홈페이지에서 부록으로 제공되는 이미지를 사용해도 좋아요.

03 사진의 크기를 조절해 볼까요? 사진을 클릭하면 테두리가 나타납니다. 테두리의 흰색 점을 선택하고 드래그해 슬라이드를 가득 채우도록 크기를 조절해요. 꼭짓점 부분의 흰색 점을 드래그하면 이미지의 비율을 유지한 채 크기만 줄일 수 있어요.

TipTalk Ctrl을 누른 상태로 꼭짓점의 흰색 점을 드래그하면 이미지의 중심을 기준으로 크기가 조절돼요.

잠깐만요 이미지 다운로드 사이트 활용하기

무료 이미지 다운로드 사이트인 '픽사베이(pixabay.com)'에 접속한 후 검색창에 원하는 검색어를 입력해 엔터를 누르고, 마음에 드는 이미지를 선택합니다. [무료 다운로드]를 클릭하면 저작권 걱정 없이 배경으로 쓸 수 있는 이미지를 무료로 다운로드할 수 있어요.

04 그림의 스타일을 변경하고 그림자를 추가해 볼게요. 그림을 클릭하고 [그림 서식] 탭-'그림 스타일' 그룹의 첫 번째 스타일을 선택해 봅시다. 이미지에 흰색 테두리가 생기고 은은한 그림자가 삽입됩니다.

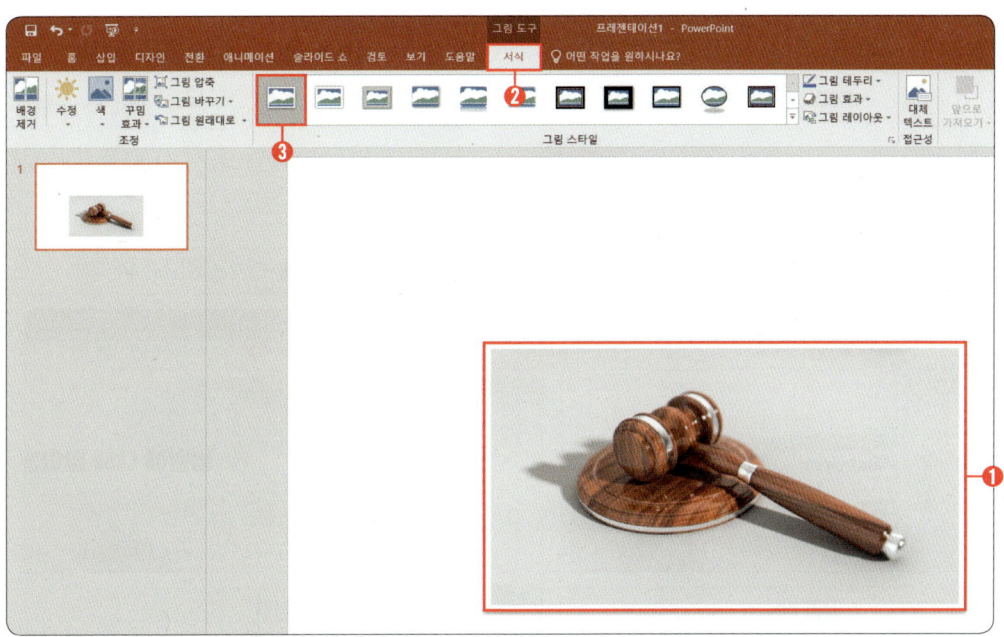

05 제목 슬라이드에 필요한 글자를 넣어 볼게요. [삽입] 탭-'텍스트' 그룹의 [텍스트 상자] 메뉴에서 [가로 텍스트 상자 그리기]를 클릭하고 마우스를 드래그해 삽입하세요.

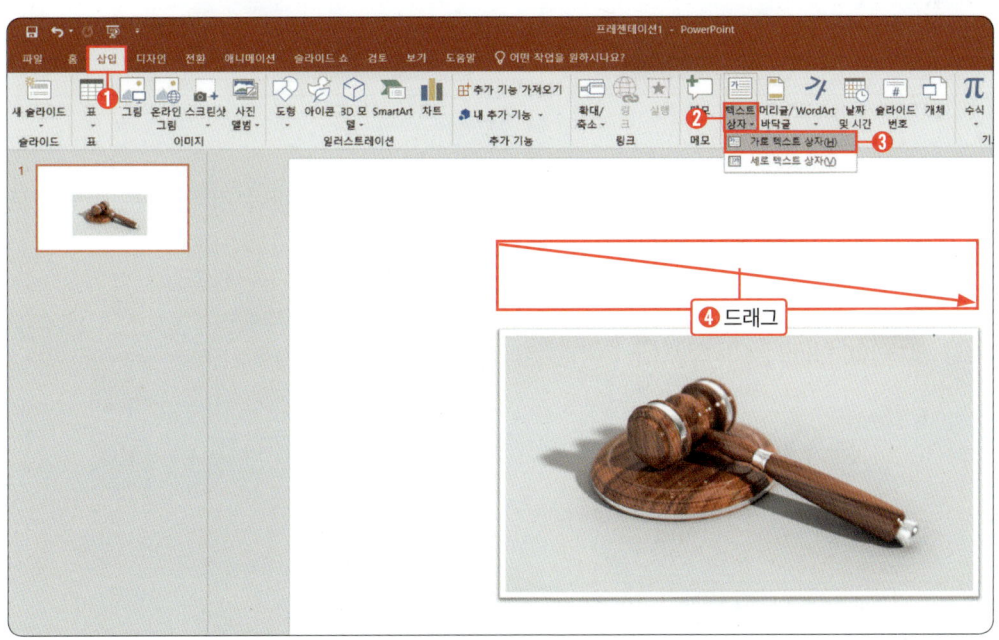

06 제목 슬라이드 내용을 입력하고 텍스트를 마우스로 드래그해 선택해 봅시다. 그리고 [홈] 탭-'글꼴' 그룹에서 글꼴의 설정을 변경해 봅시다.

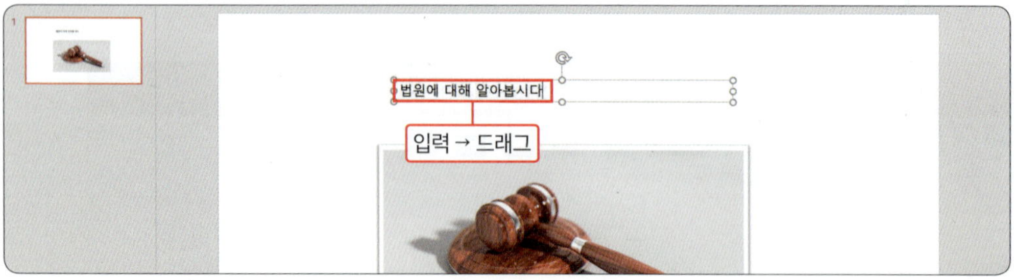

글꼴 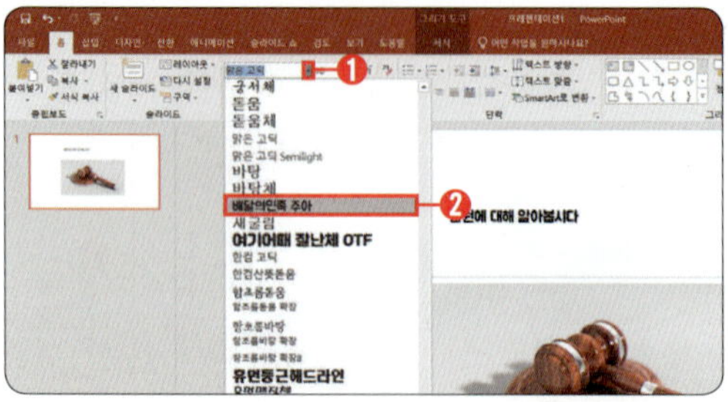	글꼴 크기 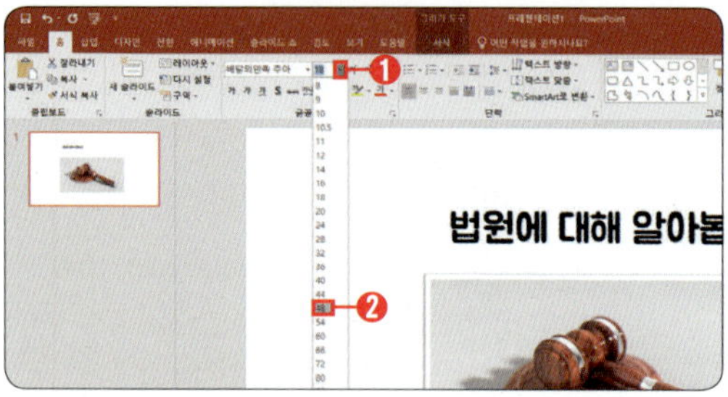
글꼴 색 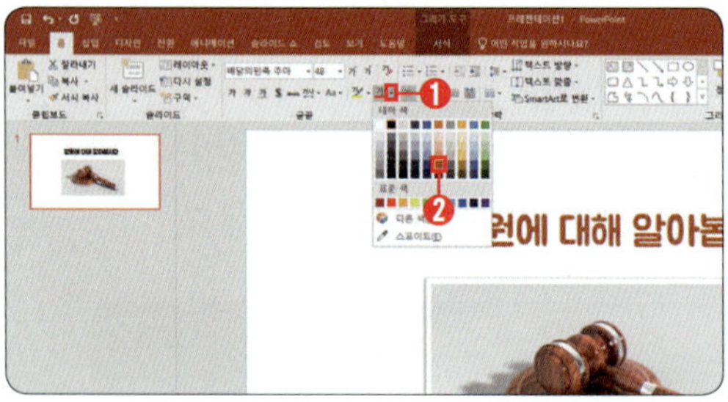	정렬 

07 그림 아래에 자신의 이름을 넣어 봅니다. 제목 텍스트를 삽입했던 것과 같은 방법으로 텍스트 상자를 추가하고 꾸며 봅시다.

 ## 내용 슬라이드 만들기

01 제목 슬라이드를 만들었다면, 이제 중심 내용이 들어갈 슬라이드를 구성해 볼까요? [홈] 탭-'슬라이드' 그룹의 [새 슬라이드] 아래 화살표(▼)를 클릭하면 다양한 'Office 테마' 슬라이드가 나타납니다. [빈 화면]을 선택해 슬라이드를 삽입해 봅시다.

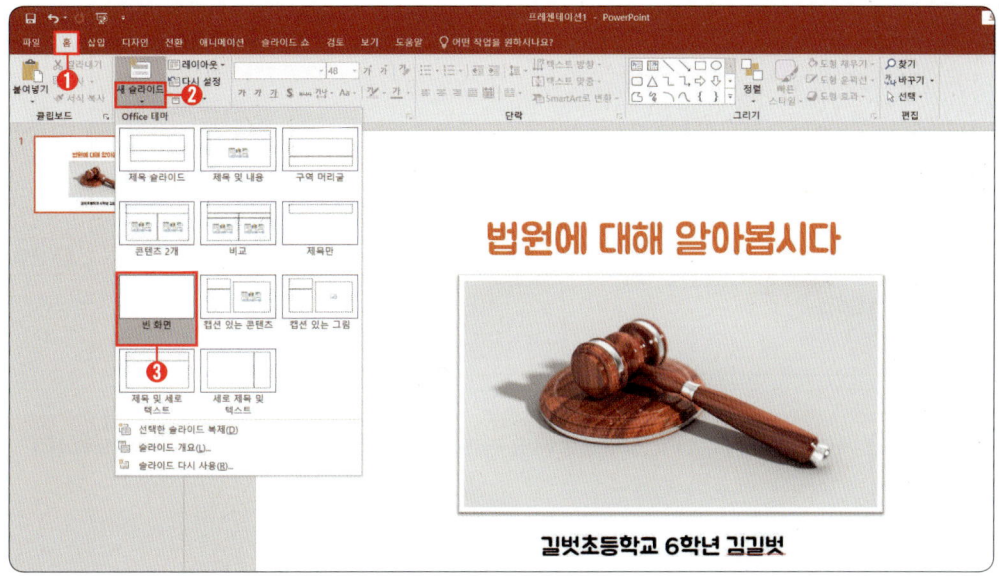

02 슬라이드의 배경을 바꿔 볼까요? 슬라이드의 빈곳을 마우스 오른쪽 버튼으로 클릭하고 [배경 서식]을 클릭합니다.

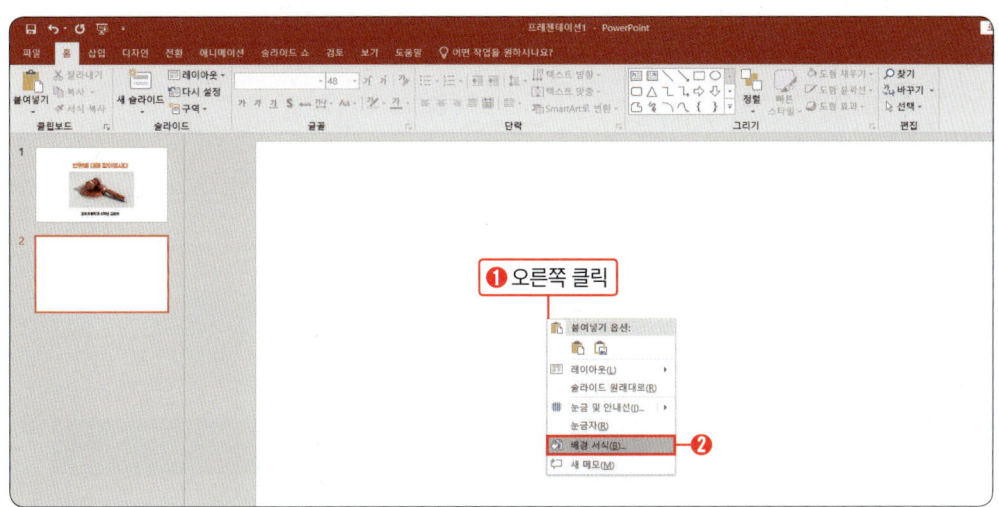

03 슬라이드의 오른쪽에 '배경 서식' 창이 나타납니다. '배경 서식' 창에서 '채우기'를 [패턴 채우기]로 선택합니다. 패턴과 전경색도 마음에 드는 것으로 바꿀 수 있습니다.

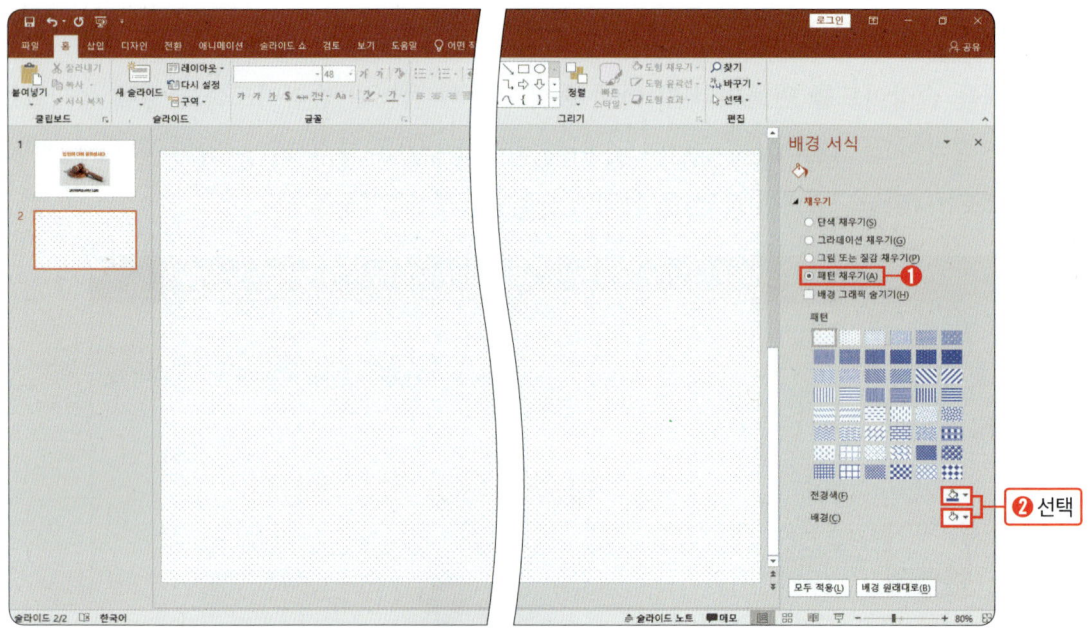

> **TipTalk** '배경 서식' 창에서 새로운 배경을 설정할 때 창 아래쪽의 [모두 적용]을 클릭하면 모든 슬라이드의 설정이 똑같이 변경됩니다.

04 도형을 삽입해 볼게요. [삽입] 탭-'일러스트레이션' 그룹에서 [도형]을 클릭하고 '사각형' 그룹의 [둥근 모서리] 사각형(□)을 선택합니다. 마우스를 드래그해 아래와 같이 도형을 삽입하세요.

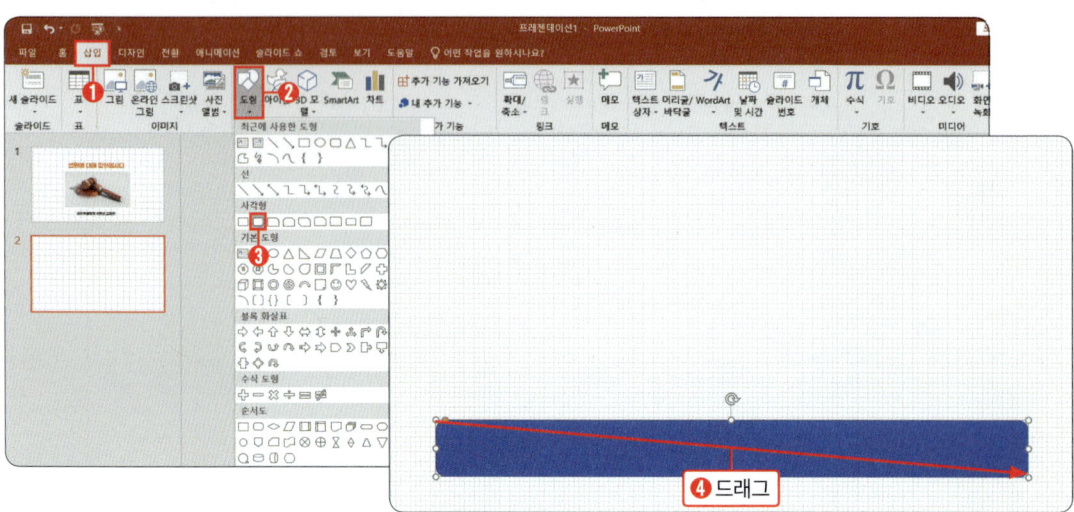

05 삽입한 도형을 꾸며 봅시다. [서식] 탭-'도형 스타일' 그룹에서 [도형 채우기]와 [도형 윤곽선]을 클릭하면 도형의 색과 윤곽선을 변경할 수 있습니다.

06 도형 안쪽에 텍스트를 삽입해 봅시다. 도형을 선택하고 키보드의 Enter 를 누르면 도형 안에 텍스트를 삽입할 수 있습니다. [홈] 탭의 '글꼴' 그룹에서 글꼴, 크기, 색상 등을 변경해 봅시다.

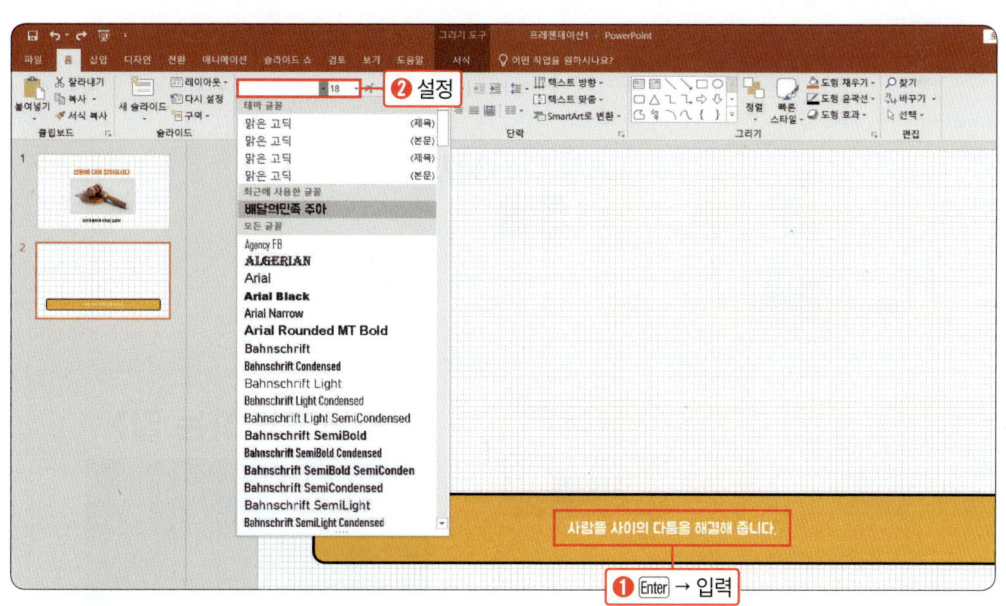

> **TipTalk** 도형을 더블 클릭해도 도형 안에 텍스트를 삽입할 수 있습니다.

07 필요한 텍스트와 그림을 삽입해 봅시다. [삽입] 탭의 '텍스트' 그룹에서 [텍스트 상자]를 클릭하세요. 마우스를 드래그해서 슬라이드 가운데에 텍스트 상자를 삽입하고 필요한 내용을 써 봅시다.

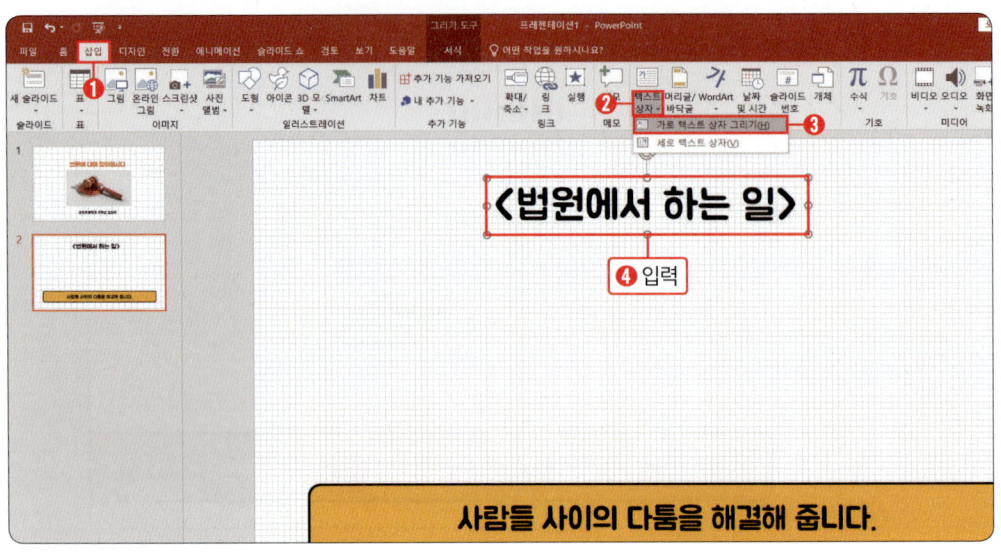

08 [삽입] 탭-'이미지' 그룹에서 [그림]을 클릭하고 넣고자 하는 그림을 선택한 후 [삽입]을 클릭하세요. 이미지의 크기와 위치도 적절히 조절해요.

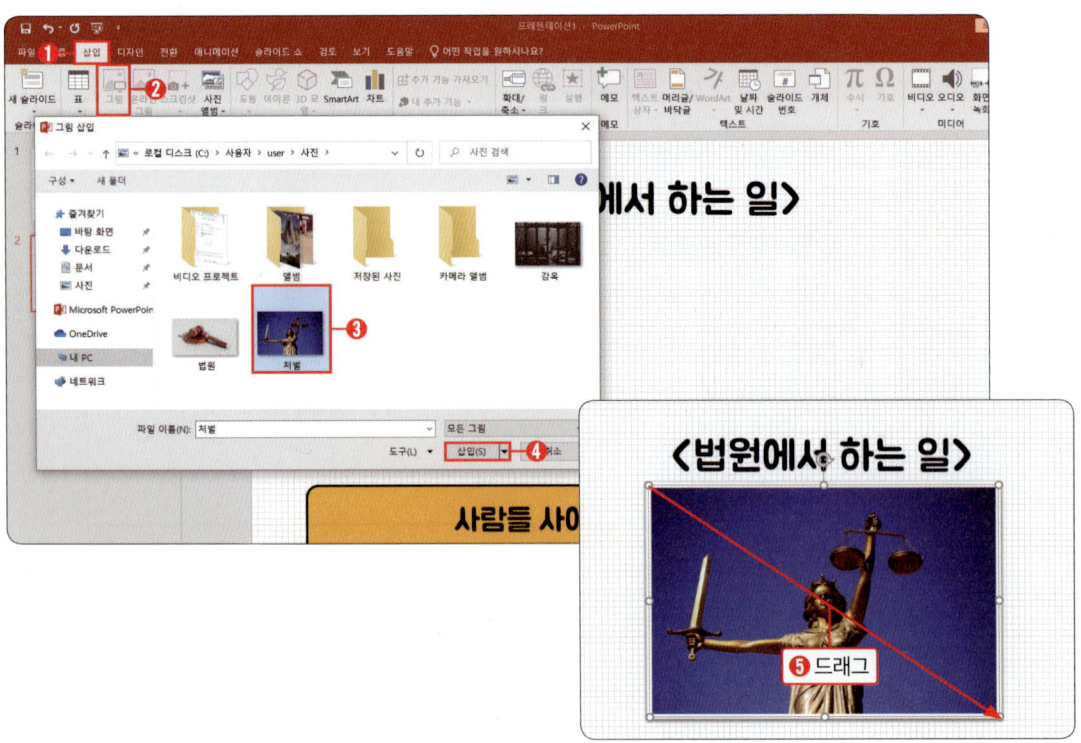

09 두 번째 슬라이드를 복제해 내용 슬라이드를 추가합니다. 두 번째 슬라이드를 마우스 오른쪽 버튼으로 클릭하고 [슬라이드 복제]를 선택해요. 두 번째 슬라이드와 같은 슬라이드가 아래쪽에 하나 더 생긴답니다.

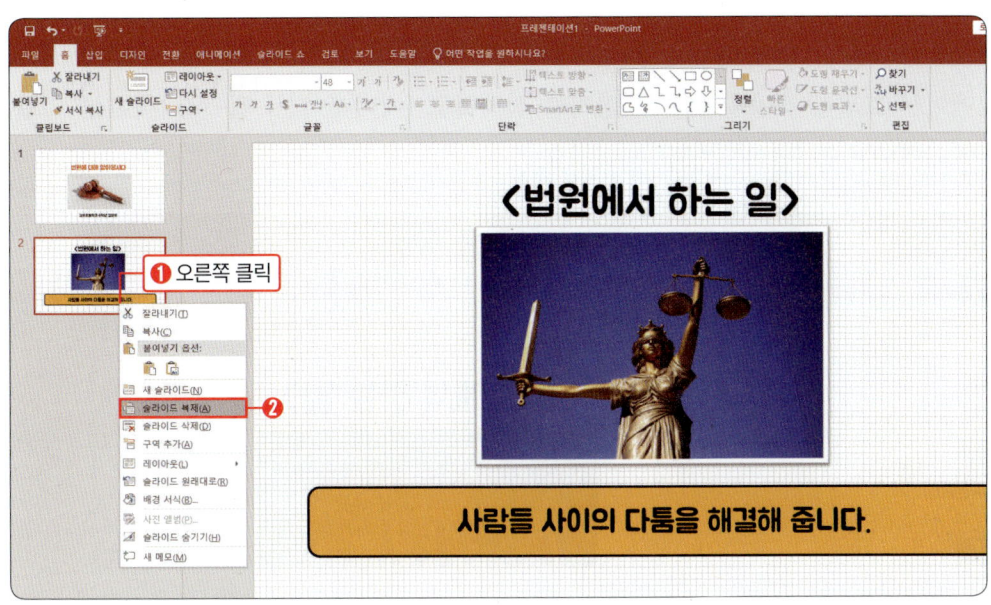

10 추가된 슬라이드의 그림과 텍스트를 발표 내용에 맞게 바꾸어 볼까요? 그림을 삭제한 후 적절한 그림을 새로 삽입하고, 텍스트도 수정합니다.

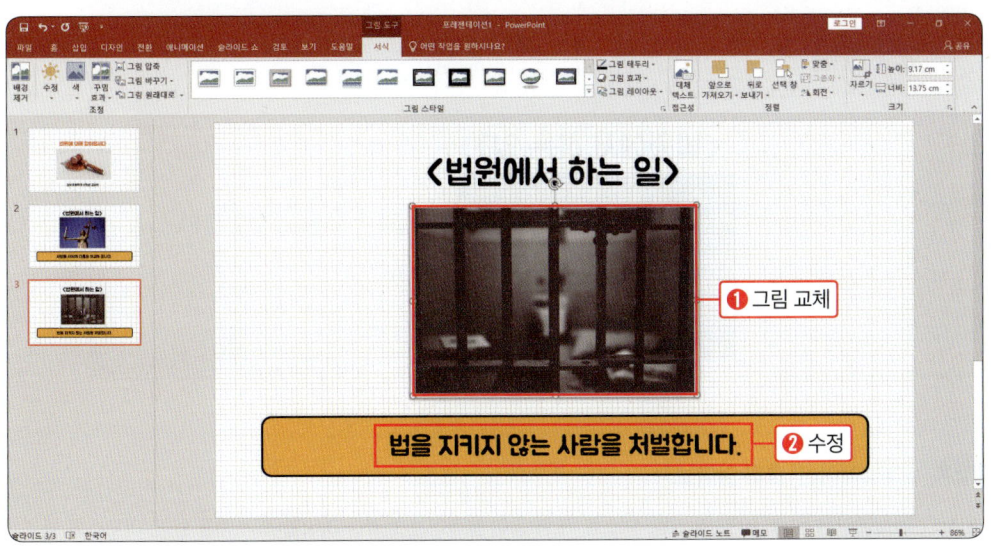

슬라이드 애니메이션 넣기

01 파워포인트에서 '슬라이드 쇼'를 실행했을 때 '애니메이션'이 재생되도록 설정해 볼게요. 애니메이션 효과를 적용할 텍스트 상자를 선택하고 [애니메이션] 탭-'애니메이션' 그룹의 여러 애니메이션 중 [날아오기]를 클릭해요.

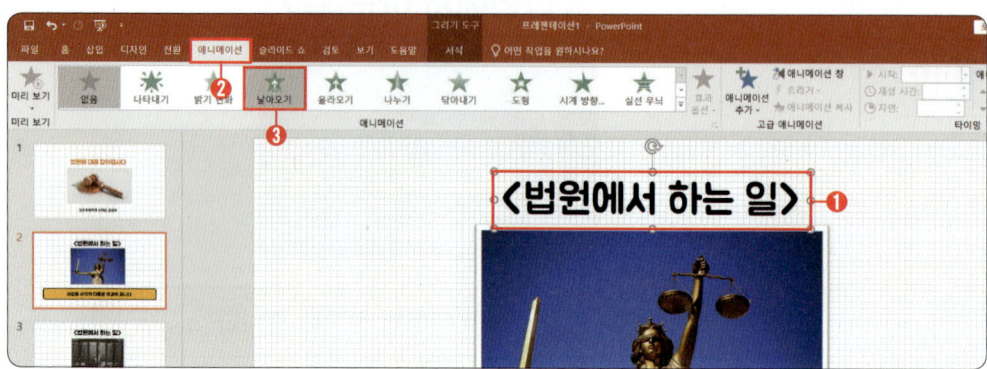

02 애니메이션이 잘 적용되었는지 확인하기 위해 [애니메이션] 탭-'고급 애니메이션' 그룹에서 [애니메이션 창]을 클릭해 애니메이션을 재생해 봅시다.

잠깐만요 '애니메이션' 효과 알아보기

파워포인트의 '애니메이션'은 슬라이드의 그림, 텍스트, 도형 등이 움직이는 효과를 의미합니다. 예를 들어, 마우스를 클릭했을 때 그림이 나타나거나 도형이 날아오게 만들 수 있습니다.

발표할 때 애니메이션을 적절히 사용하면 사람들의 집중을 유도해 효과적으로 발표를 진행할 수 있어요. 그렇지만 너무 많은 애니메이션을 삽입하면 오히려 산만하게 느껴질 수 있으므로 필요한 부분에만 적절히 적용해야 합니다.

03 '애니메이션 창'에서 애니메이션 효과를 마우스 오른쪽 버튼으로 클릭해 [효과 옵션]을 선택합니다. 효과를 설정하는 대화상자가 나타나면 '설정'에서 글자가 나오는 방향을 바꾸고 [확인]을 클릭하세요. 아래 그림과 텍스트 상자도 같은 방법으로 애니메이션 효과를 적용해요.

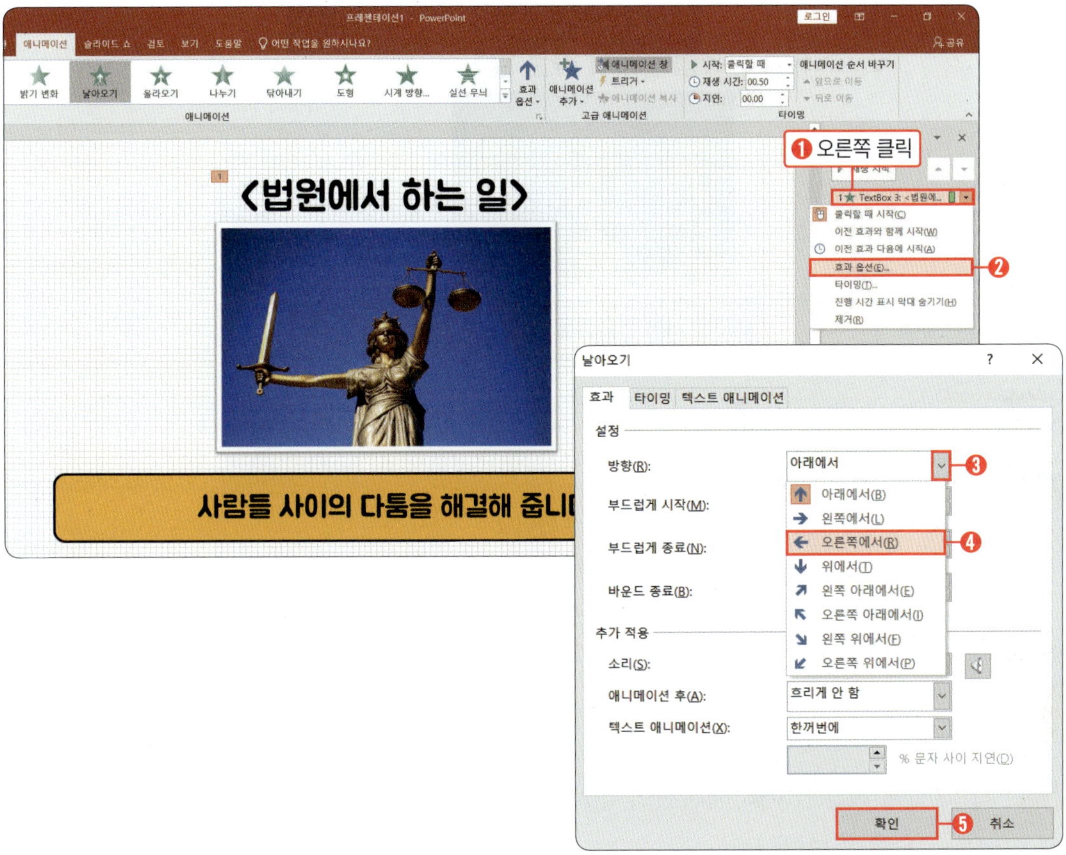

04 애니메이션이 나타나는 방법을 변경해 볼까요? '애니메이션 창'에서 첫 번째 애니메이션 효과를 마우스 오른쪽 버튼으로 클릭해 [클릭할 때 시작]을 선택해요.

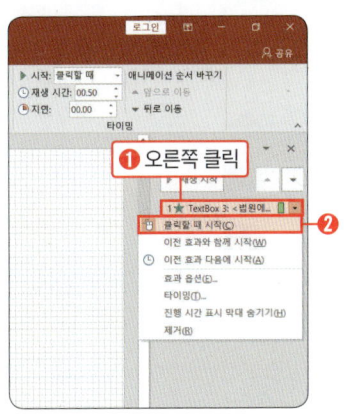

05 그림에 넣은 애니메이션 효과를 마우스 오른쪽 버튼으로 클릭해 [이전 효과 다음에 시작]을 적용합니다.

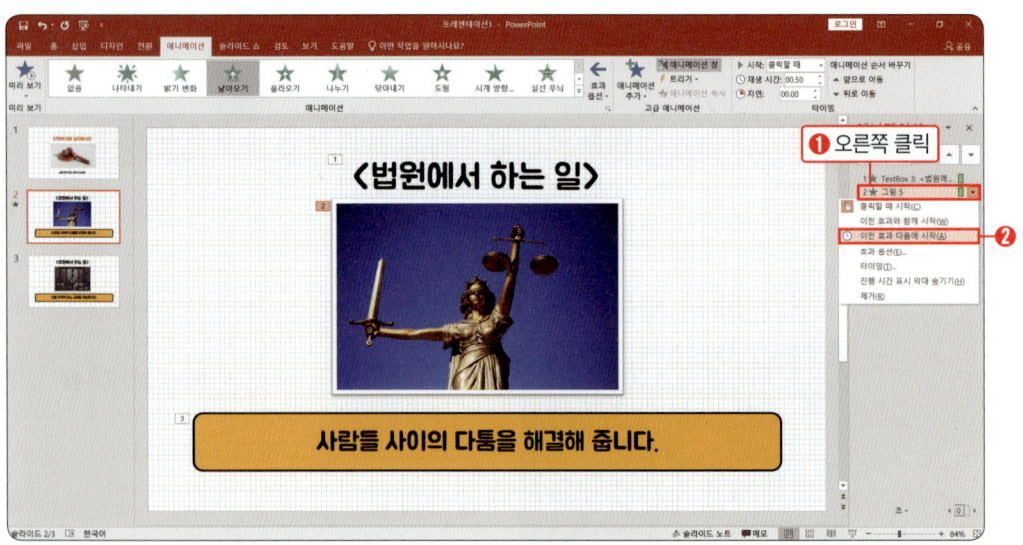

잠깐만요 애니메이션의 등장 방식을 선택할 수 있어요

- **클릭할 때 시작**: 마우스로 클릭하면 애니메이션이 시작됩니다.
- **이전 효과와 함께 시작**: 이전 애니메이션 효과가 시작되면 같이 시작됩니다.
- **이전 효과 다음에 시작**: 이전 애니메이션 효과가 끝난 후 자동으로 시작됩니다.

06 각 개체에 적용된 애니메이션의 순서를 바꿀 수도 있어요. 애니메이션 효과를 드래그해 위치를 이동하면 된답니다.

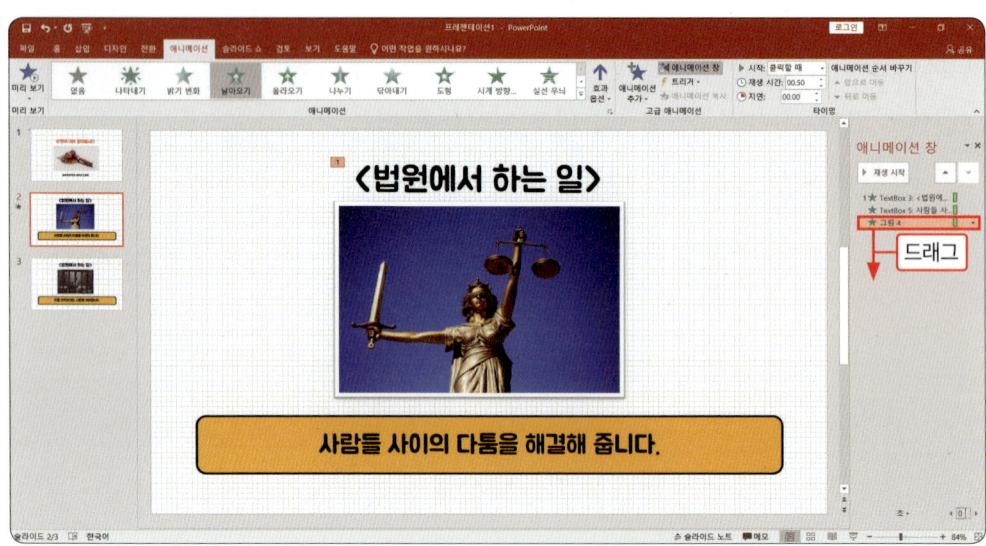

작업 내용 저장하기

01 지금까지 제작한 내용을 파일로 저장해 볼까요? [파일] 탭을 클릭하고 [다른 이름으로 저장] 메뉴를 선택합니다. [이 PC] 항목을 더블 클릭합니다.

02 '다른 이름으로 저장' 창이 열리면 파일을 저장할 폴더를 지정하고 파일의 이름을 수정한 후 [저장]을 클릭합니다.

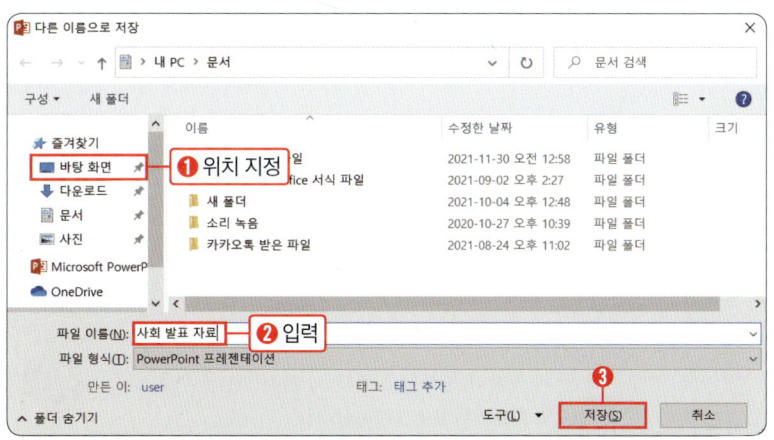

> **TipTalk** 저장을 완료하면 파워포인트 작업화면 상단에서도 새롭게 저장한 파일의 이름으로 바뀐 것을 확인할 수 있습니다.
>
>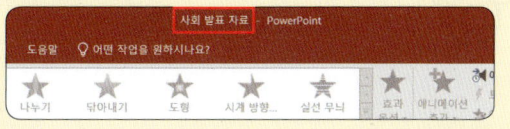

엑셀을 활용해 숫자를 관리해요

부모님이 집안 살림의 수입과 지출을 기록하는 가계부를 쓰는 것을 본 적이 있나요? 많은 숫자가 빼곡히 적혀 있는 가계부를 보면 머리가 지끈지끈 아파오기도 해요.

이렇게 손으로 가계부를 쓸 때 어려운 점은 무엇일까요? 많은 항목을 계산하고 정리해야 하기 때문에 시간이 오래 걸리고, 사람이 하는 작업이라 실수를 할 수도 있어요. 그렇다면 컴퓨터를 이용해 데이터를 빠르고 정확하게 처리하는 방법이 있을까요?

컴퓨터는 숫자를 아주 빠르고 쉽게 처리할 수 있는 기기예요. 게다가 사람과 달리 계산 실수를 하지 않죠. 이번 시간에 배울 '엑셀'이라는 프로그램을 이용하면 데이터를 간단히 계산하고 처리할 수 있어요.

'엑셀'은 복잡한 계산을 쉽게 하거나, 함수를 활용해 데이터를 빠르게 처리할 수 있도록 도와줍니다. 전 세계 많은 사람들이 회사에서 업무를 처리할 때 '엑셀'을 사용하고 있답니다. 여러 가지 데이터를 효과적으로 정리할 수 있는 '엑셀'에 대해 배워 보겠습니다.

학생1: 우리 모둠 친구들의 쪽지 시험 점수를 기록하고 평균을 계산해 보고 싶어요. 좋은 방법이 없을까요?

선생님: 그럴 때 딱 맞는 프로그램이 있어요. 바로 '엑셀'이에요.

학생2: 앗! 저희 부모님이 사용하시는 걸 본 적 있는 것 같아요. 가계부나 여행 계획표를 짤때요!

선생님: 맞아요. 엑셀은 표 안에 숫자나 문자를 정리하고, 여러 기능을 이용해 손쉽게 계산할 수 있도록 도와주는 프로그램이랍니다.

학생1: 쪽지 시험 평균도 계산할 수 있겠네요!

선생님: 그럼요! 지금부터 엑셀의 기본 기능을 익혀 봅시다.

엑셀 실행하고 메뉴 살펴보기

> '엑셀'이란 무엇인가요? <

'엑셀'은 입력된 데이터를 정리하며, 복잡한 계산을 정확하게 처리하고 분석해주는 프로그램이에요. 쉽게 생각하면 '표 계산'을 도와 주는 도구예요. 다양한 '함수' 기능을 활용해 여러 가지 계산을 손쉽게 해결할 수 있어요.

엑셀은 워드, 파워포인트와 마찬가지로 '마이크로소프트' 사에서 만든 프로그램으로, 보고서를 작성하거나 각종 통계 자료를 처리하는 등 다양한 업무에서 사용되고 있어요. 특히 직장인에게는 필수적인 프로그램이랍니다.

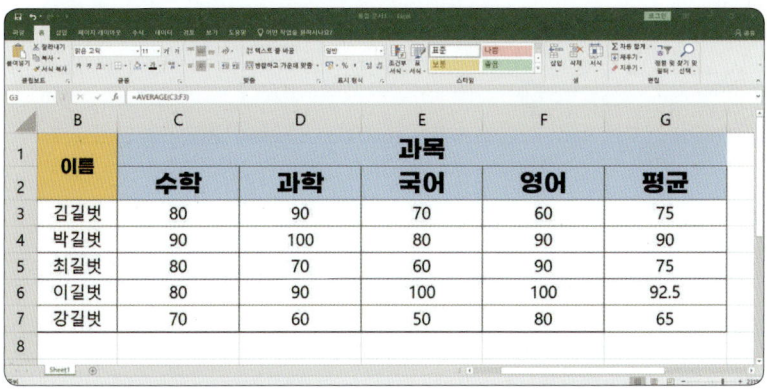

▲ 데이터 관리를 도와주는 '엑셀'

엑셀을 실행해 메뉴를 하나씩 살펴봅시다. 엑셀을 다루기 위한 몸풀기 시간이에요. 작업표시줄에서 [시작](■) 버튼을 클릭하고 'Excel'을 찾아 실행해요. 알파벳 'E' 위치로 이동하면 되겠죠?

〉 엑셀 작업 화면 살펴보기 〈

엑셀을 실행한 후 첫 화면에서 '새 통합 문서'를 선택해 보세요.

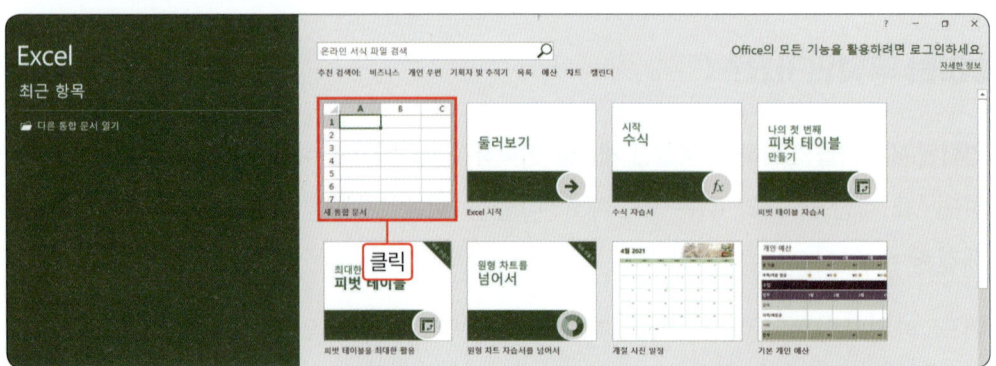

엑셀의 기본 작업 화면을 확인할 수 있어요. 작업 화면을 하나씩 살펴볼까요?

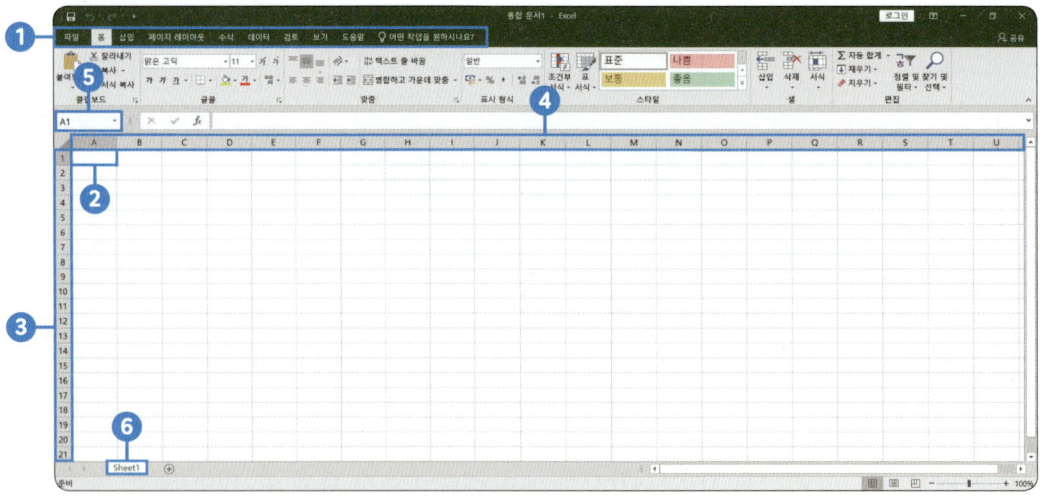

❶ **리본 메뉴**: 엑셀에서 실행할 수 있는 다양한 도구들이 모여 있는 메뉴입니다.

❷ **셀**: 엑셀에서 숫자나 글자 등 데이터를 입력하는 각각의 칸을 의미합니다.

❸ **행**: 셀이 가로로 모인 줄이며, 숫자로 구분합니다.

❹ **열**: 셀이 세로로 모인 줄. 알파벳으로 구분합니다.

❺ **이름 상자**: 선택한 셀이나 범위를 나타냅니다.

❻ **시트**: 입력한 데이터가 모여 있는 페이지입니다. 한 문서 안에 여러 시트를 만들 수 있어요.

> **TipTalk** 셀을 읽을 때는 알파벳과 숫자를 조합하면 돼요. 즉, C열의 두 번째 행에 있는 셀은 'C2'입니다.

데이터 입력하기

01 데이터를 입력해 볼까요? 각각의 셀에 숫자나 글자를 입력할 수 있어요. 원하는 셀을 마우스로 선택하여 글자를 입력해 봅시다.

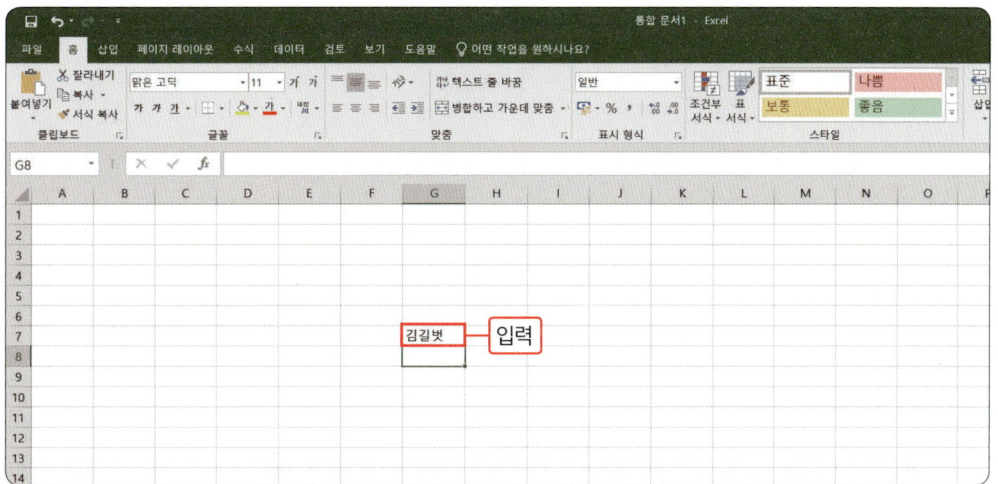

02 내용을 입력한 후 Enter 를 누르면 아래 셀로 이동하고 Tab 을 누르면 오른쪽 셀로 이동해요. 마우스로 다른 셀을 클릭하거나 방향키를 눌러 다른 셀로 이동할 수 있습니다.

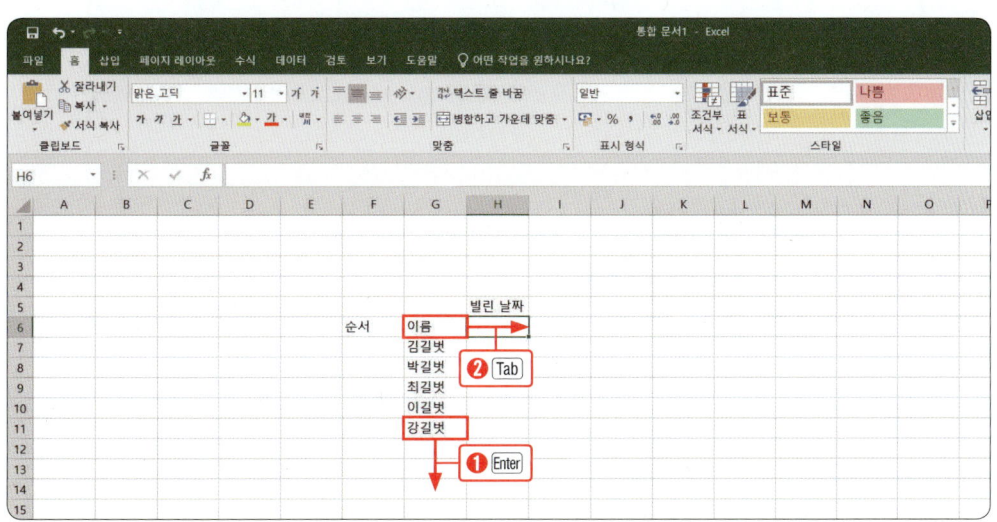

> **TipTalk** 파워포인트에서는 텍스트를 입력할 때 Enter 를 누르면 줄 바꿈이 되지만 엑셀에서는 아래에 있는 셀로 넘어가요. 한 셀 안에서 줄 바꿈을 해서 글을 쓰고 싶다면 Alt 와 Enter 를 함께 눌러 보세요.

03 데이터를 입력하는 다양한 방법을 살펴볼까요? 우선 셀에 글자나 숫자를 입력해 봅시다.

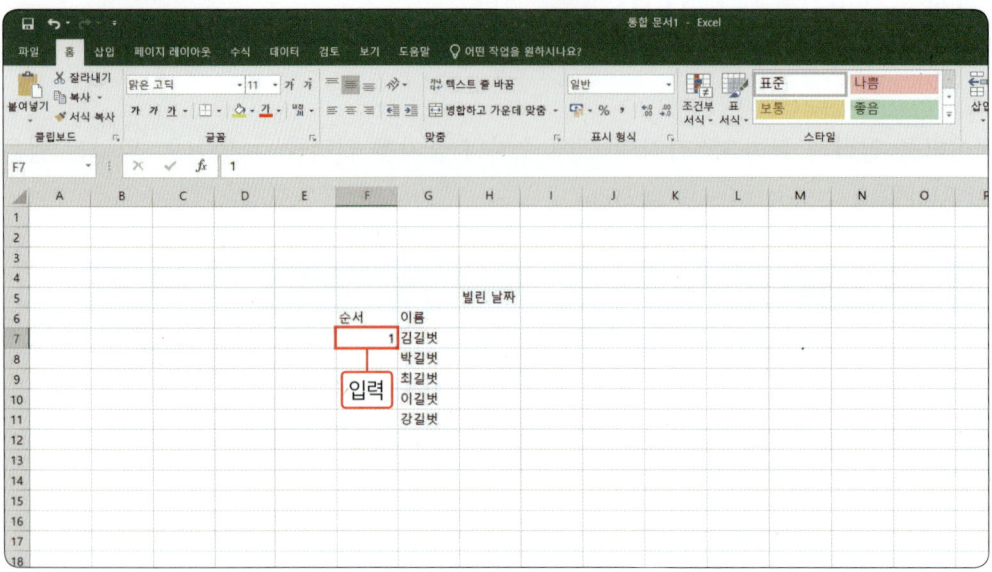

04 입력한 셀을 선택하고, 셀의 오른쪽 아래에 있는 점 위에 마우스 커서를 올립니다. 마우스 커서가 ✚ 모양으로 바뀌죠? 이때 마우스 왼쪽 버튼을 누른 상태에서 아래로 드래그하면 같은 숫자가 쭉 입력됩니다.

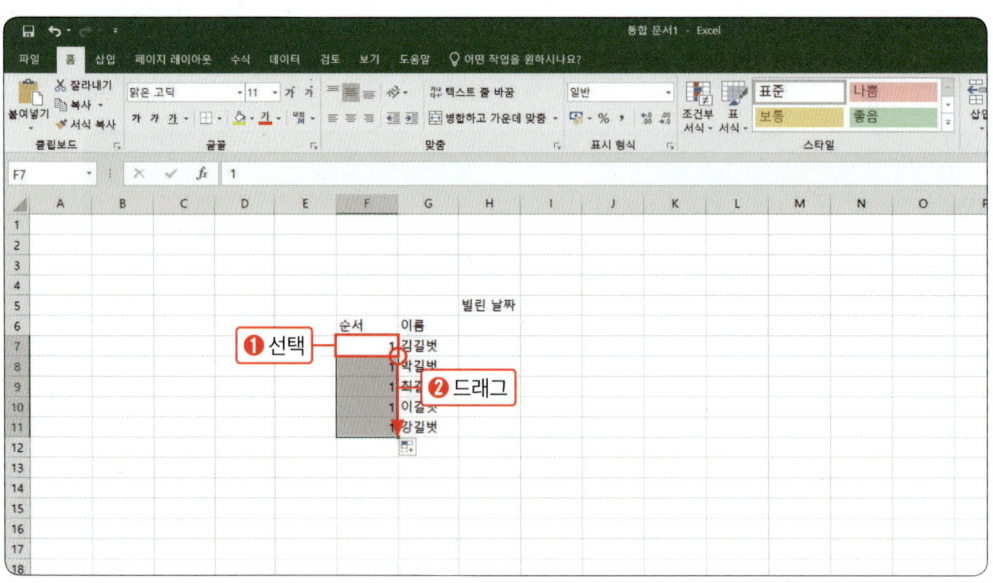

05 이번에는 Ctrl 를 누른 상태에서 셀을 드래그해 볼까요? 숫자가 순서대로 입력된 것을 확인할 수 있어요.

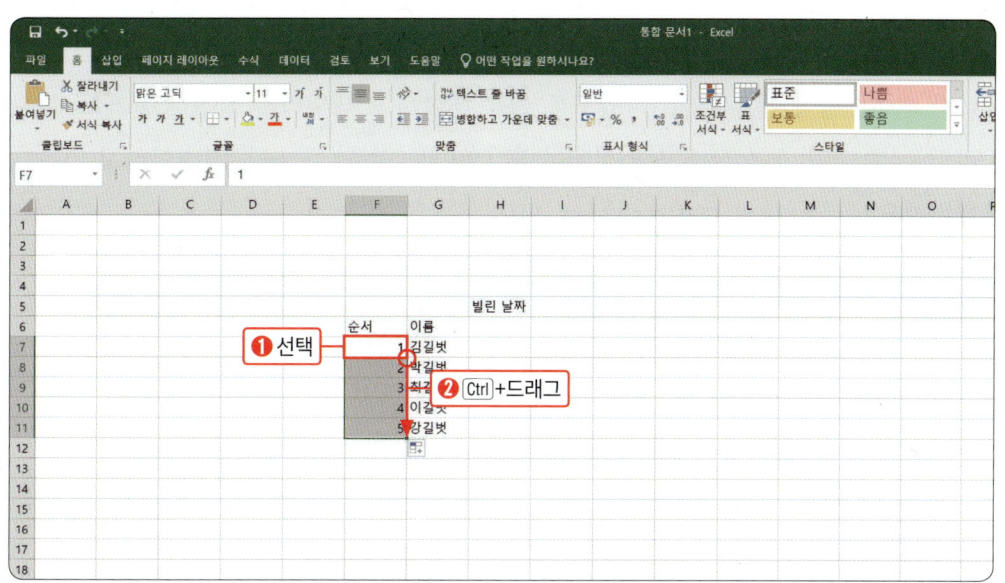

TipTalk 셀을 드래그한 후 [자동 채우기 옵션](🔲) 버튼을 클릭해 옵션을 선택할 수도 있어요.

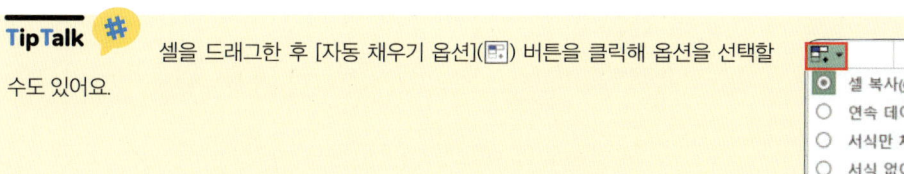

잠깐만요 날짜를 편하게 입력하고 싶어요

날짜를 입력한 경우에는 셀의 오른쪽 아래에 있는 점을 눌러 드래그하기만 해도 날짜가 순서대로 입력됩니다.

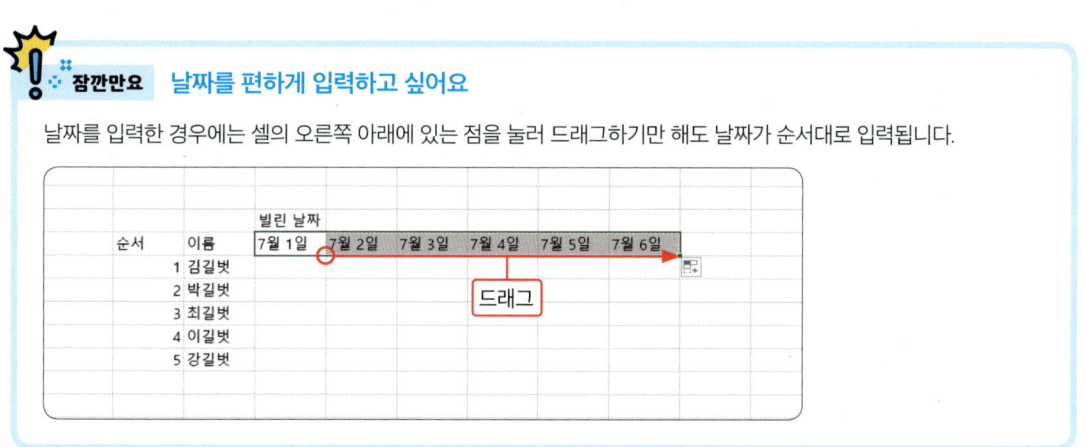

143

셀과 테두리 설정하기

01 입력한 데이터를 쉽게 구분할 수 있도록 셀을 병합하고 테두리를 설정해 볼게요. 하나로 합치고 싶은 셀 여러 개를 드래그해 선택한 후 [홈] 탭-'맞춤' 그룹에서 [병합하고 가운데 맞춤]을 클릭해요.

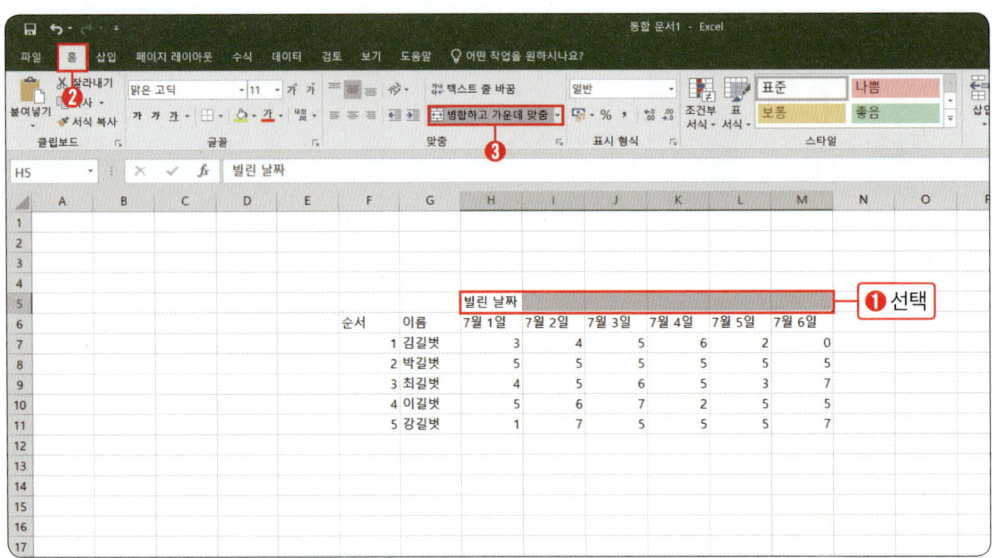

02 위아래에 있는 셀도 같은 방법으로 병합할 수 있습니다.

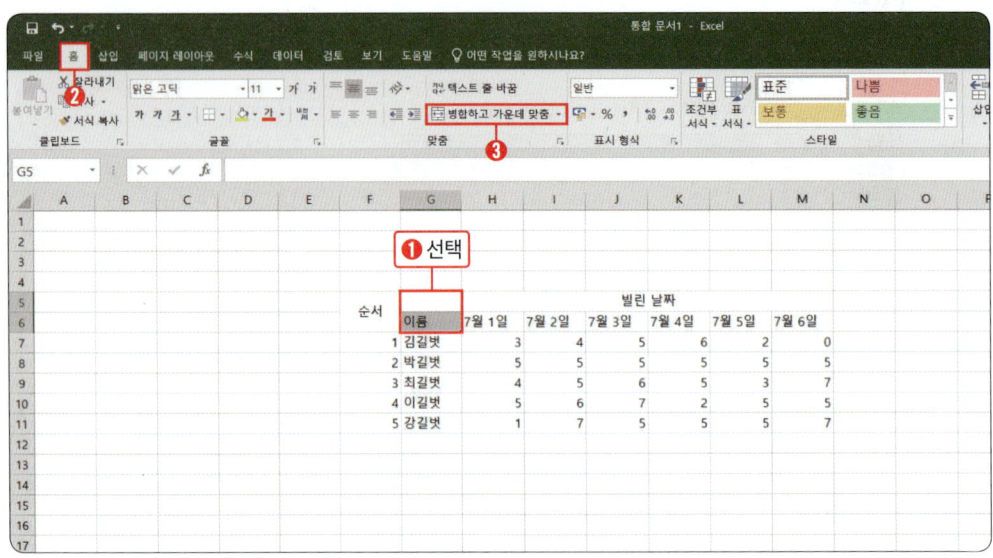

03 바깥에 테두리를 설정해 볼게요. 원하는 범위를 드래그해 지정하고 [홈] 탭-'글꼴' 그룹의 [테두리] 버튼 옆 화살표(▼) 버튼을 클릭해 테두리를 설정해 보세요. [모든 테두리]를 선택하면 엑셀의 모든 셀을 구분할 수 있는 테두리가 나타나요.

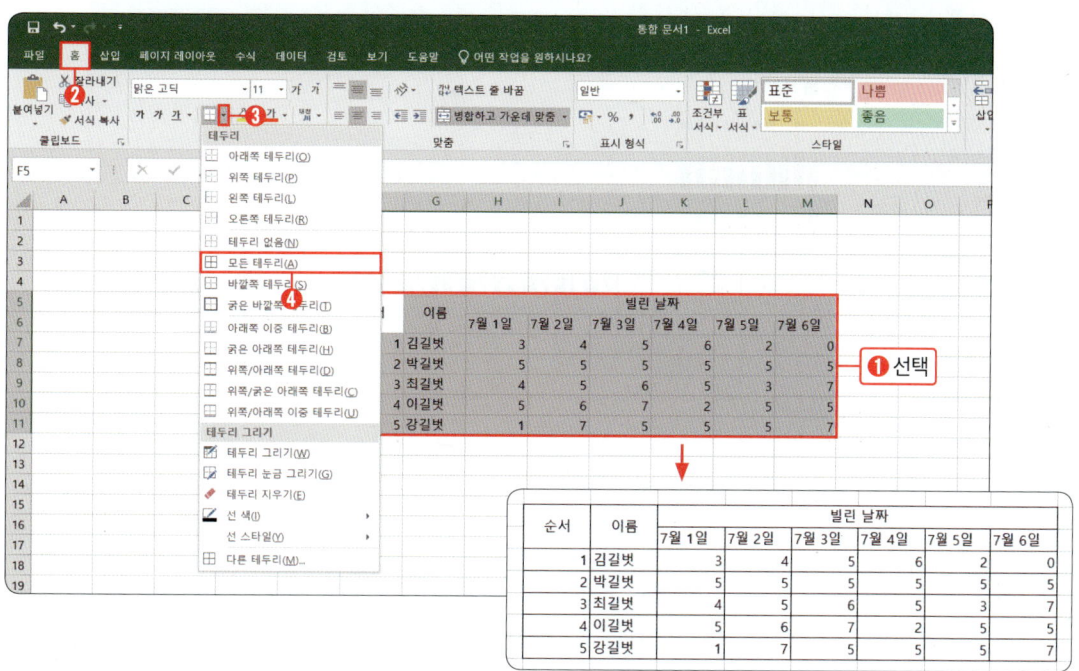

04 [굵은 바깥쪽 테두리]를 누르면 지정된 범위의 바깥 테두리가 두꺼워집니다.

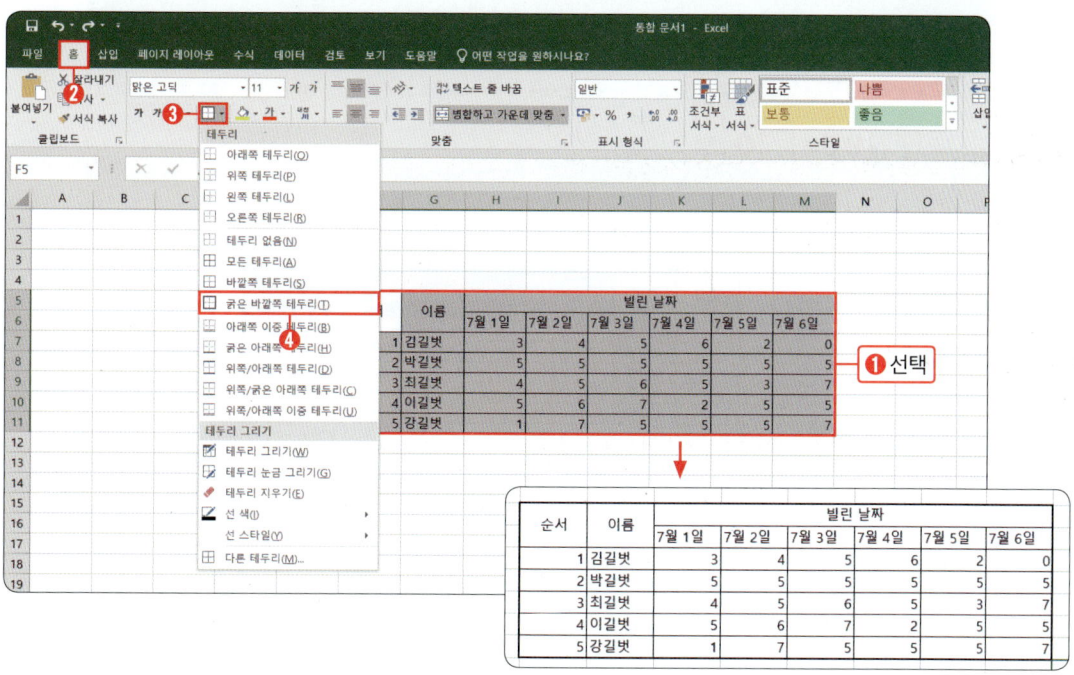

05 입력한 글자의 크기나 색을 바꿔 볼까요? 셀을 선택한 후 [홈] 탭-'글꼴' 그룹에서 원하는 글자의 크기나 색깔, 글꼴을 바꿀 수 있어요.

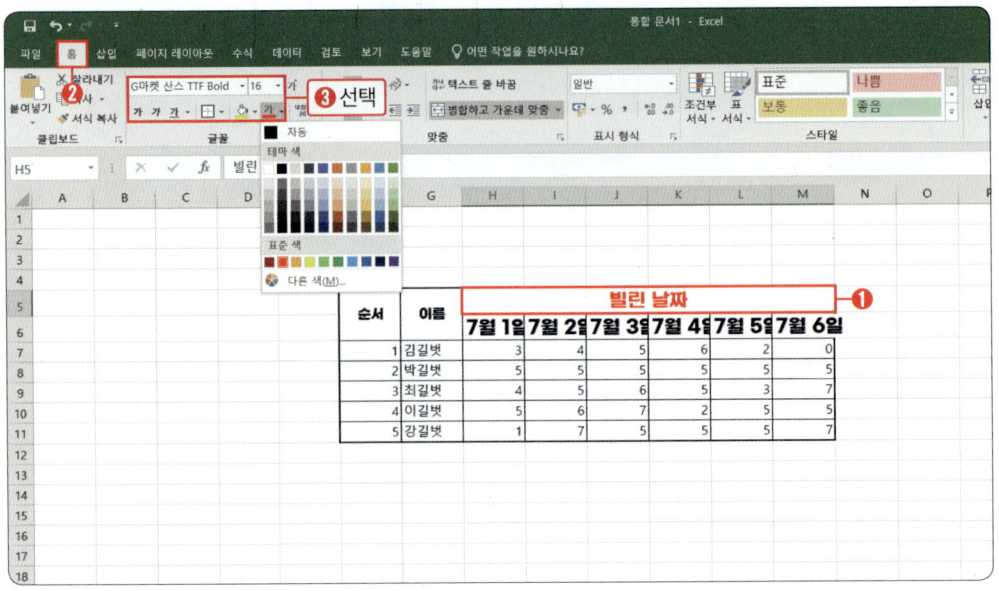

06 [홈] 탭-'글꼴' 그룹에서 [채우기]를 선택하면 셀의 색깔을 원하는 색으로 바꿀 수 있고, [홈] 탭-'맞춤' 그룹에서 글자의 정렬을 왼쪽 정렬, 가운데 정렬, 오른쪽 정렬로 설정할 수 있어요.

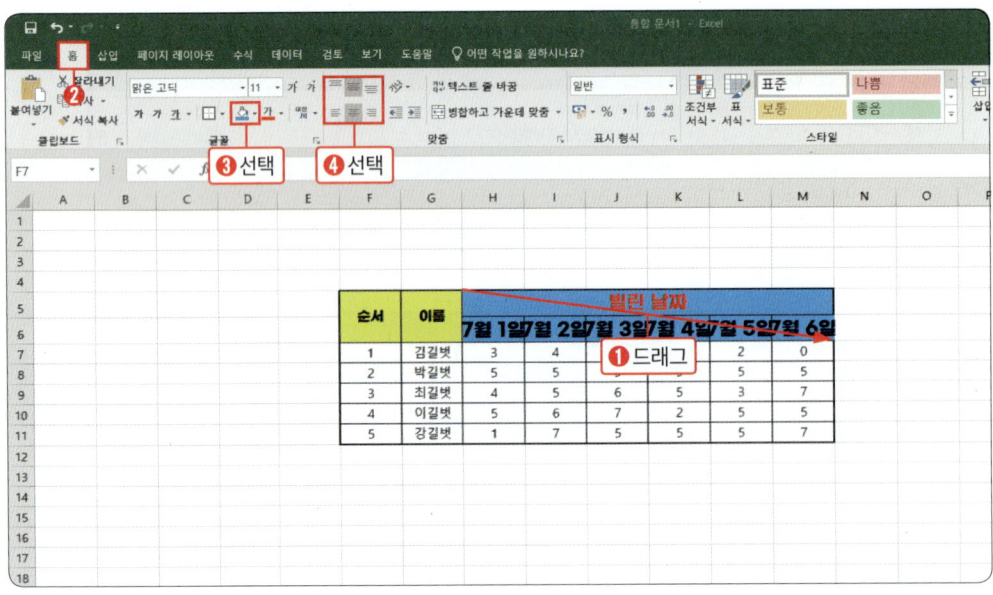

07 글자의 크기가 크거나 입력한 글자가 많으면 한 셀 안에 전부 담기지 않을 수 있어요. 글자가 보이지 않는다면 셀의 크기를 조절해 봅시다. 행과 행 사이 또는 열과 열 사이의 경계선에 마우스 커서를 올리면 마우스 커서가 ✥ 모양으로 바뀝니다. 이때 마우스 왼쪽 버튼을 누른 상태에서 커서를 움직이면 셀의 크기를 조절할 수 있어요.

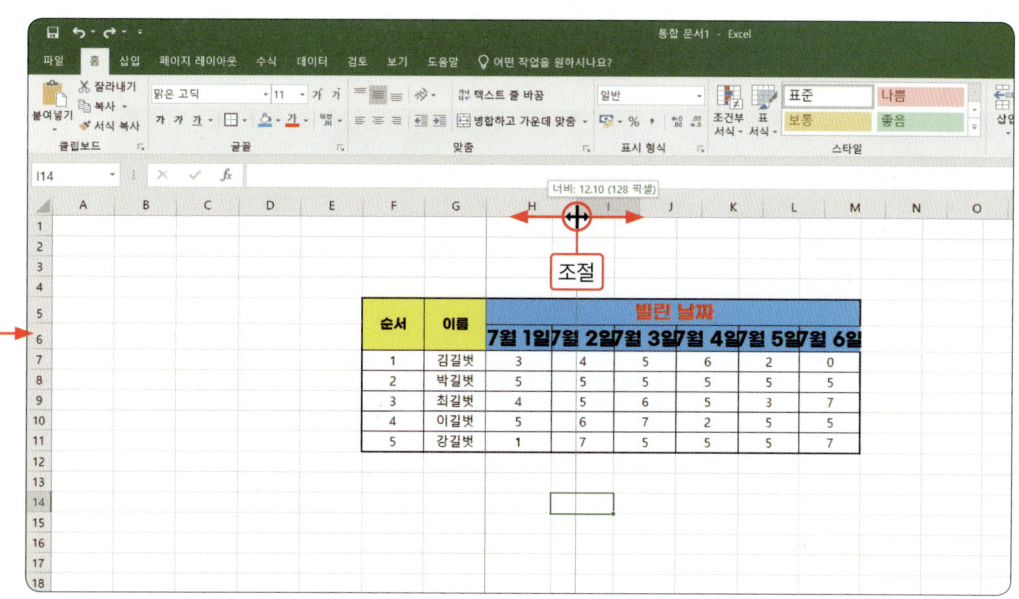

> **잠깐만요** 여러 셀의 크기를 한 번에 바꾸고 싶어요
>
> 여러 셀의 크기를 한꺼번에 조절하고 싶다면 크기를 바꾸고 싶은 셀의 열 머리글을 드래그하여 모두 선택하고 선택된 부분의 경계선 부분을 드래그해 보세요. 선택된 셀의 크기가 모두 바뀐답니다.
>
>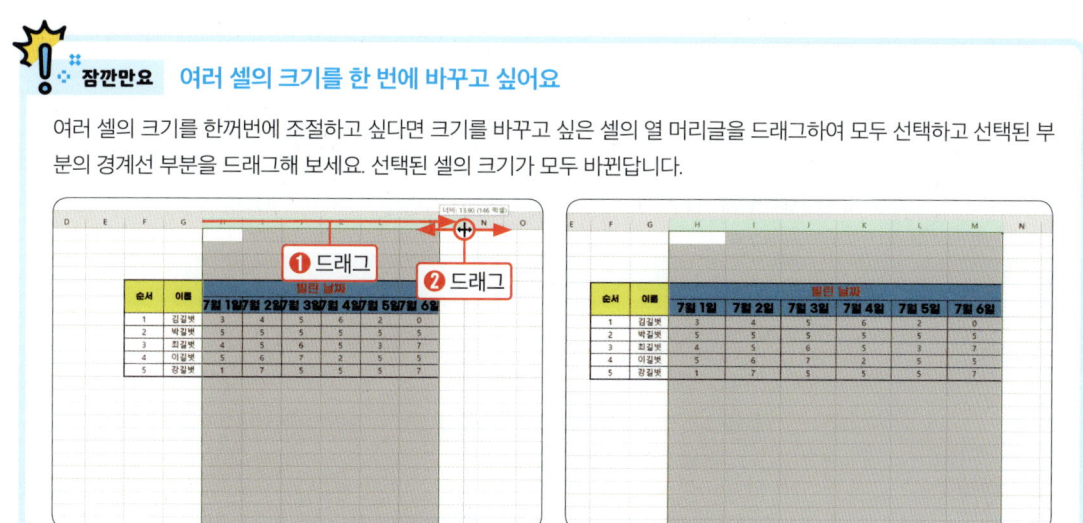

데이터 복사하기

01 입력한 데이터를 복사하거나 옮겨 볼까요? 먼저 데이터가 입력된 셀을 마우스 왼쪽 버튼으로 드래그한 뒤 선택하고 [홈] 탭-'클립보드' 그룹에서 '복사' 메뉴를 선택해요.

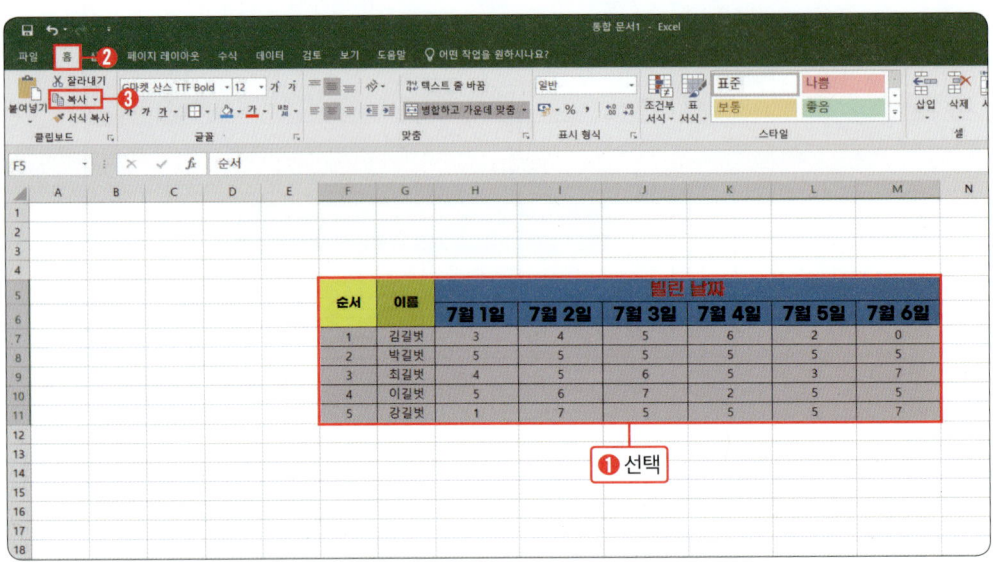

02 선택된 셀의 테두리가 점선으로 바뀌었죠? 데이터를 붙여넣을 셀을 선택한 후 [홈] 탭-'클립보드' 그룹에서 [붙여넣기]를 클릭해 보세요.

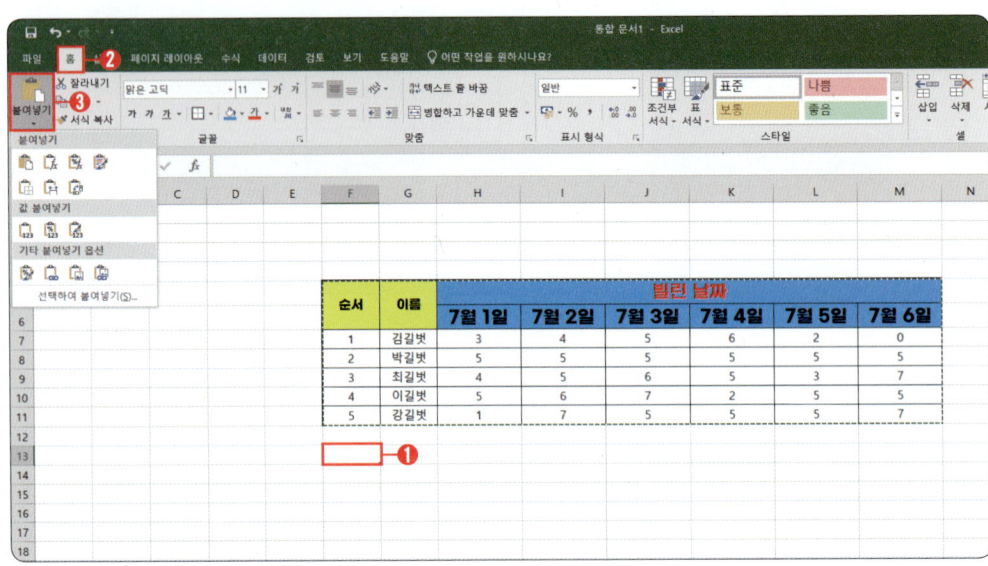

03 같은 데이터가 하나 더 생깁니다.

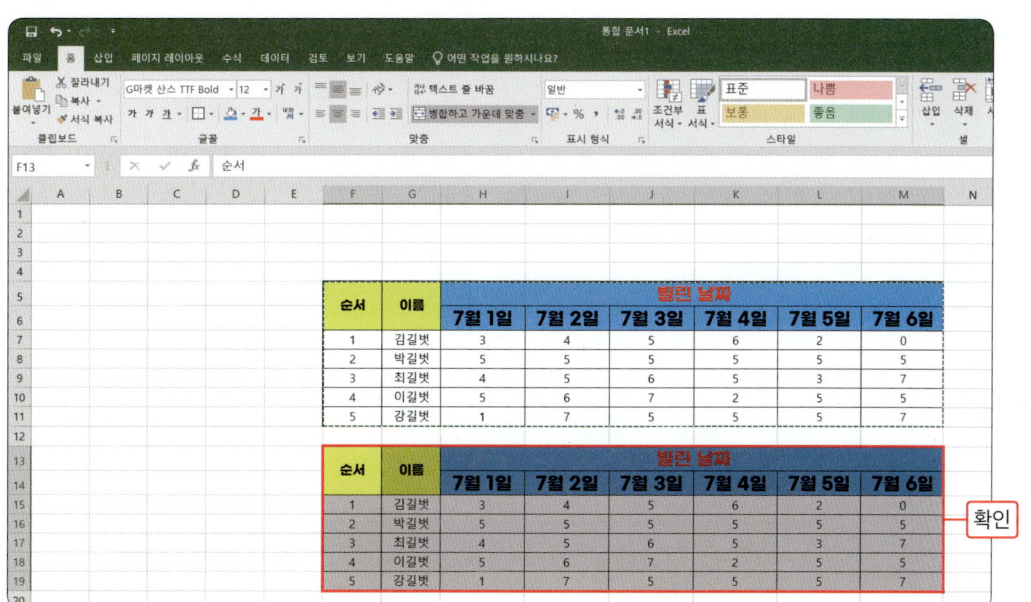

> **TipTalk** 앞에서 배운 복사와 붙여넣기 단축키인 Ctrl+C, Ctrl+V를 이용해도 좋아요!

04 [붙여넣기] 대신 [값 붙여넣기]를 선택하면 서식이 적용되지 않은 상태로 데이터의 내용만 붙여넣기됩니다.

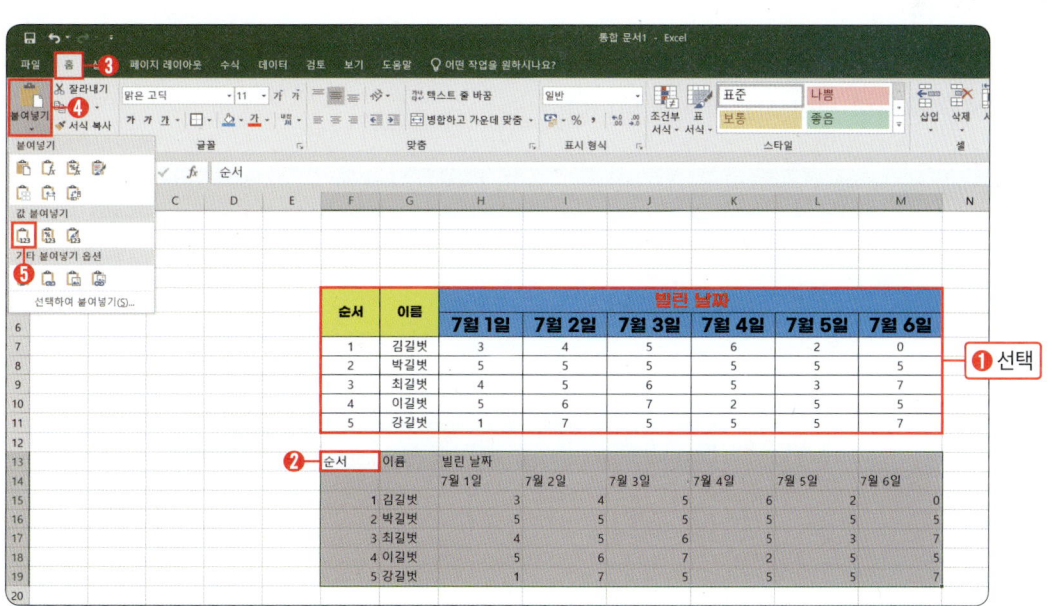

> **TipTalk** '서식'이란 여러분이 변경한 글꼴, 색상, 크기 등을 의미해요.

입력한 데이터 계산하기

01 엑셀에 입력한 데이터를 쉽고 빠르게 계산하는 다양한 방법을 살펴볼게요. 먼저 각각의 데이터를 더해 볼까요? 계산한 결괏값을 표시할 셀을 선택한 후 '='을 입력해요.

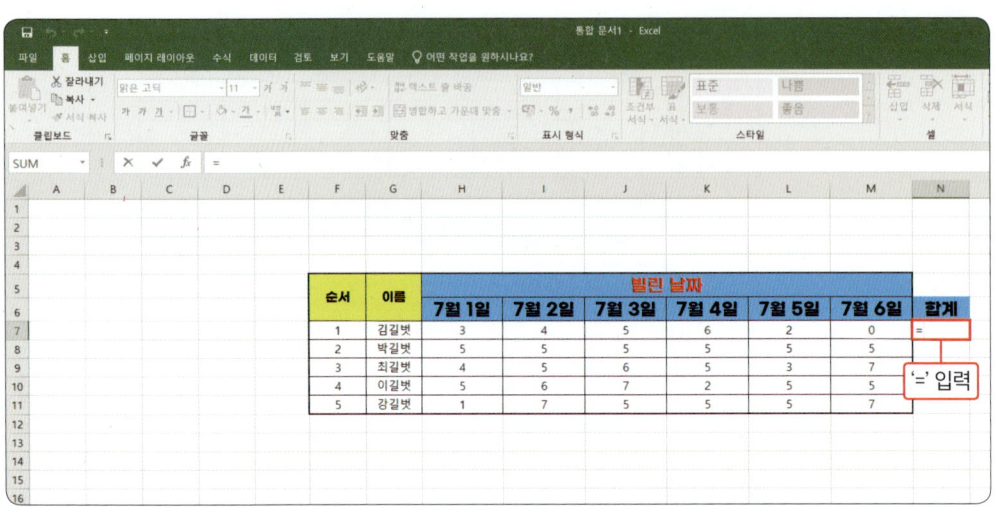

TipTalk 계산이 완료된 값을 '결괏값'이라고 해요.

02 더하려는 값이 포함된 셀 클릭해 볼까요? 선택한 셀의 테두리가 점선으로 바뀌고, 결괏값 셀에는 선택된 셀의 이름이 표시됩니다.

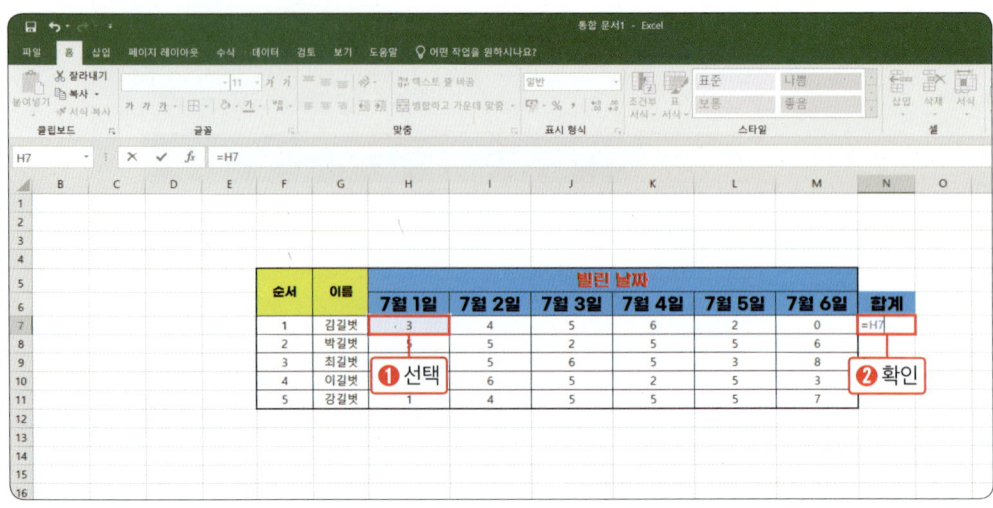

03 결괏값 셀에 '+'를 입력하고 다른 셀을 클릭하면 '+' 옆에 새로 선택한 셀의 이름이 나타납니다.

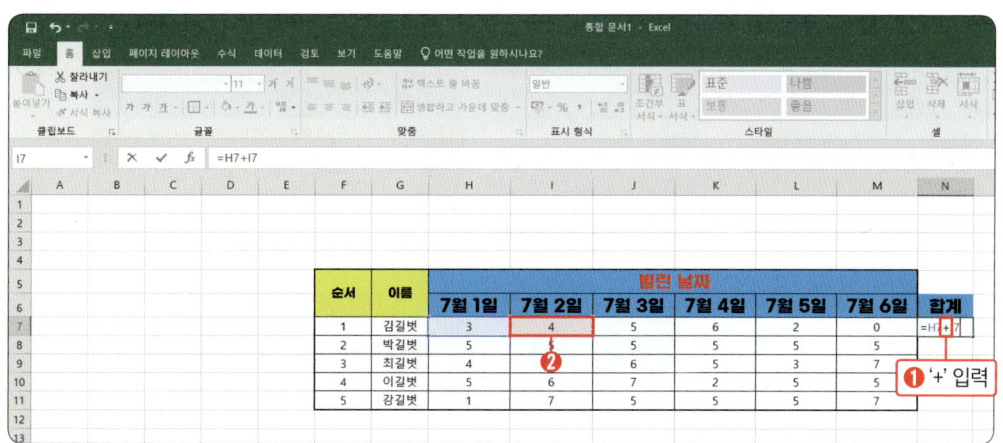

04 더하려는 셀을 모두 선택한 후 Enter를 눌러 보세요. 선택한 셀의 합이 표시됩니다.

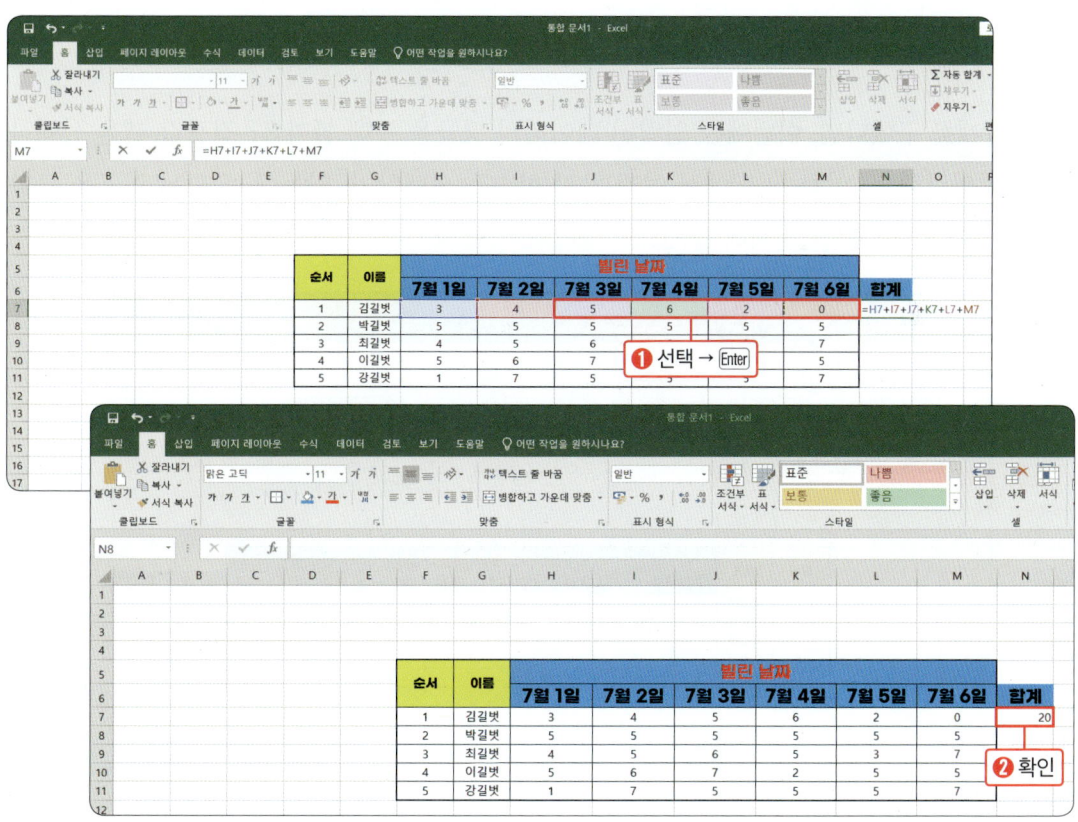

TipTalk 같은 방법으로 뺄셈, 곱셈, 나눗셈도 할 수 있어요. 뺄셈은 '-' 기호, 곱셈은 '*' 기호, 나눗셈은 '/' 기호를 이용해 계산하면 됩니다.

05 다음 행에서도 똑같은 계산을 해 볼게요. 결괏값 셀을 선택하고, 셀의 오른쪽 아래에 있는 점 위에 마우스 커서를 올립니다. 마우스 커서가 ✚ 모양으로 바뀌면 아래로 드래그해 보세요. 각 셀의 값이 자동으로 계산됩니다.

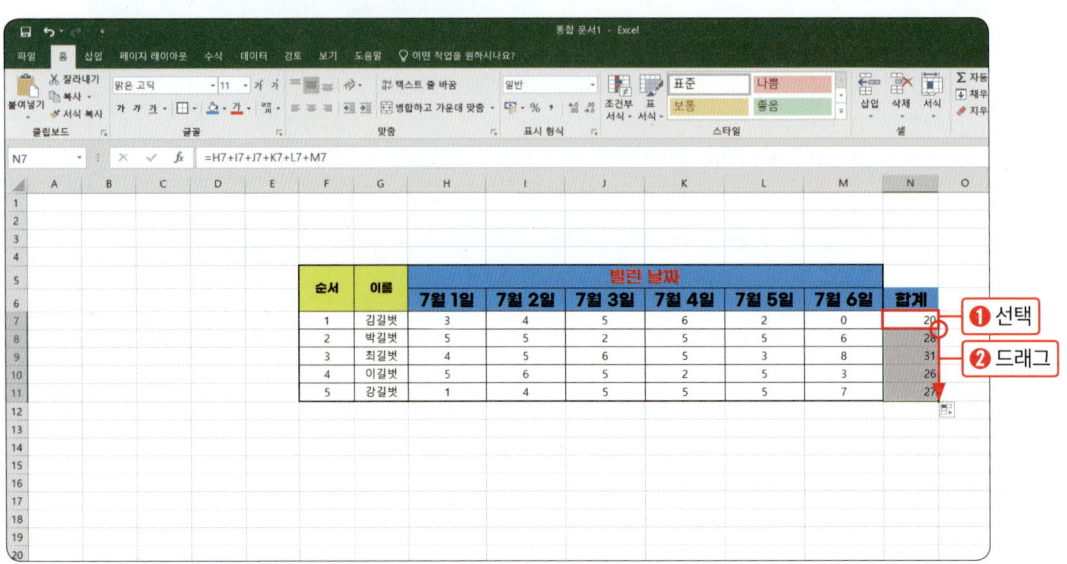

06 합계를 구했다면, 이번에는 입력된 데이터의 평균을 구해 볼까요? 결괏값 셀을 선택하고 '='을 입력해요. '이름 상자'에서 여러 가지 함수를 선택할 수 있는데, 우리는 평균을 구할 수 있는 'AVERAGE'를 선택해 볼게요.

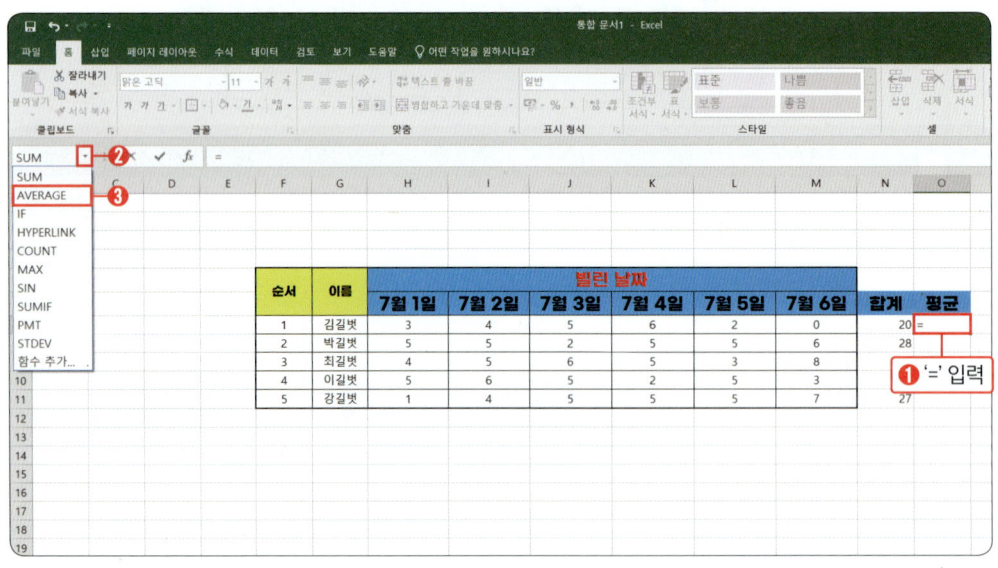

TipTalk 'AVERAGE'는 영어로 '평균'이라는 뜻이에요.

07 새 창이 나타나면 평균을 구하고 싶은 영역의 셀을 드래그해 선택해요.

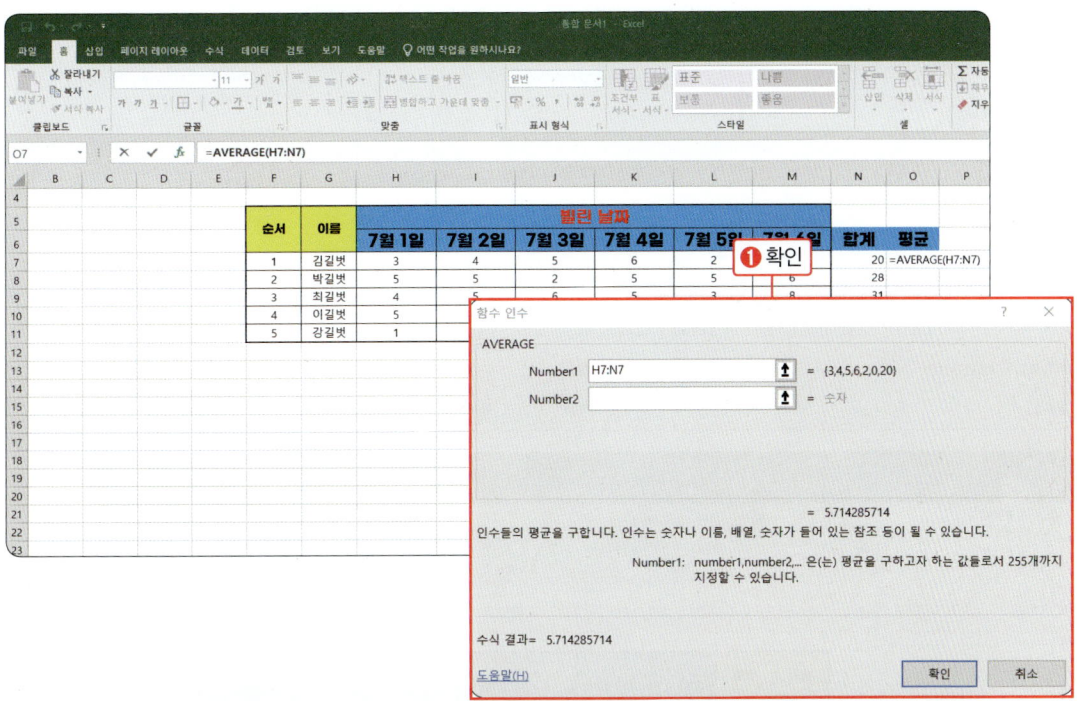

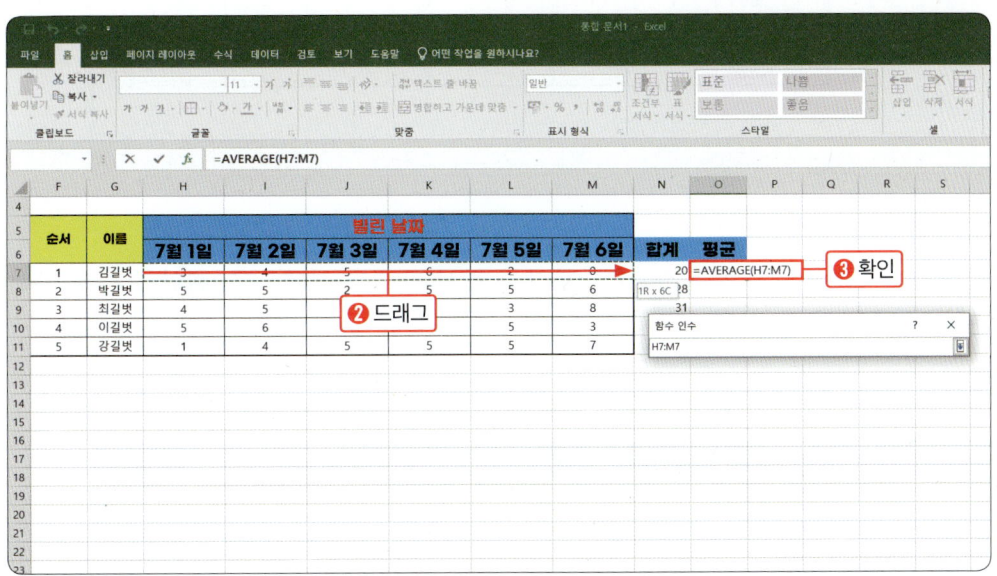

잠깐만요 '함수'란 무엇인가요?

엑셀의 '함수'는 미리 정해둔 식에 데이터만 입력하면 계산 결과를 바로 얻을 수 있는 기능이에요. 함수를 사용하면 복잡한 계산에 걸리는 시간을 단축할 수 있답니다. 셀의 개수가 많은 경우 더욱 유용하게 사용할 수 있어요.

대표적인 함수로는 선택된 셀의 값을 모두 더하는 'SUM', 숫자가 포함된 셀의 개수를 세는 'COUNT', 조건을 만족하는 값을 구하는 'IF'가 있어요.

08 [확인]을 누르면 평균이 계산되어 나타납니다.

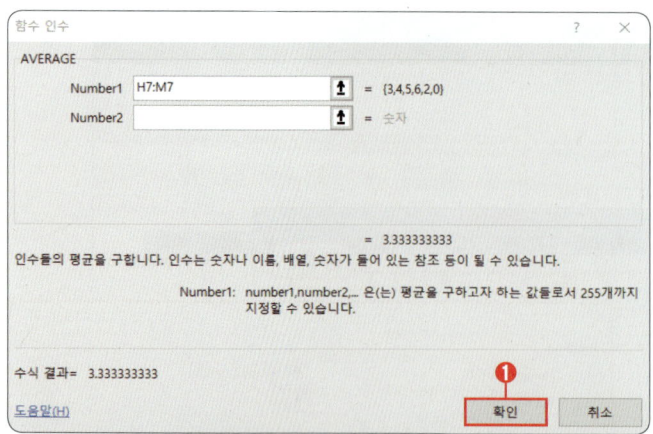

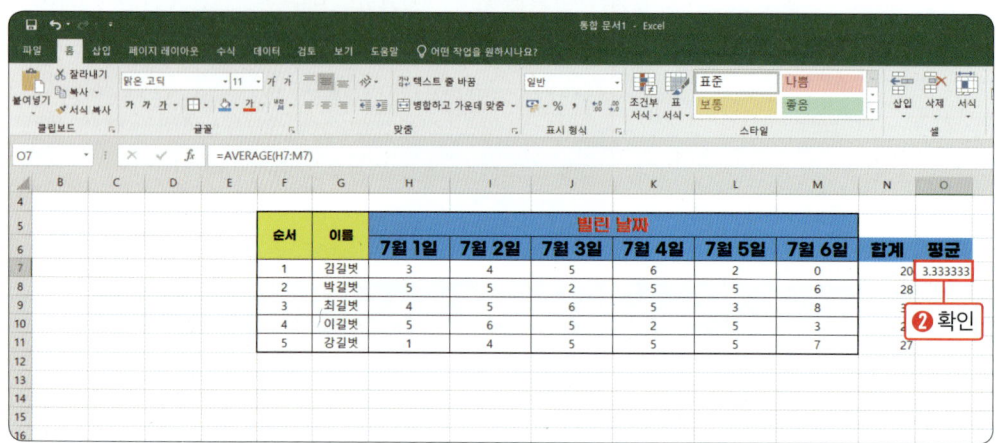

09 다음 행의 평균을 계산해 볼까요? 결괏값이 표시된 셀을 선택하고, 셀의 오른쪽 아래에 있는 점 위에 마우스 커서를 올려 보세요. 마우스 커서가 ✚ 모양으로 바뀌면 아래로 드래그해 보세요. 다른 셀의 평균도 자동으로 계산됩니다.

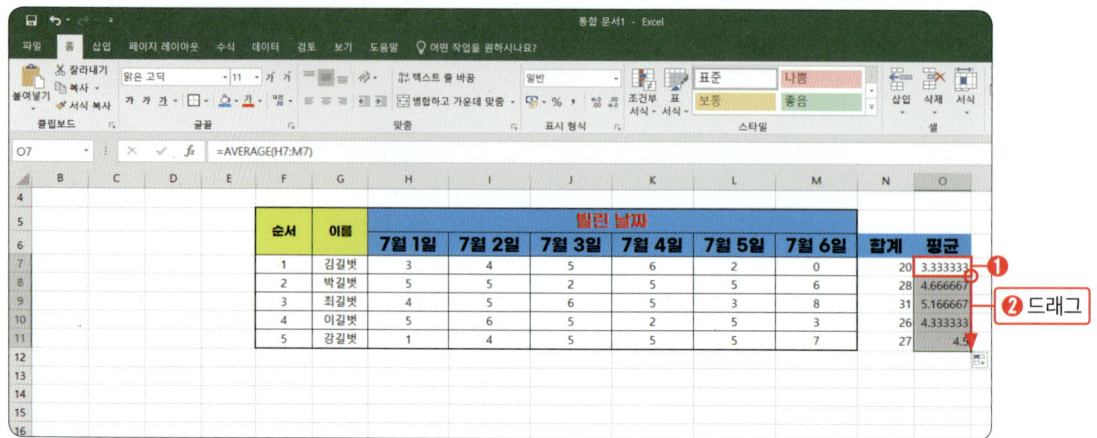

작업 내용 저장하기

01 지금까지 제작한 내용을 저장해 볼까요? 여러분의 컴퓨터에 작업 내용을 엑셀 파일로 저장해 봅시다. [파일] 탭을 클릭하고 [다른 이름으로 저장]-[이 PC]를 선택해요.

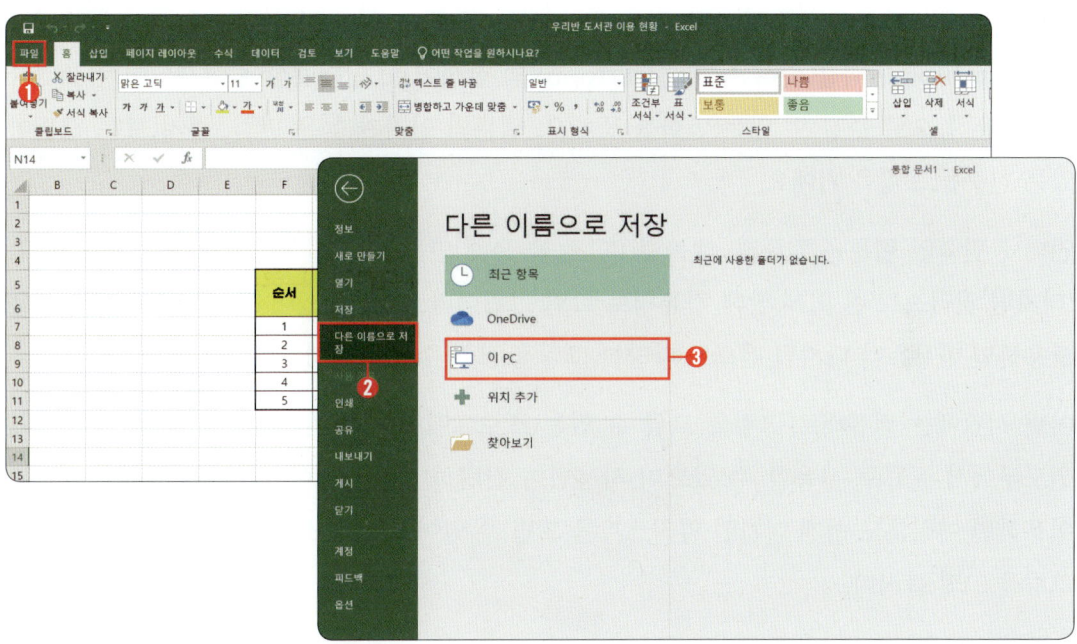

02 '다른 이름으로 저장' 창이 열리면 파일을 저장할 폴더를 지정하고 파일의 이름을 수정한 후 [저장]을 클릭해요.

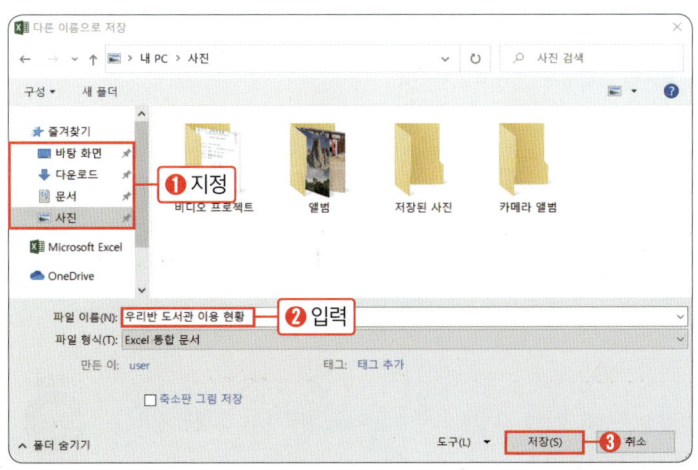

> **TipTalk** 작업 도중에도 파일을 자주 저장하는 것이 좋아요. 프로그램에 오류가 생겨 종료되거나 컴퓨터가 갑자기 꺼지는 상황에 대비해야 하기 때문이에요.

그림판을 활용해 그림을 그려요

스마트폰이나 컴퓨터를 통해 '웹툰(WebToon)'을 본 적이 있나요? '웹툰'은 인터넷을 뜻하는 '웹(web)'과 만화를 뜻하는 '카툰(cartoon)'의 합성어로, 인터넷상에 연재되어 컴퓨터나 스마트폰 등으로 즐길 수 있는 만화를 뜻해요. 웹툰의 인기가 높은 만큼, 즐겨 보는 웹툰이 있는 친구들도 많을 거예요.

인터넷 만화인 웹툰은 컴퓨터, 태블릿 PC 등을 통해 만든 '디지털 일러스트'의 일종이에요. '디지털 일러스트'란 쉽게 말해 컴퓨터로 그린 그림이라고 할 수 있어요. 그리기 프로그램을 활용하면 마우스나 디지털 펜으로 다양한 그림을 그릴 수 있답니다.

이번 시간에는 컴퓨터로 그림을 그릴 수 있는 프로그램인 '그림판 3D'에 대해 살펴볼게요. 윈도우에서 무료로 사용할 수 있으며 사용법이 간단하다는 장점이 있어요. '그림판 3D'를 이용하면 여러분도 쉽게 디지털 일러스트를 그릴 수 있어요. 마우스로 간단하게 내가 원하는 그림을 그려 봅시다.

요즘에는 '디지털 드로잉'이 유행이래.

맞아. 태블릿 PC를 이용해서 그림을 많이 그리더라고.

요즘 우리가 열심히 배우고 있는 컴퓨터를 활용해서 그림을 그리는 방법은 없을까?

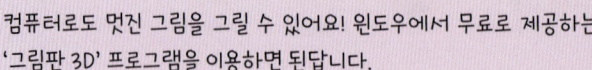
컴퓨터로도 멋진 그림을 그릴 수 있어요! 윈도우에서 무료로 제공하는 '그림판 3D' 프로그램을 이용하면 된답니다.

다른 도구가 필요하진 않나요?

마우스만 이용해도 충분히 그림을 그릴 수 있어요. 지금부터 '그림판 3D' 사용 방법을 알아볼까요?

그림판 3D 시작하기

> 그림판 3D 실행하기 <

'그림판 3D'는 윈도우에서 제공하는 무료 그래픽 프로그램입니다. 이 프로그램은 활용하면 컴퓨터로 간단히 그림을 그릴 수 있어요. '그림판 3D'는 기존 보조 프로그램인 '그림판'과는 다른 프로그램입니다. 평면적인 2D 그림뿐만 아니라 입체적인 3D 그림까지 표현할 수 있고, 다양한 브러시와 도구들이 추가됐습니다.

'그림판 3D' 프로그램을 실행해 볼게요. 작업표시줄의 [시작](⊞) 버튼을 클릭하고 '그림판 3D' 프로그램을 찾아 실행해요. '그림판 3D' 창이 나타나면 새로운 작업을 시작하기 위해 [새로 만들기] 메뉴를 클릭합니다.

TipTalk '그림판 3D' 대신 '그림판' 앱만 보인다고요? 작업표시줄 검색창에 'microsoft store'를 입력해 마이크로소프트 스토어에 접속하고 '그림판 3D'를 설치해 보세요.

〉그림판 3D 작업화면 살펴보기 〈

그림판 3D 작업 화면 상단의 메뉴를 클릭하면 그리기 및 삽입 도구를 선택할 수 있어요. 어떤 기능이 있는지 하나씩 살펴볼까요?

❶ **브러시**: 마커, 붓글씨 펜, 유화 브러시, 수채화 등 다양한 브러시를 선택해 그림을 그릴 수 있어요. 브러시의 종류에 따라 그림의 느낌이 확 달라진답니다. 브러시를 선택해 원하는 분위기의 그림을 그려 보세요. 브러시의 두께, 질감, 색상 등도 설정할 수 있어요.

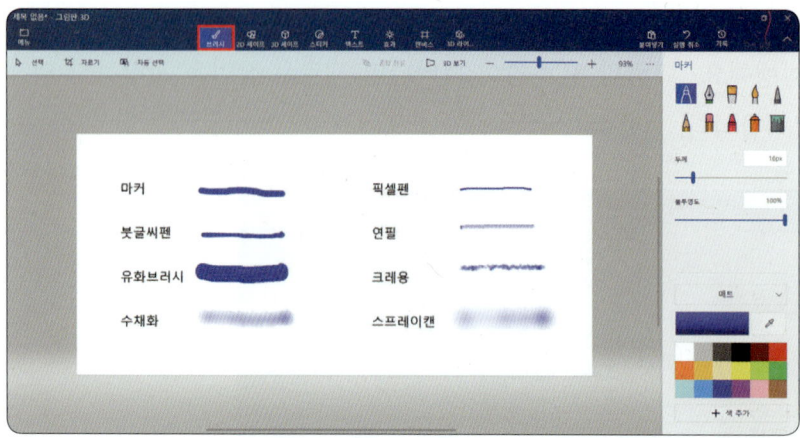

❷ **2D 셰이프**: 직선, 곡선이나 원, 캡슐, 사각형, 둥근 사각형 등 2D 도형을 삽입하는 기능이에요. 도형의 선 색깔, 두께, 불투명도를 설정할 수도 있어요.

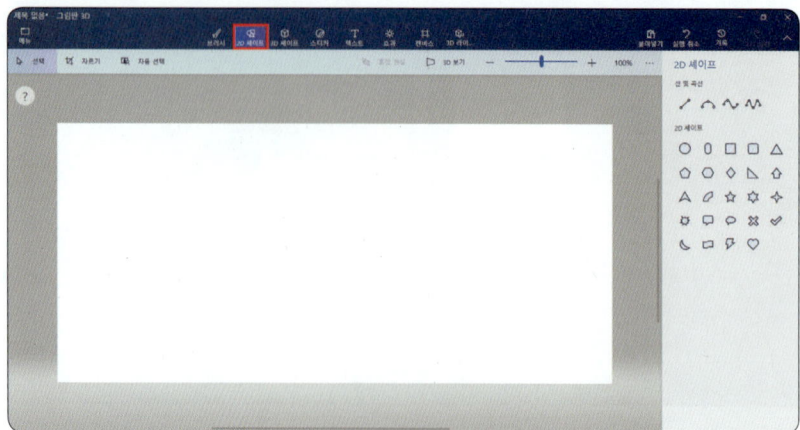

❸ **3D 셰이프**: 정육면체, 구형, 원뿔형 등 3D 도형이나 남자, 여자, 개 등의 3D 모델 형태를 삽입하는 기능이에요. 3D 도형의 두께나 불투명도, 방향 등도 원하는 대로 설정할 수 있어요.

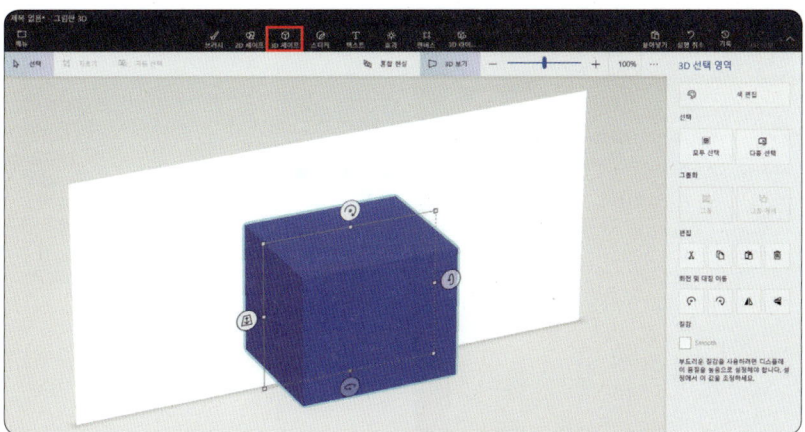

❹ **스티커**: 별, 태양, 구름 등 여러 가지 모양의 스티커를 넣을 수 있어요. 스티커의 불투명도, 재질, 방향 등도 설정할 수 있습니다.

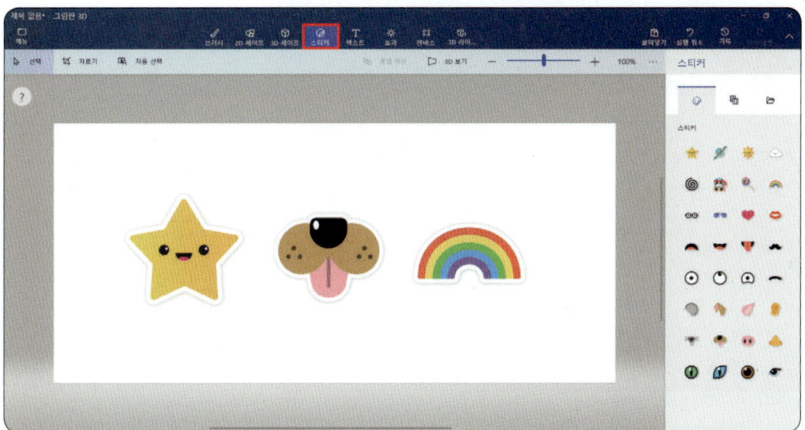

❺ **텍스트**: 2D 또는 3D 텍스트를 삽입하고 글꼴, 크기, 스타일 등을 설정할 수 있어요.

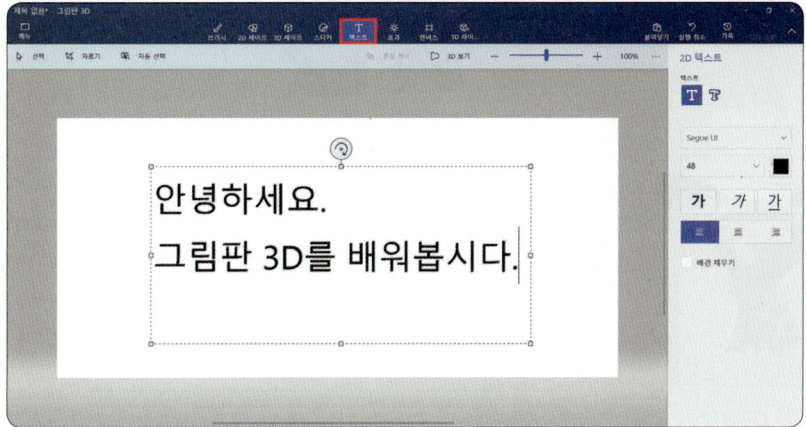

❻ **효과**: '필터' 효과를 이용해 캔버스에 색을 넣거나, '조명' 효과를 이용해 위치에 따른 밝기를 다르게 설정할 수도 있어요.

❼ **캔버스**: 그림을 그리는 캔버스의 크기를 조절하거나 배경을 투명하게 만들 수 있어요.

❽ **3D 라이브러리**: 이미 완성된 입체 그림을 검색해 캔버스에 삽입할 수 있어요.

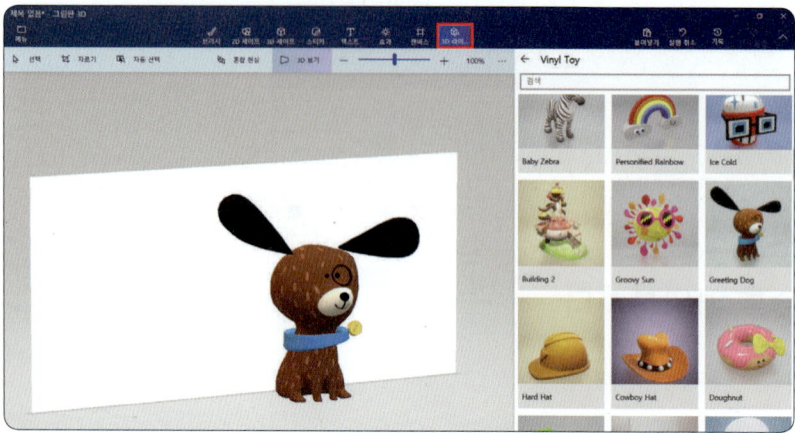

# 그림판을 활용하여 그림 그리기

01 여러 가지 브러시와 2D 셰이프 기능을 활용하여 그림을 그려 보겠습니다. 먼저 곡선을 만들어 볼까요? [2D 셰이프]를 클릭하고 오른쪽 메뉴의 '선 및 곡선'에서 [3점 곡선](⌒) 버튼을 선택해요.

02 캔버스 위에 마우스를 드래그하면 곡선이 나타납니다. 선 위에 점이 3개 보이죠? 점의 위치를 움직이면서 곡선의 모양을 변경할 수 있어요.

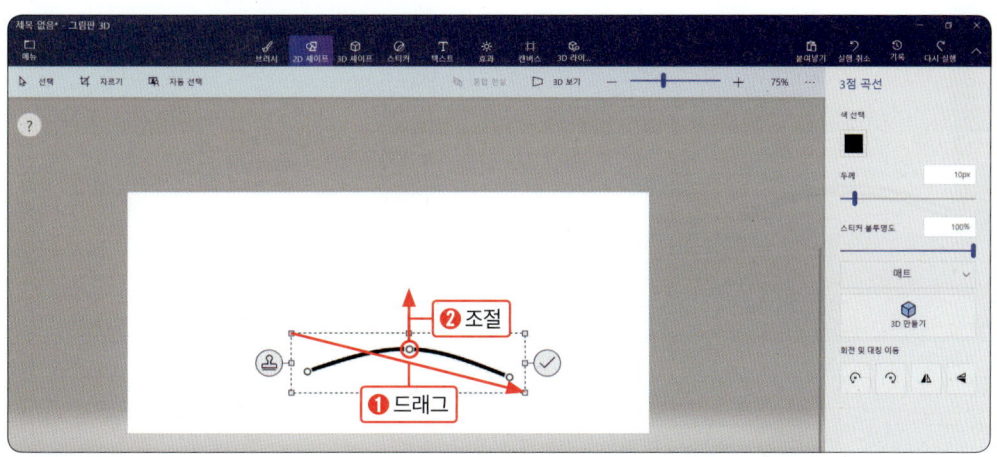

TipTalk 마우스로 캔버스의 다른 부분을 클릭하면 도형 바깥의 점선 테두리가 사라집니다. 이 상태에서는 도형의 모양을 바꿀 수 없어요. 곡선을 클릭하면 다시 선택됩니다.

03 만들어진 곡선의 위치를 바꿔 볼까요? 곡선 위로 마우스 커서를 옮기면 커서가 ✥ 모양으로 바뀌어요. 곡선을 드래그해 위치를 이동합니다.

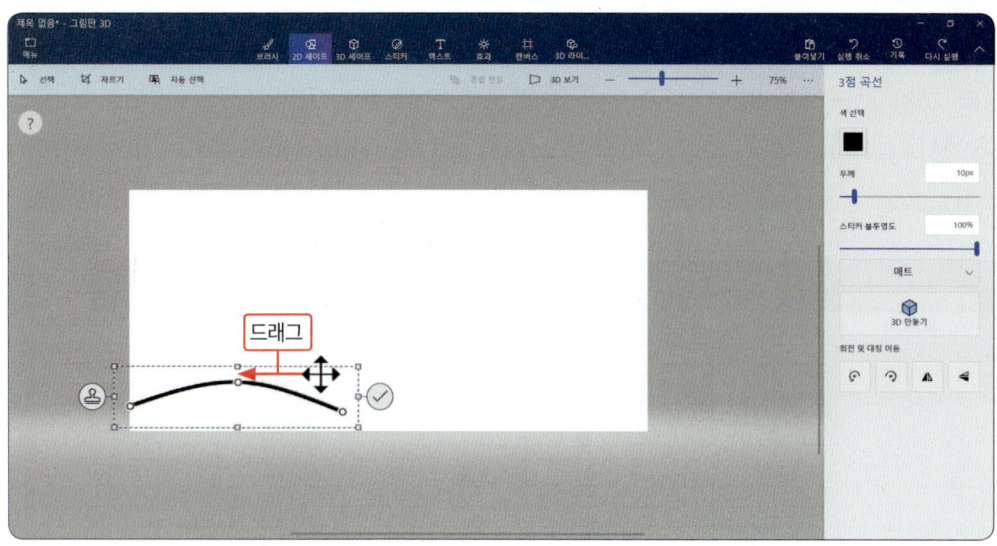

04 곡선을 복사해 같은 모양의 곡선을 추가해 볼까요? 곡선 왼쪽의 버튼을 클릭하면 같은 모양의 곡선이 생깁니다.

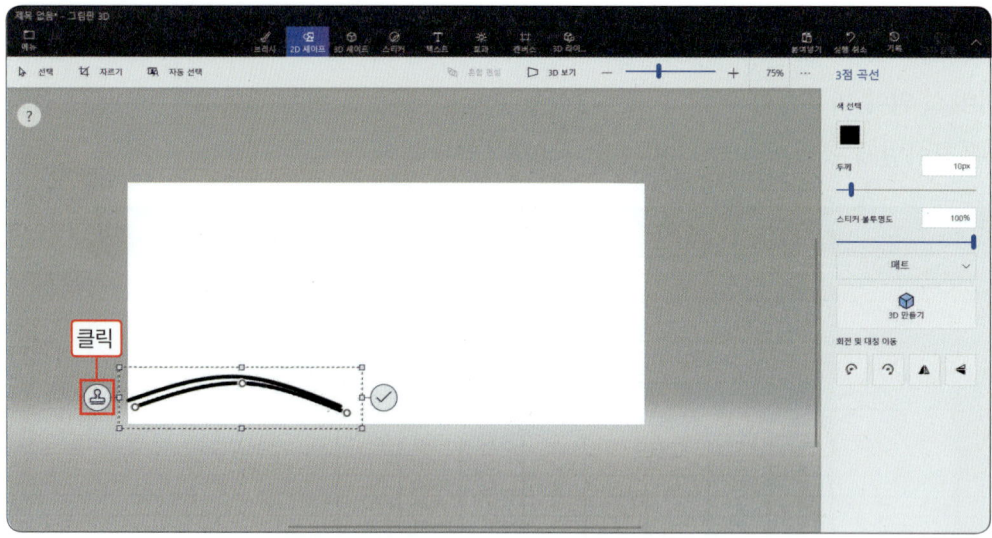

05 복제된 곡선을 드래그해 옮기고, 같은 방법으로 곡선을 하나 더 만들어 아래 그림처럼 만들어 봅시다.

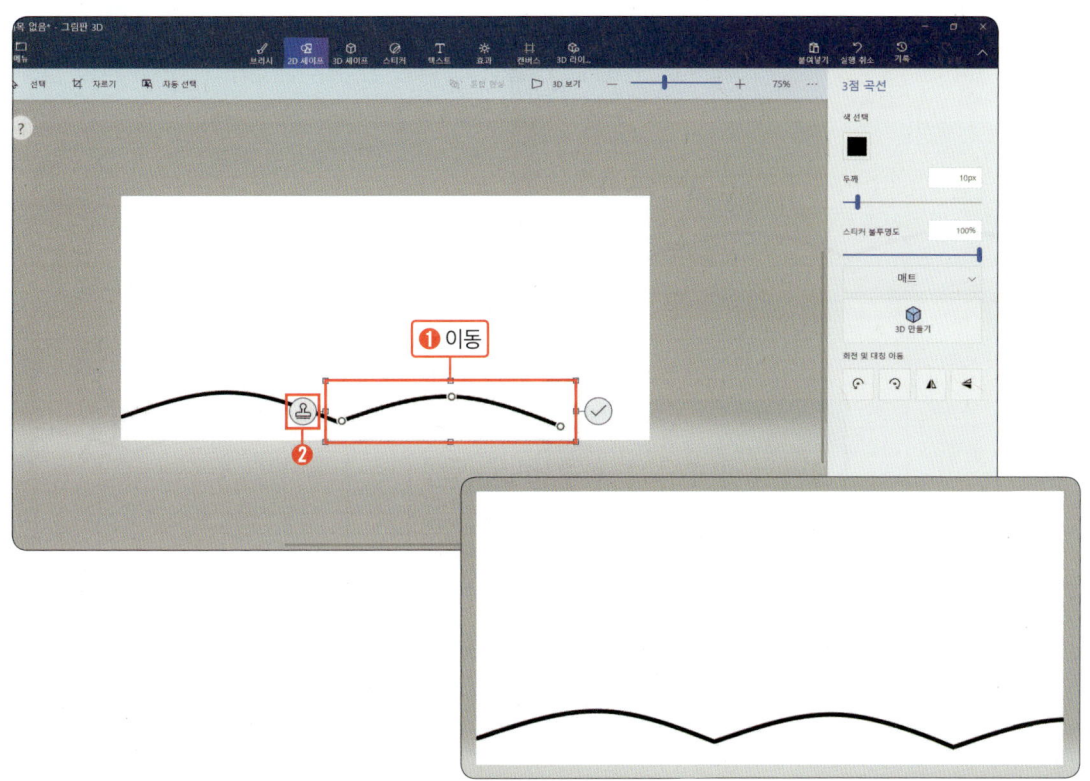

06 4점 곡선 또는 5점 곡선 기능을 활용하면 3점 곡선보다 더 꼬불꼬불한 곡선을 만들 수 있어요. [4점 곡선](〰️) 버튼을 선택해 아래와 같이 곡선을 추가해요.

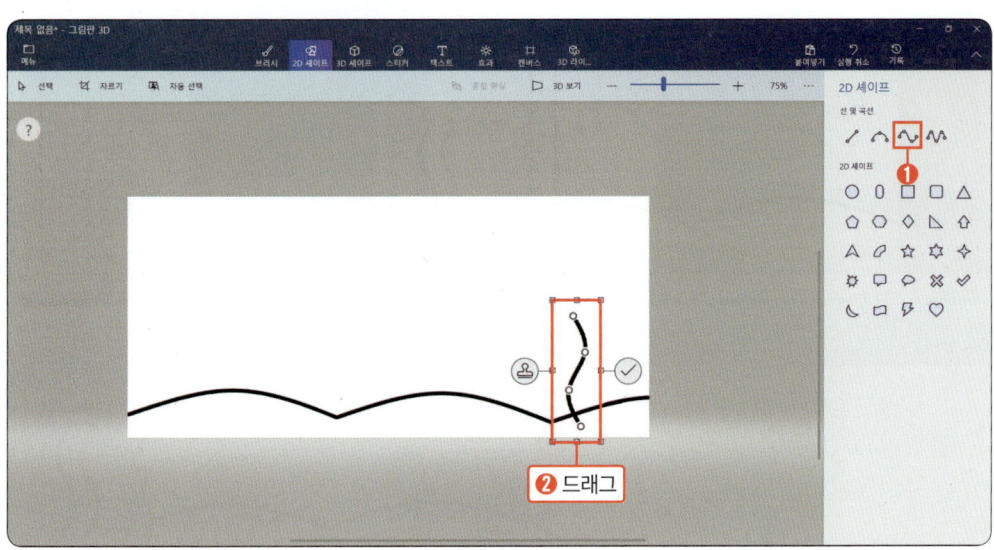

07 ⚲ 버튼을 눌러 같은 모양의 곡선을 만들고 위치를 옮겨요. 그리고 새로운 곡선을 추가해 두 곡선 사이를 연결합니다.

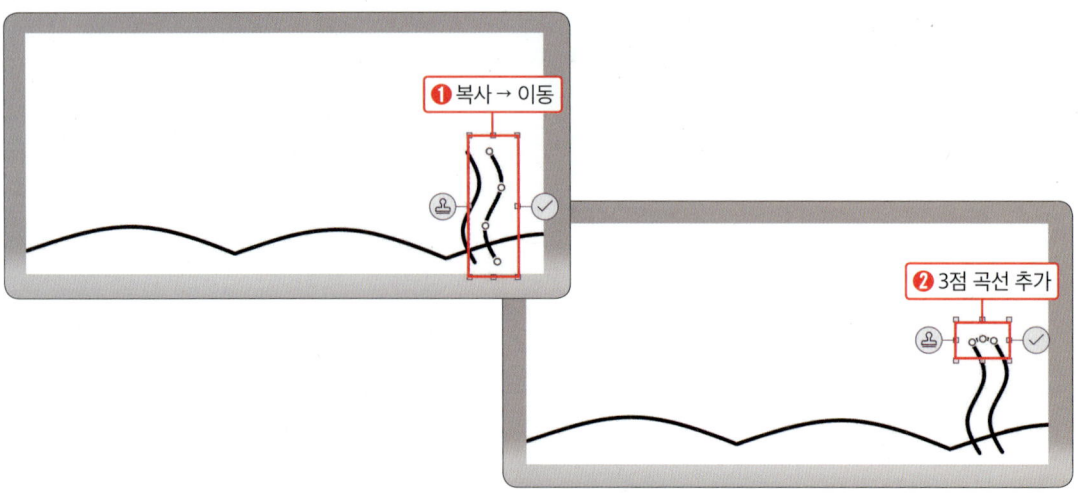

08 그림의 일부분을 지워 볼게요. [브러시]를 클릭하고 [지우개](▮) 버튼을 선택합니다. 마우스 왼쪽 버튼을 누른 상태로 지우고 싶은 부분 위를 드래그합니다. 작은 부분을 지우고 싶다면 '두께'의 숫자를 낮춰 미세하게 지울 수 있어요. **07** 과정과 같은 방법으로 캔버스의 다른 곳에 비슷한 그림을 그려 보세요.

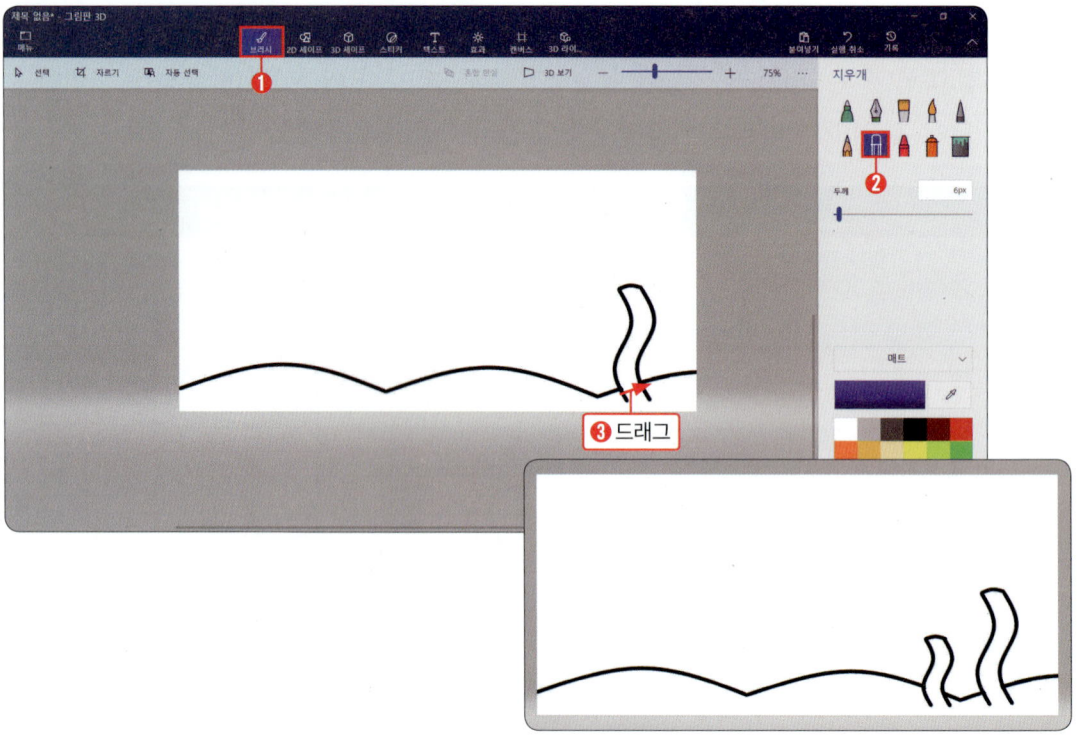

09 [2D 셰이프]를 클릭하고 원하는 도형을 선택한 후 캔버스 위 원하는 위치에 드래그해요.

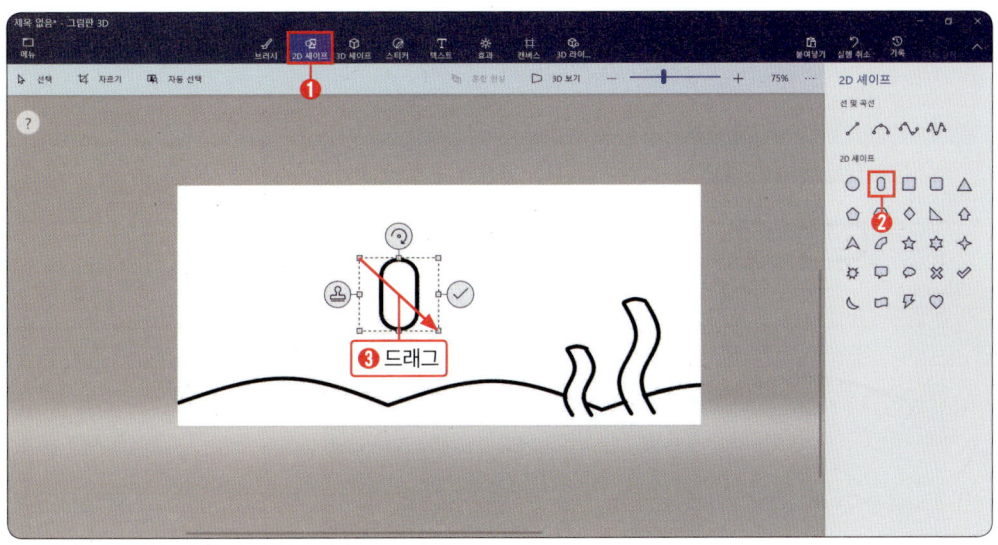

10 도형을 회전시켜 볼까요? 도형 위의 [회전](⟲) 버튼을 드래그하고 원하는 만큼 각도를 조절한 후 마우스 왼쪽 버튼에서 손을 뗍니다.

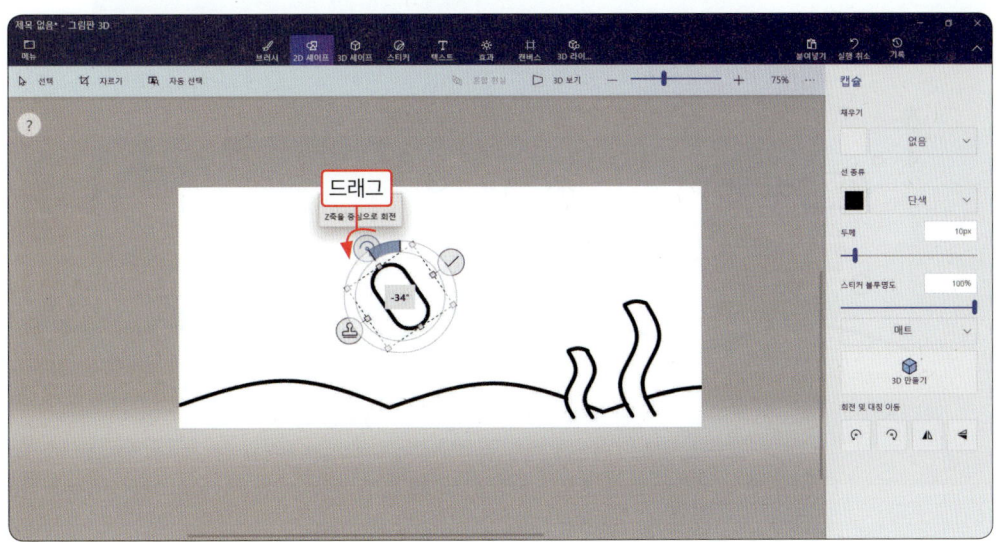

11 🔘 버튼을 클릭해 도형을 복사한 후 위치를 옮겨요. 같은 방법으로 다른 도형도 추가해 보세요.

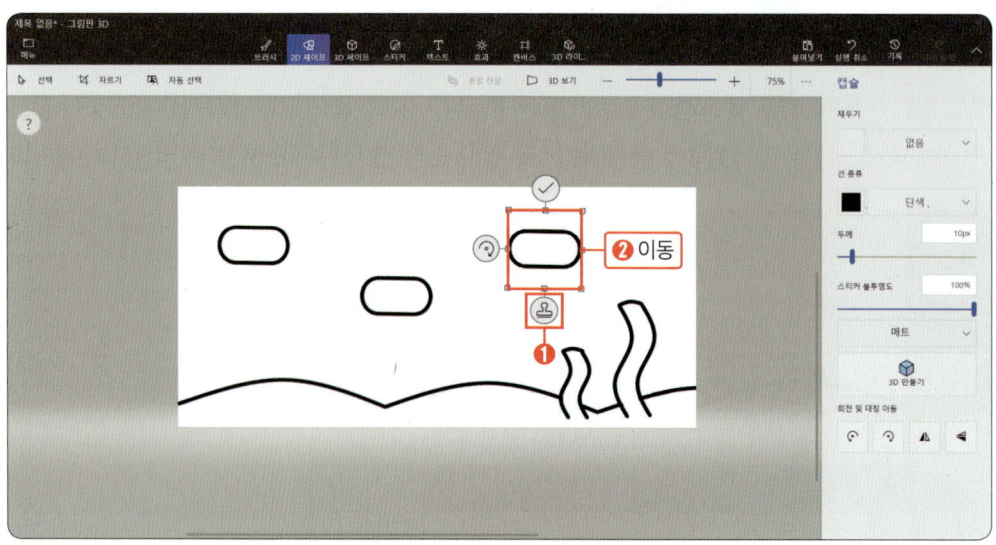

12 아래 이미지를 참고해 그림을 채워 보세요. 2D 셰이프 기능을 활용하면 되겠죠?

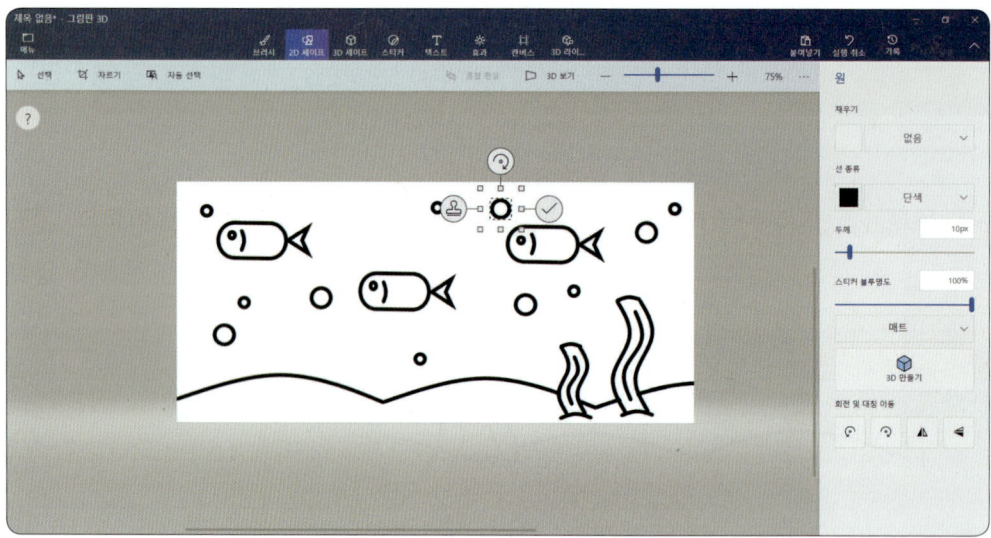

13 [브러시]의 '마커'나 '픽셀 펜' 기능을 활용해 선을 추가해 보세요.

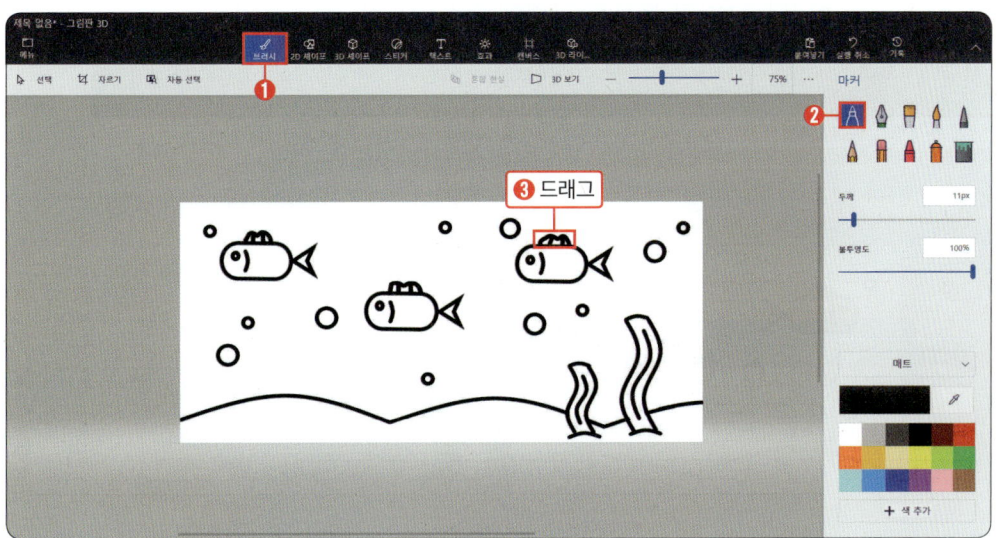

14 그림을 색칠해 볼까요? [브러시]의 '채우기'를 클릭하고 원하는 색을 고른 후 선 안의 빈곳을 클릭하세요.

> **TipTalk** '채우기' 기능의 '허용 오차'에서는 채우기의 정밀도를 조절할 수 있어요. 전체를 채우고 싶으면 허용 오차를 '100%'로, 설정하고 색을 아주 조금만 채우려면 '0%'에 가깝게 설정해요.

15 '채우기' 기능을 이용하면 선을 다른 색으로 칠할 수도 있어요. 원하는 색을 고른 후 선을 클릭해 색을 변경합니다. 나머지 부분도 그림에 어울리도록 꾸며 보세요.

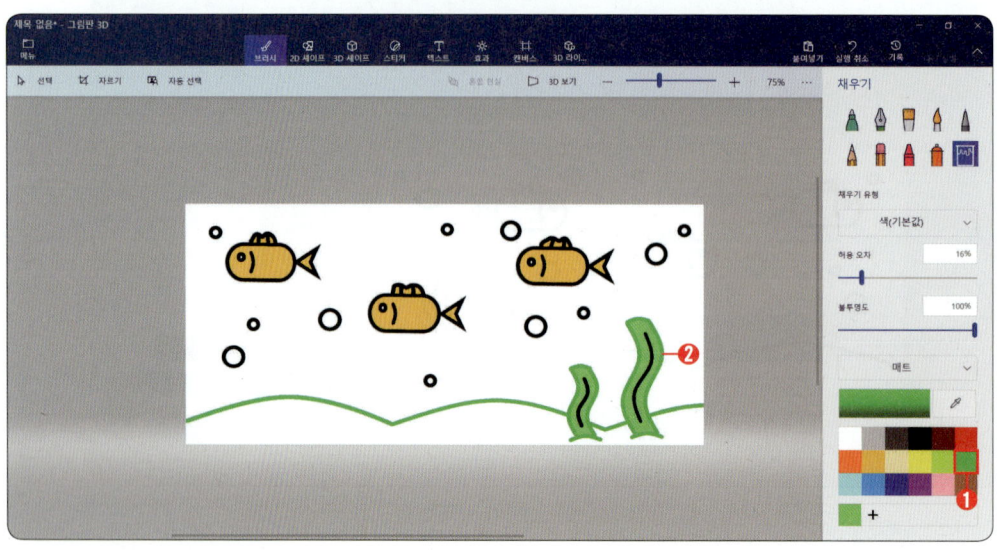

TipTalk 이미 색칠된 부분의 색을 수정하는 방법도 간단해요. 다른 색을 고른 후 이미 칠해진 곳을 다시 클릭하면 색이 변경됩니다.

잠깐만요 팔레트에 내가 원하는 색이 없어요

만약 오른쪽 창에 원하는 색이 없다면 [색 추가]를 클릭해 보세요. '새 색 선택' 창에서 내가 원하는 색을 고르고 [확인]을 클릭하면 된답니다.

작업 내용 저장하기

01 지금까지 그린 그림을 저장해 볼까요? [메뉴]를 클릭합니다.

02 화면이 바뀌면 [다른 이름으로 저장]을 클릭하고 '파일 형식 선택'에서 [이미지]를 클릭해요.

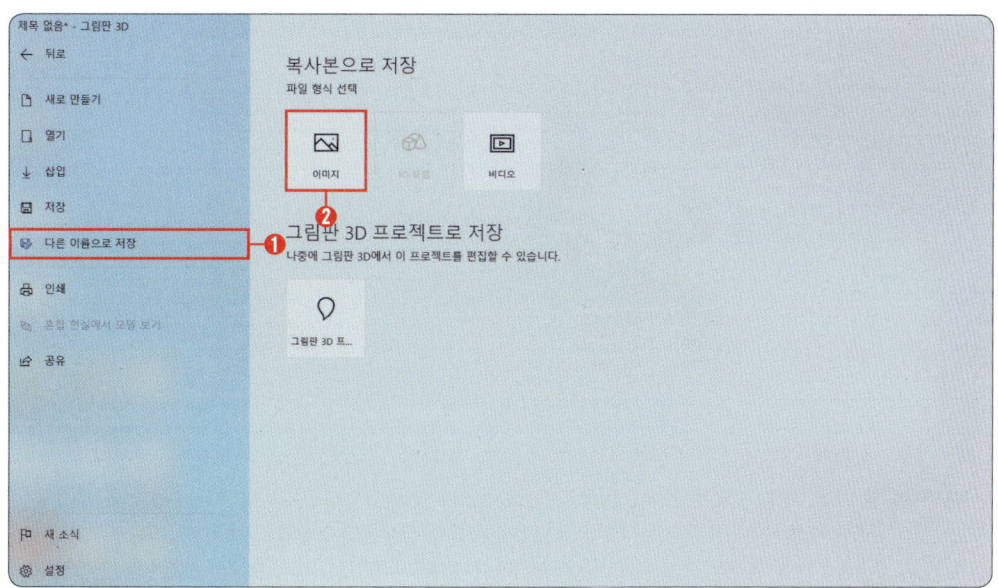

03 '다른 이름으로 저장' 창이 열리면 파일을 저장할 폴더를 지정하고 파일의 이름을 수정한 후 [저장]을 클릭해요. 지정한 폴더에 작업한 그림 파일이 저장이 된 것을 확인할 수 있어요.

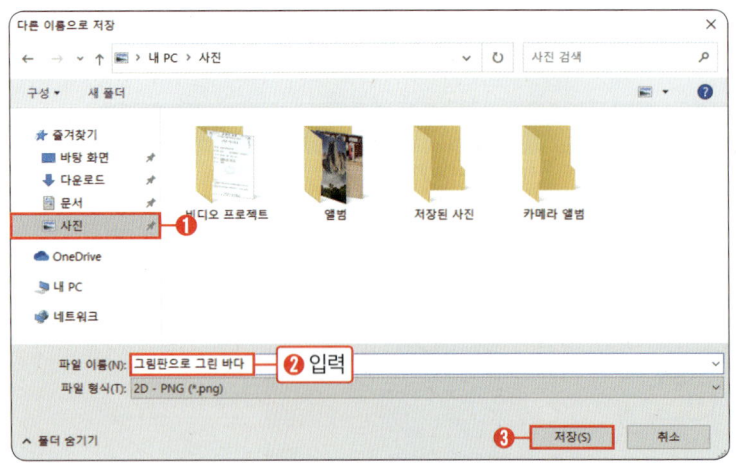

잠깐만요 '3D 셰이프'는 무엇인가요?

기존에 윈도우에서 쓰던 '그림판' 프로그램과 '그림판 3D' 프로그램의 다른 점은 무엇일까요? '그림판'에서는 평면 그림만 그릴 수 있는 반면 '그림판 3D'에서는 입체 그림도 그릴 수 있어요. '그림판 3D'의 '3D 셰이프'를 활용하면 마우스만으로도 입체 그림을 간단히 그릴 수 있답니다.

'3D로 그리기' 기능을 이용해 마우스로 그림을 그리거나, '3D 개체' 기능을 이용해 입체 도형을 삽입할 수 있어요. '3D 모델' 기능에서는 사람, 동물의 모양을 삽입할 수 있답니다.

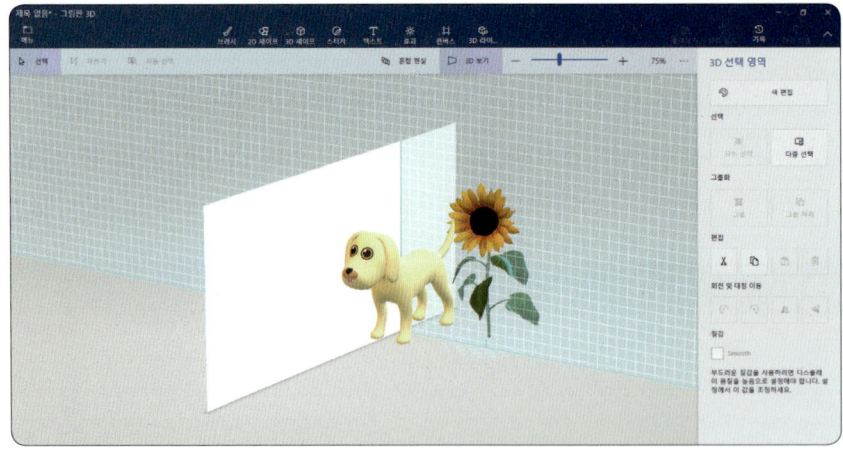

똑똑한 친구 인공지능(AI)

2016년 3월, 대한민국의 바둑 기사 이세돌의 바둑 대결이 전 세계적으로 큰 주목을 받았어요. 한 가지 특이한 점은 이세돌에 맞서 대국을 둔 상대가 컴퓨터 프로그램인 '알파고'였다는 거예요. 대국의 결과는 어땠을까요? '아무리 그래도 기계가 인간을 이기겠어?' 하는 예상과 달리 이세돌이 4대 1로 지고 말았습니다. 알파고는 어떻게 인간과의 바둑 대결에서 승리할 수 있었을까요?

'알파고'는 인공지능 개발 회사인 '구글 딥마인드'가 만든 인공지능 프로그램으로, 학습된 내용을 스스로 시뮬레이션하는 '딥러닝(Deep Learning)' 기술을 기반으로 합니다. 이를 바탕으로 인간이 예상하지 못하는 경우의 수까지 파악할 수 있던 것이죠.

'**인공지능(AI; Artificial Intelligence)**'이란 **인간의 학습·추론·지각능력 등을 컴퓨터 프로그램으로 실현한 기술**을 총칭하는 말입니다. 컴퓨터와 같은 기계는 제어, 연산 능력은 뛰어나지만, 인간과 달리 인지·추론·판단 능력은 가지고 있지 않아요. 이렇게 사람만이 가진 능력을 기계로 구현해낸 것이 바로 인공지능입니다.

인공지능 기술은 어떻게 활용되고 있을까요? 의학 분야에서는 질병의 발생과 수술의 성공 가능성 등을 예측하고, 의사 결정을 검토하거나 조언을 해주는 등의 역할을 합니다.

그리고 인공지능은 거짓 뉴스를 판별하는 기능으로도 활용되고 있습니다. 딥러닝과 자연언어 처리 기술을 바탕으로 정보의 사실 여부를 평가한 후 사람들에게 유해한 요소가 들어 있는 거짓 뉴스를 자동으로 거를 수 있습니다.

또한 인공지능은 사고를 예방하는 역할도 합니다. 도로에서 발생하는 다양한 사고의 패턴, 운전자의 운행특성 정보, 도로 정보 등을 빅데이터로 구축해 교통사고 예방을 위한 방안을 제시합니다. 교육 분야에서도 인공지능의 역할이 주목받고 있습니다. 학습자의 잠재적 능력과 개별성을 파악하기 위해 학습 패턴을 분석한 후 맞춤형 전략을 제시하고, 부족한 학습을 보완합니다.

셋째마당

도전!
컴퓨터 전문가

중고등학생이 되면 컴퓨터를 활용해 모둠 활동을 할 일이 늘어나요. 컴퓨터 프로그램을 활용해 친구들과 협업하고, 영상을 제작하는 방법까지 익혀 봅시다.

WEEK 13 ··· 구글 설문지를 활용해 의견을 모아요
WEEK 14 ··· 미리캔버스로 발표 자료를 제작해요
WEEK 15 ··· 곰믹스로 영상을 편집해요
WEEK 16 ··· 패들렛을 활용해 친구들과 협업해요

구글 설문지를 활용해 의견을 모아요

친구들을 대상으로 설문 조사를 해 본 경험이 있나요? 국어나 사회 과목 숙제를 할 때는 조사를 해야 하는 경우가 많죠. 조사 과정에서 설문을 진행하면 여러 사람들의 의견을 살펴볼 수 있어요.

지금까지는 설문조사를 진행할 때 사람들에게 설문지를 직접 나눠주고 답변을 받았을 거예요. 이런 경우 설문지를 다시 모아 결과를 정리하는 과정이 필요해요. 시간이 많이 걸리고 번거로울 뿐만 아니라, 중간에 설문지를 잃어버릴 수 있다는 문제점도 있습니다.

반면 인터넷를 활용해 설문 조사를 진행하면 이런 문제점을 해결할 수 있어요! 우리는 '구글 설문지'를 활용해 볼 거예요. 많은 사람들의 의견을 듣고 싶을 때 구글 설문지를 이용한다면 작업이 훨씬 수월해진답니다. 선생님과 함께 구글 설문지를 작성하고 답변을 모으는 방법을 알아봅시다.

우리 반 친구들의 취미 생활을 조사해 보려고 해.

어떤 방법을 이용하면 좋을까? 설문지를 만들어 친구들 자리에 올려 놓아야겠지?

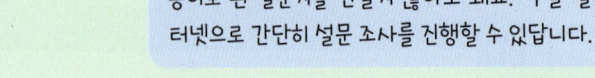
종이로 된 설문지를 만들지 않아도 돼요. '구글 설문지' 기능을 활용하면 인터넷으로 간단히 설문 조사를 진행할 수 있답니다.

아하! 친구들이 내가 만든 설문 링크에 접속해 답변을 남겨 주는 거군요?

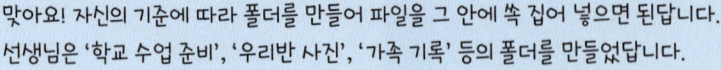
맞아요! 자신의 기준에 따라 폴더를 만들어 파일을 그 안에 쏙 집어 넣으면 된답니다. 선생님은 '학교 수업 준비', '우리반 사진', '가족 기록' 등의 폴더를 만들었답니다.

어렵지 않을까 걱정돼요!

어려울 것 없어요! 선생님과 함께 차근차근 시작해 봅시다.

구글 계정 만들기

01 구글 설문지를 활용하기 위해서는 우선 구글 계정을 만들어야 해요. '마이크로소프트 엣지' 브라우저를 실행하고 포털사이트 검색창에 '구글'을 검색합니다. 'Google' 사이트를 클릭해 접속하세요.

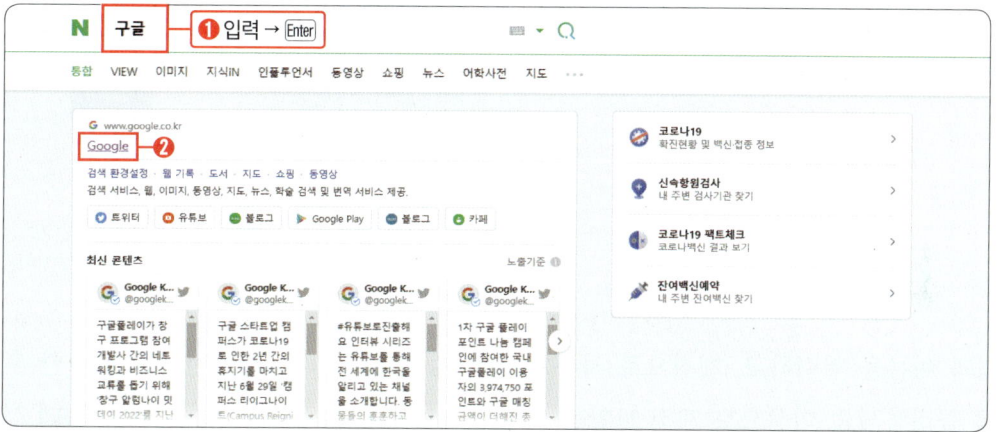

> **TipTalk** 주소창에 구글의 URL인 'www.google.co.kr'을 입력하고 Enter 를 눌러 사이트에 접속할 수도 있어요.

02 구글 사이트 오른쪽 위에 있는 [로그인]을 클릭합니다.

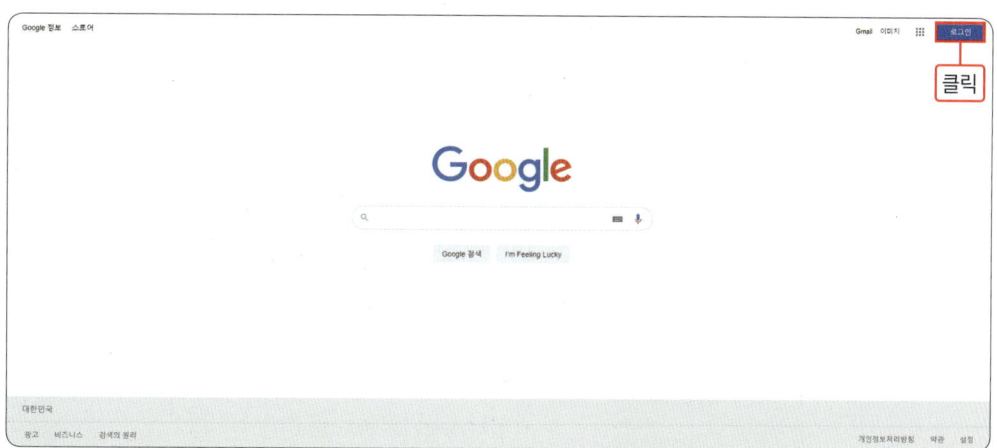

> **TipTalk** 이미 구글 계정이 있고, 로그인도 되어 있는 상태라면 [로그인] 대신 동그란 원이 나타날 거예요. 설정에 따라 프로필 사진이나, 이름이 표시됩니다. 로그인된 상태라면 **02~06** 과정은 생략하고 바로 178쪽으로 넘어가세요.

03 로그인을 하려면 구글 계정을 만들어야 해요. 아래쪽에 보이는 [계정 만들기]를 클릭합니다.

04 성과 이름을 입력하고, 계정으로 사용할 '사용자 이름(ID)'과 비밀번호를 입력한 후 [다음]을 클릭하세요. 다음으로 계정 보안을 위한 전화번호를 입력하는 창이 나타나는데 선택 사항이므로 필요한 경우에만 입력하면 됩니다. 생년월일와 성별 정보를 입력한 후 [다음]을 클릭합니다.

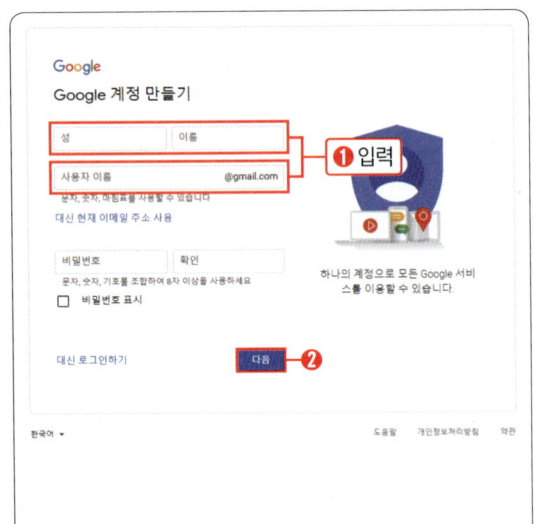

TipTalk '사용자 이름'에서 이미 사용된 이름이라고 나타난다면 다른 이름을 입력해야 합니다. 비밀번호는 문자, 숫자, 기호를 조합해 8자 이상 입력하고, 잊어버리지 않도록 유의하세요!

05 개인정보 보호 및 약관을 읽고 체크박스를 선택한 후 [계정 만들기]를 클릭합니다.

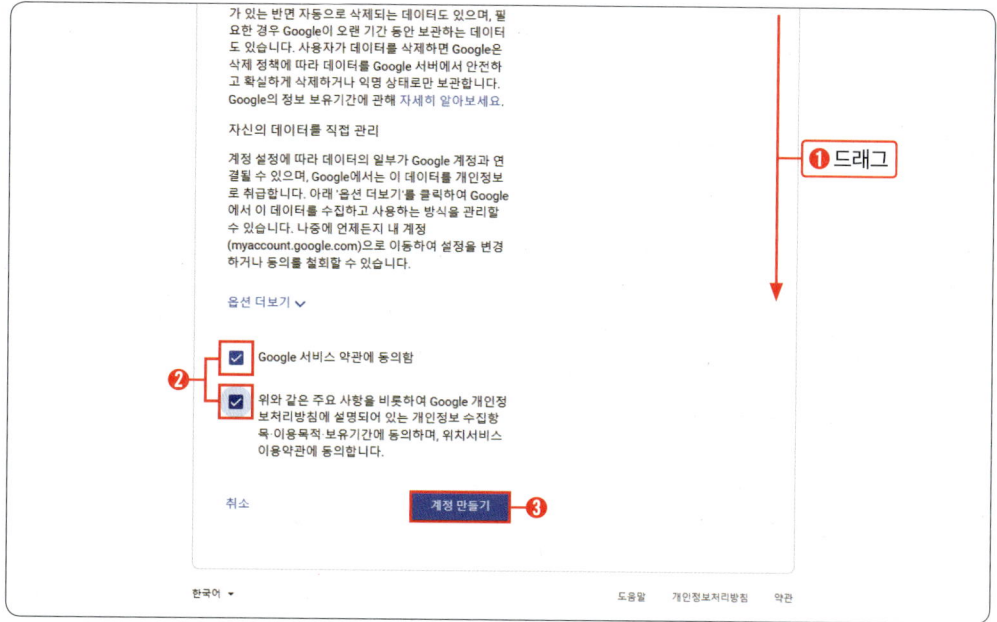

06 로그인된 상태로 구글 화면이 나타납니다. 오른쪽 위의 동그라미를 클릭하면 여러분이 만든 계정을 확인할 수 있어요.

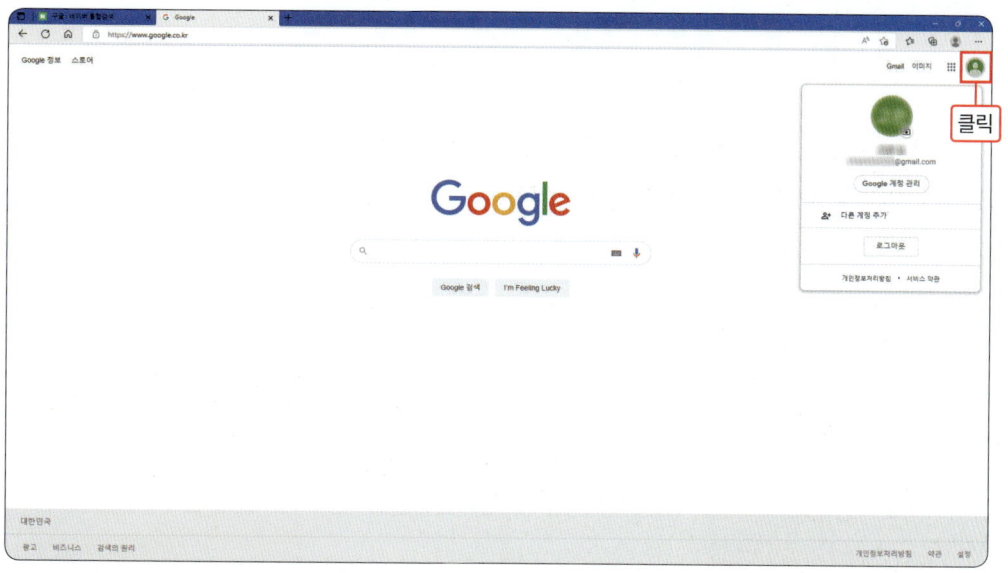

TipTalk 브라우저에 로그인한 후에는 브라우저를 실행할 때마다 해당 계정으로 자동 로그인된답니다. 공용 컴퓨터에서 자동 로그인된다면 곤란하겠죠? 현재 계정에서 로그아웃하고 싶다면 계정 아이콘을 클릭하고 [로그아웃]을 선택하세요. 공용 컴퓨터에서는 반드시 로그아웃해서 개인 정보를 지켜야 합니다.

구글 설문지 만들기

01 이제 구글 설문지를 만들어 봅시다. 화면 오른쪽 위의 ⋮⋮⋮ 버튼을 클릭하고 여러 가지 구글 앱 중 [설문지]를 선택합니다. 구글 계정을 만들고 ⋮⋮⋮ 버튼을 클릭하면 유튜브, 메일, 지도, 캘린더, 드라이브 등 다양한 'Google 앱'의 기능을 활용할 수 있어요.

02 설문지 기본 화면에서 [내용 없음]을 선택하고 우리는 빈 설문지에 내용을 채워볼게요.

잠깐만요 · 구글 설문지 '템플릿' 활용하기

'템플릿'은 이미 만들어진 틀을 의미해요. 템플릿에 내용을 입력하고, 원하는 경우 일부분을 수정해 쉽게 문서를 작성할 수 있어요. 빈 페이지에서 시작하는 것보다 훨씬 빠르고 간편하게 설문지를 만들 수 있겠죠? 구글 설문지에서 제공하는 템플릿에는 연락처 정보 입력, 행사 활용 등이 있답니다. 설문지 기본 화면의 오른쪽 위에 있는 [템플릿 갤러리]를 선택해 봅시다. 여러 분야에서 활용할 수 있는 템플릿이 나타납니다. 원하는 템플릿을 클릭하면 내용을 입력해 설문지를 만들 수 있어요.

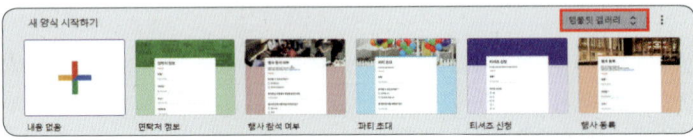

03 조사 대상자들에게 보여줄 설문지의 제목을 정해 봅시다. '제목 없는 설문지' 텍스트를 클릭하면 제목을 입력할 수 있어요. '우리반 취미 조사'라고 써 볼까요?

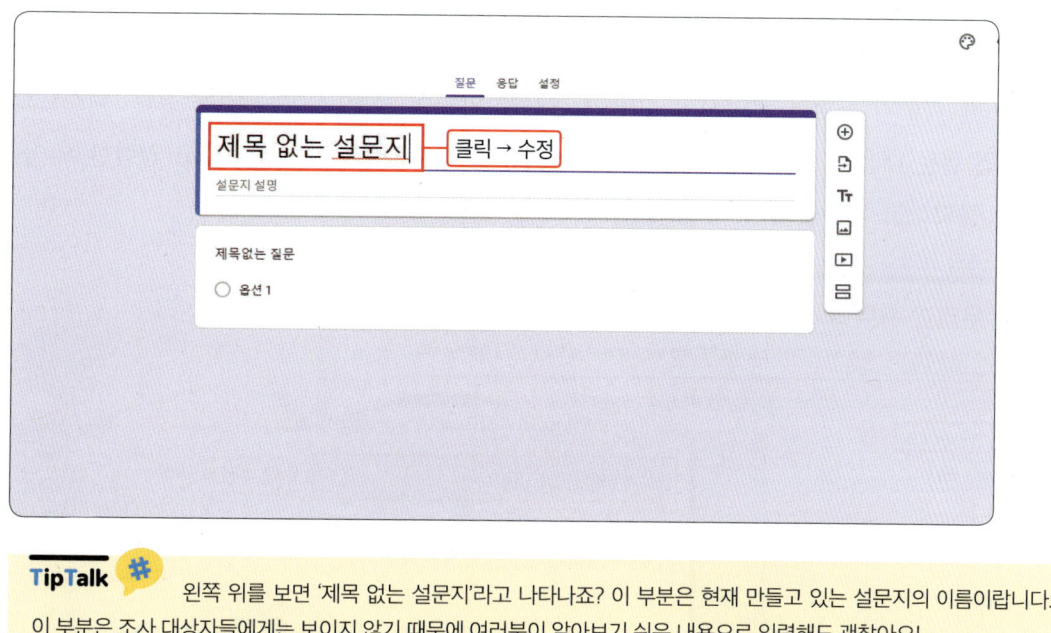

TipTalk 왼쪽 위를 보면 '제목 없는 설문지'라고 나타나죠? 이 부분은 현재 만들고 있는 설문지의 이름이랍니다. 이 부분은 조사 대상자들에게는 보이지 않기 때문에 여러분이 알아보기 쉬운 내용으로 입력해도 괜찮아요!

04 설문지 제목 아래쪽에는 설문에 대한 설명을 작성할 수 있어요. 필수적으로 넣어야 하는 내용은 아니지만 설문의 목적이나 부탁하는 말, 유의사항 등을 적으면 친구들이 설문의 의도를 더 잘 파악할 수 있을 거예요.

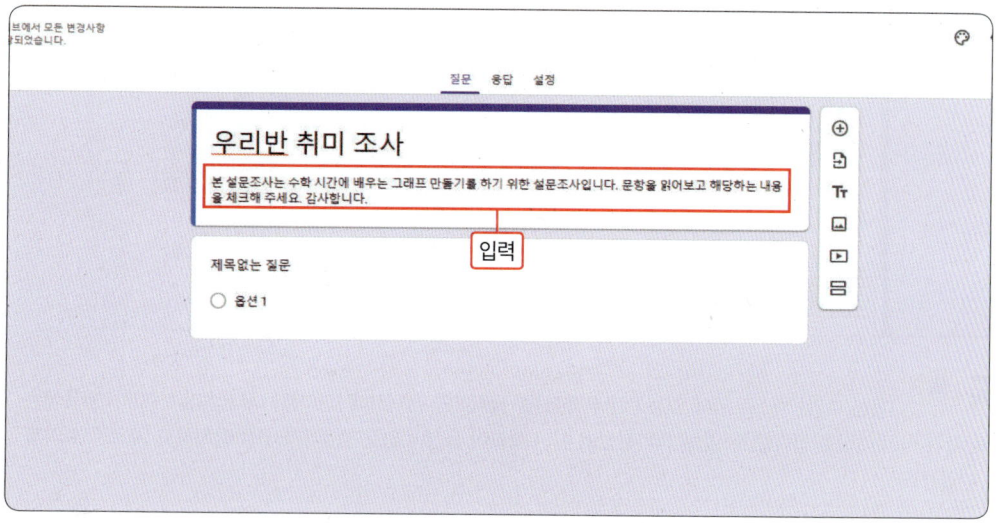

구글 설문지 질문 만들기

01 이제 질문의 유형을 알아보고 간단한 질문을 만들어 봅시다. '제목없는 질문' 텍스트를 선택하면 질문 내용을 수정할 수 있습니다. '여러분의 취미는 무엇인가요?'라고 입력한 후 '옵션 1'을 클릭하고 내용을 변경해 봅시다.

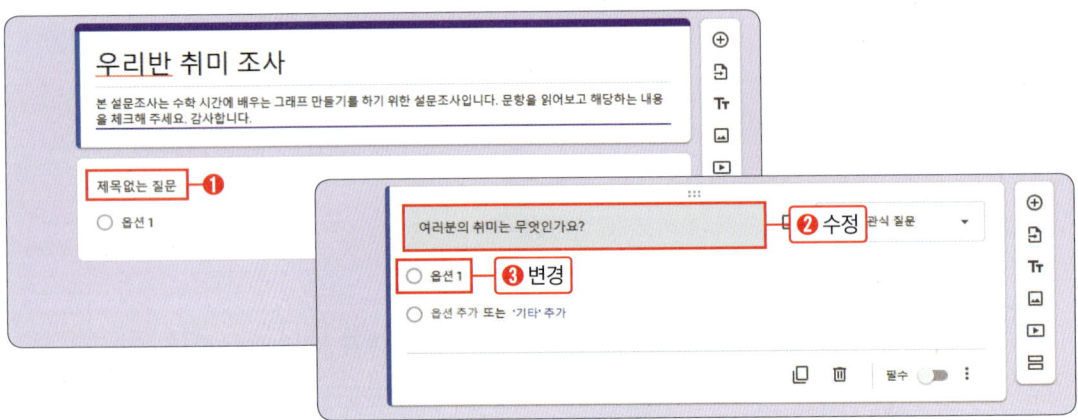

02 [옵션 추가]를 클릭하면 새로운 선택지를 추가할 수 있습니다. 같은 방법으로 선택지를 다섯 개 입력해 봅시다.

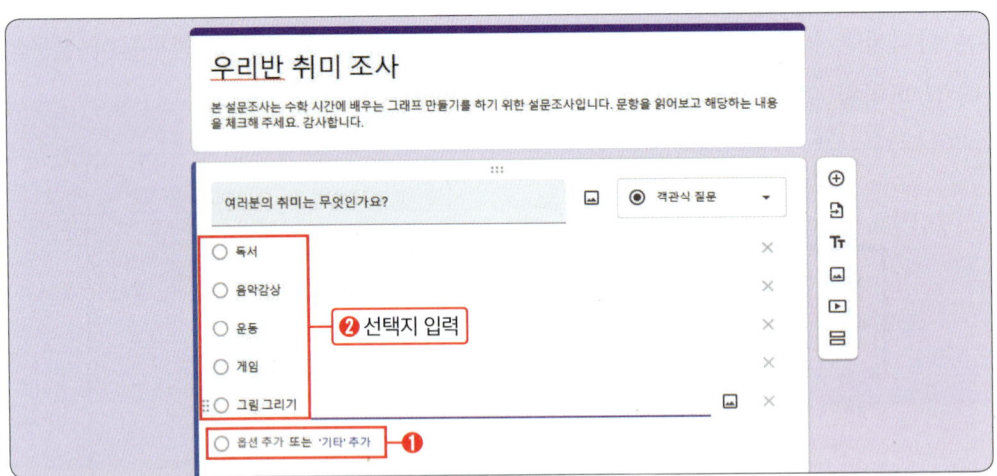

TipTalk [옵션 추가] 텍스트 옆에 있는 [기타 추가]를 클릭하면 선택지에 [기타]가 나타납니다. [기타] 항목에는 조사 대상자가 직접 대답을 입력할 수 있습니다. 자신의 취미 생활이 옵션에 없는 경우 [기타]를 클릭하고, 새로운 취미를 입력할 수 있겠죠?

03 다음 질문을 추가해 봅시다. 오른쪽 메뉴 중 [항목 추가](⊕) 버튼을 클릭하면 새 질문이 추가됩니다.

04 질문의 유형을 변경해 봅시다. [객관식 질문]을 클릭하면 메뉴가 나타나는데 이중 [장문형]을 선택합니다.

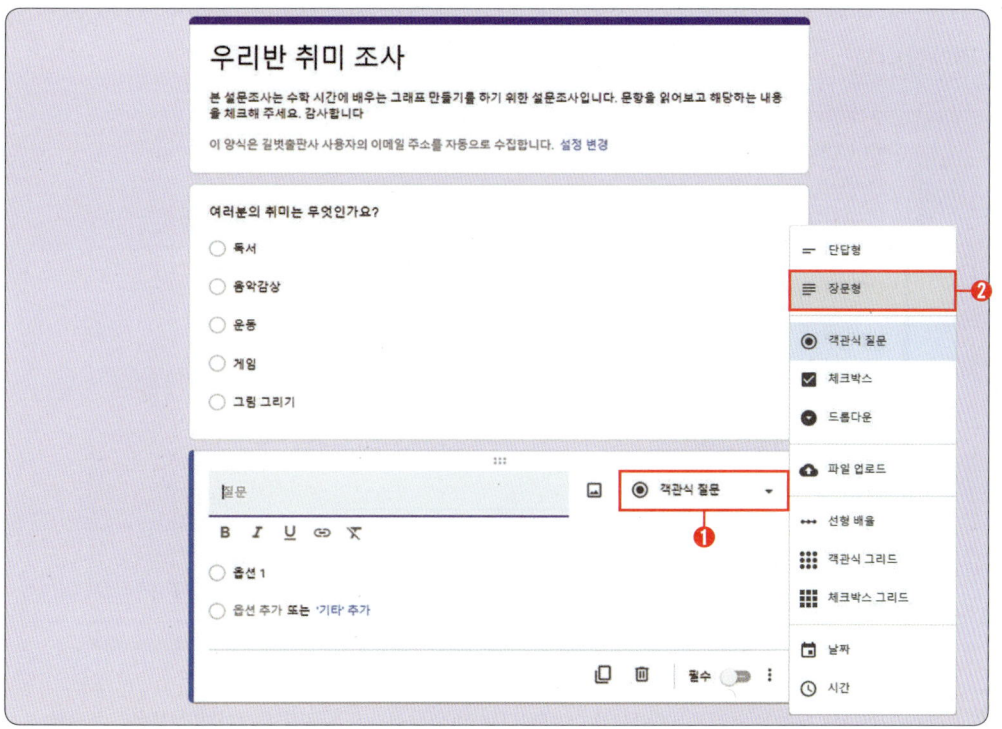

TipTalk 답변의 길이가 짧은 경우 [단답형]을, 작성하는 답변이 긴 경우 [장문형]을 선택하세요.

05 질문란에 '위에서 선택한 취미를 즐기는 이유는 무엇인가요?'라고 입력해 봅시다.

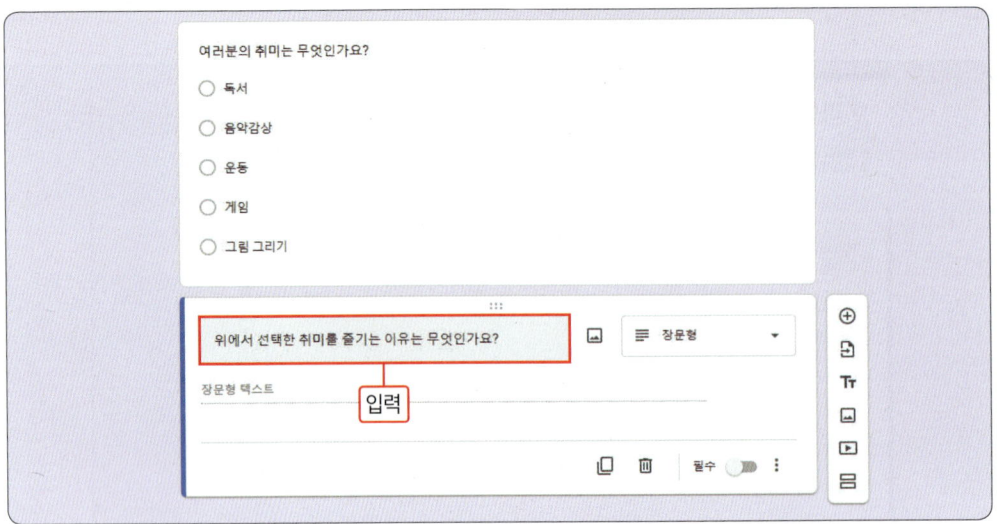

06 다시 오른쪽 메뉴에서 [항목 추가](⊕) 버튼을 눌러 새 질문을 추가하고, 이번에는 질문 유형을 [드롭다운]으로 선택합니다. 질문란에 '취미 활동을 얼마 동안 하는지 선택해 봅시다.'를 입력하고, 옵션에 '30분 이하', '30분~1시간', '1시간~2시간', '2시간~3시간', '3시간 이상'을 추가합니다.

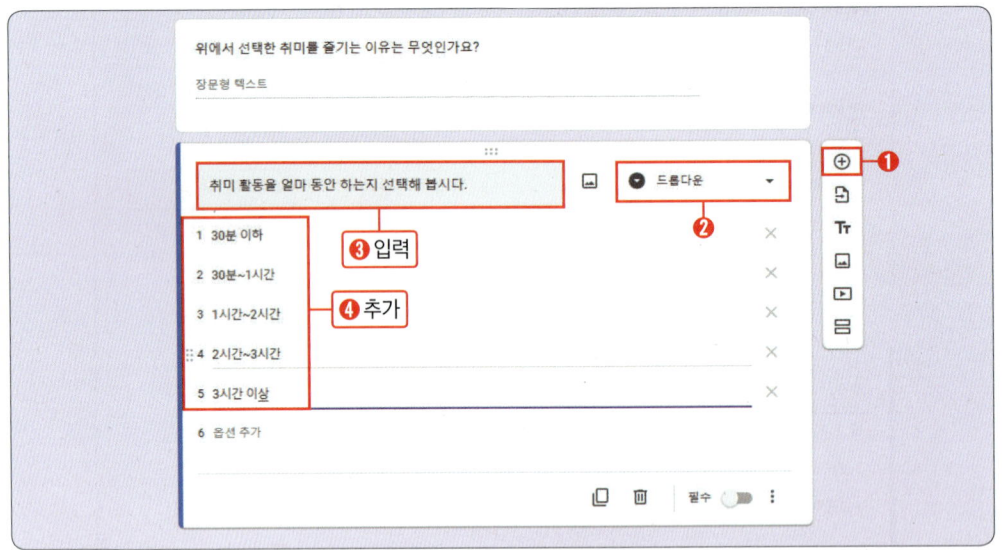

> **TipTalk** '드롭다운' 유형은 미리 준비한 옵션을 선택한다는 점에서 '객관식 질문'과 유사하지만, 옵션이 처음부터 나타나 있는 '객관식 질문'과 다르게 옵션을 클릭해야 내용이 드러납니다.

구글 설문지 추가 기능 알아보기

01 설문지를 꾸며 볼게요. 화면 오른쪽 위의 [테마 맞춤 설정]( ) 버튼을 클릭하면 오른쪽에 '테마' 창이 활성화됩니다.

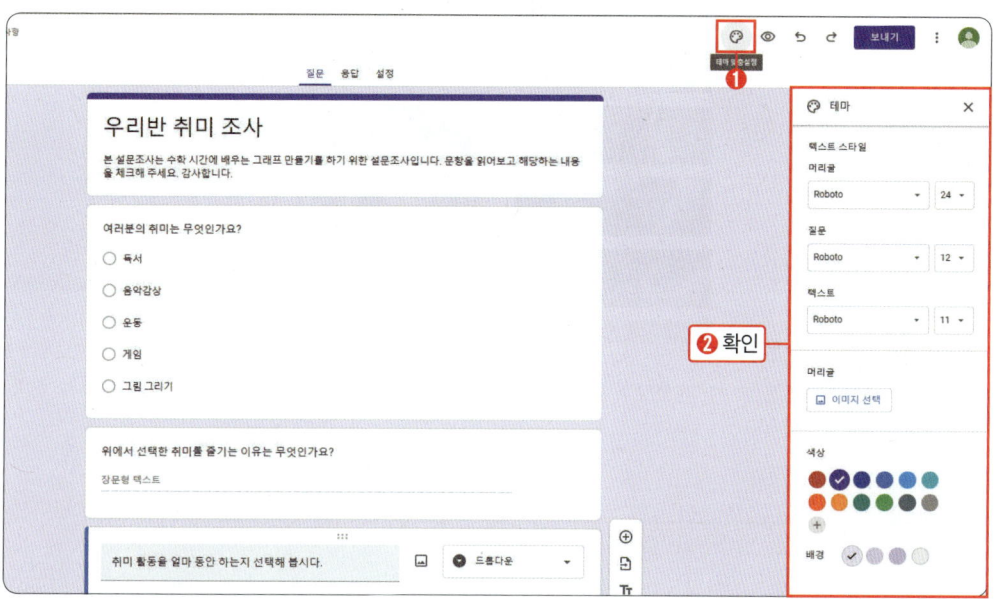

02 오른쪽 '테마' 창의 '머리글'에서 [이미지 선택]을 클릭해 봅시다. 설문지 제목 위에 들어갈 사진을 추가할 수 있습니다.

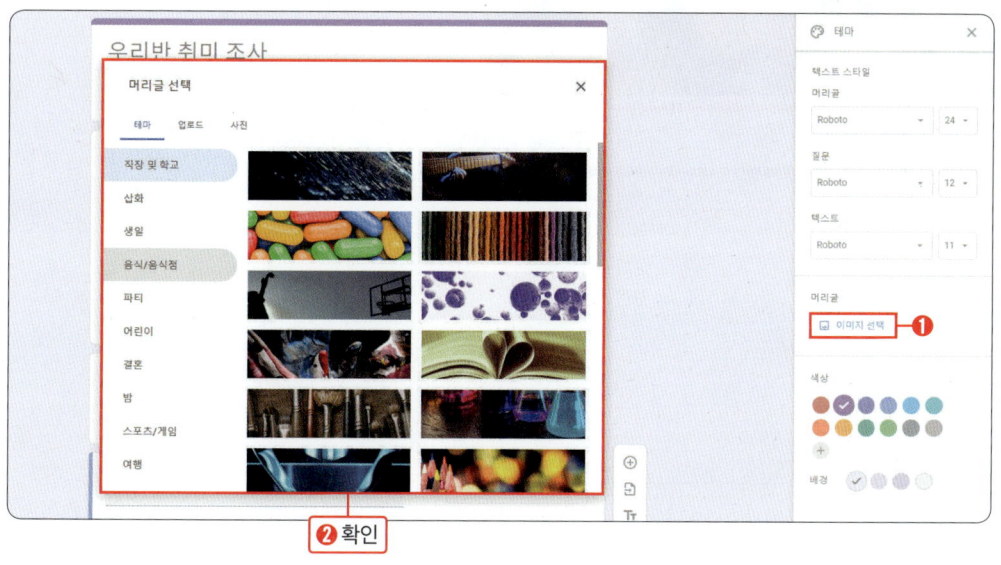

03 원하는 이미지를 선택하고 [삽입]을 클릭합니다.

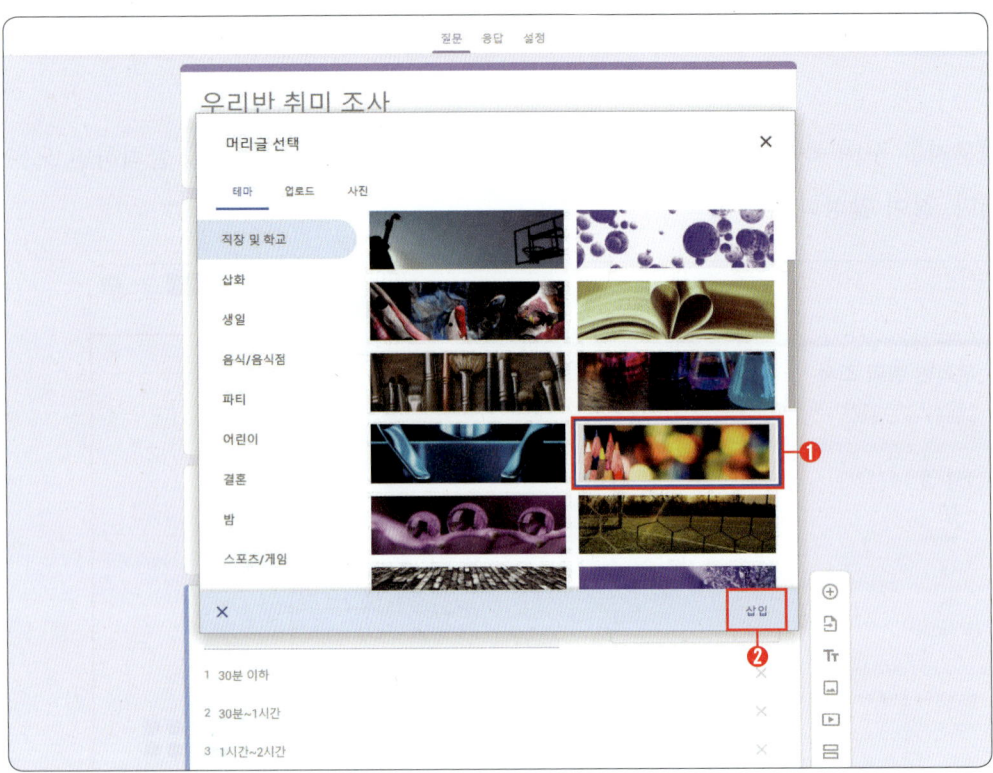

04 '색상'에서 원하는 색상을 선택하면 설문지의 배경과 주요 색상이 변경됩니다.

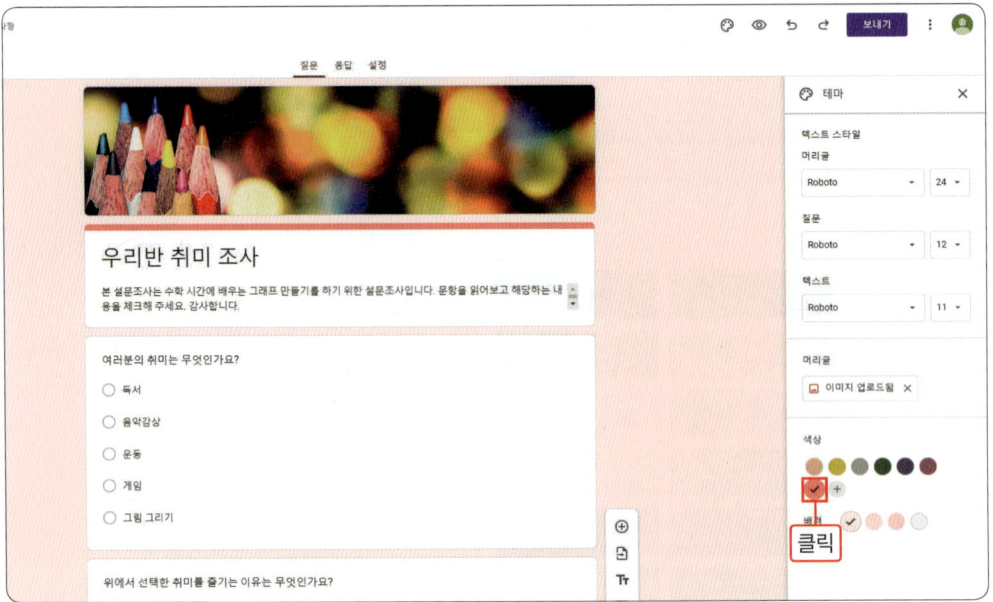

05 이번에는 만든 질문에 '필수' 옵션을 추가해 봅시다. '필수' 옵션을 설정한 질문에는 반드시 답변해야 하며, 답변하지 않으면 설문지를 제출할 수 없습니다. 따라서 조사 대상자가 답변을 생략하는 것을 방지할 수 있답니다. 질문을 클릭하고 아래쪽의 [필수] 옵션을 활성화해요.

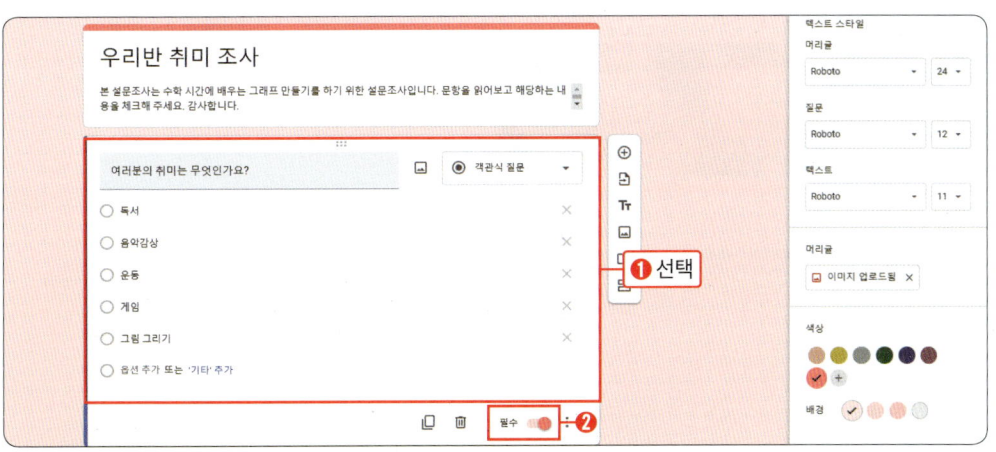

> **TipTalk** '필수' 옵션을 지정한 질문 옆에는 * 표시가 나타납니다.

06 '미리 보기' 기능을 통해 설문지를 최종적으로 점검해 볼까요? [미리 보기](👁) 버튼을 클릭하면 설문 대상자에게 실제로 나타나는 모습을 미리 확인할 수 있어요.

> **TipTalk** '미리 보기' 화면에서는 실제 응답을 체크해 볼 수 있습니다. 다른 사람들에게 공유하기 전에 제대로 답변에 체크되는지, 빼거나 추가할 부분은 없는지 직접 테스트하는 것도 좋아요. '미리 보기'는 새로운 탭으로 활성화되기 때문에 탭을 닫아도 원래의 설문지 작업 창은 그대로 유지된답니다.

07 점검을 다 했다면 '미리 보기' 탭을 닫고, 공유할 링크를 복사하기 위해 오른쪽 위의 [보내기]를 클릭합니다.

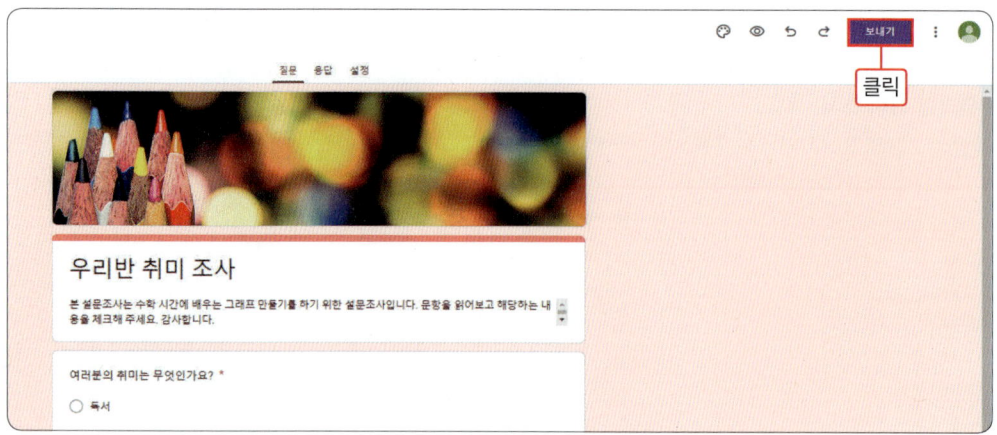

08 '설문지 보내기' 창이 나타나면 [링크](🔗) 버튼을 클릭합니다.

09 다른 사람들에게 공유할 수 있는 URL 주소가 나타납니다. 아래쪽에 있는 [URL 단축]을 클릭해 링크의 길이를 줄인 후 [복사]를 클릭해 봅시다. 컴퓨터의 클립보드에 링크가 자동으로 저장됩니다.

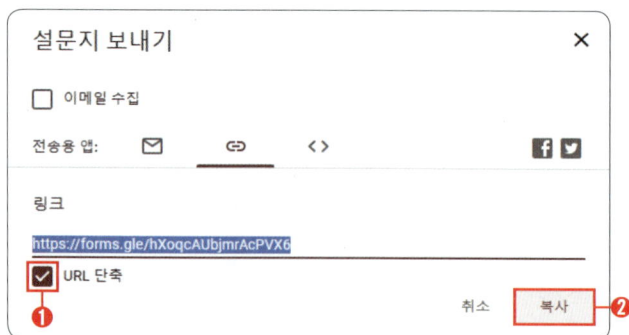

10 '설문지 보내기' 창을 닫고 새로운 탭을 열어 보세요. 웹 주소창을 클릭하고 Ctrl + V 를 눌러 링크를 붙여넣은 후 Enter 를 눌러 봅시다.

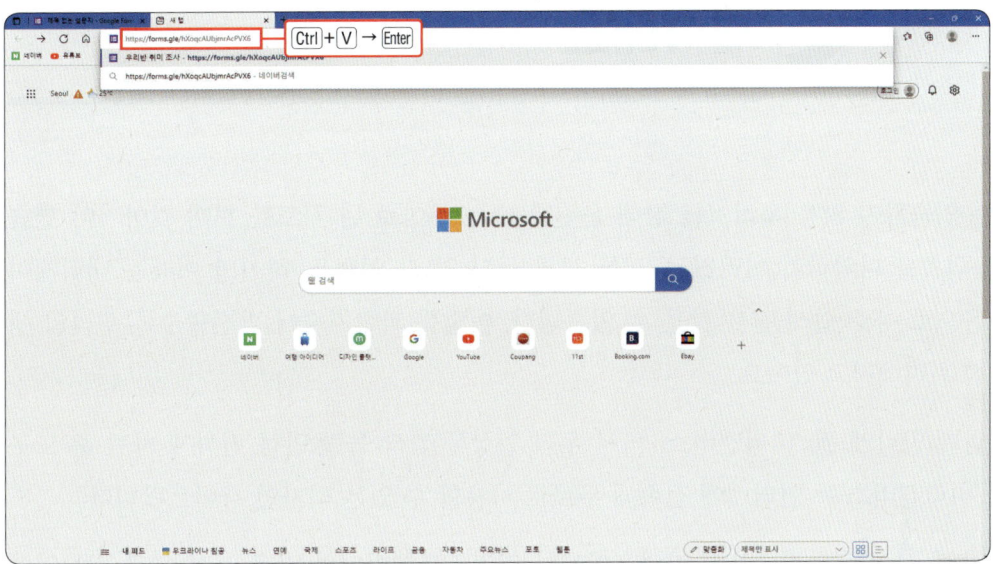

11 지금까지 만든 설문지가 나타납니다. 이렇게 제작한 설문지의 URL을 학급 누리집이나 패들렛 등으로 공유한 후 활용하면 되겠죠?

미리캔버스로 발표 자료를 제작해요

예전에는 익숙하지 않은 목적지를 향해 운전할 때는 종이로 된 지도를 보며 찾아가야 했습니다. 내 위치를 파악하기 어려웠고, 교통 상황 등도 알 수 없었죠. 하지만 이제는 내비게이션의 도움으로 아주 쉽게 길을 찾을 수 있습니다. 이렇듯 과학기술이 발전할수록 우리의 생활도 점점 편리해지고 있어요.

이번에 함께 만나게 될 '미리캔버스' 역시 우리 일상을 깜짝 놀랄 만큼 편하게 바꿔 준 도구입니다. '미리캔버스'는 인터넷에 접속해 무료로 사용할 수 있는 디자인 사이트랍니다.

'미리캔버스' 사이트에 접속하면 파워포인트나 일러스트레이터와 같은 전문 프로그램 없이도 이미지를 제작할 수 있답니다. 프로그램을 따로 설치할 필요가 없고, 조작 방법이 쉽고 간단합니다. 또한 무료로 제공되는 템플릿을 활용하면 디자인에 자신이 없더라도 완성도 높은 결과물을 얻을 수 있어요.

지금부터 작업 시간은 줄이고 결과물의 완성도는 확 높여 주는 고마운 도구 '미리캔버스'를 만나 볼까요?

선생님! 저희 집 컴퓨터에는 파워포인트가 설치되어 있지 않아요. 발표 자료를 만들어야 하는데 어쩌죠?

그렇다면 무료 디자인 사이트인 '미리캔버스'를 이용해 볼까요?

어떤 방법을 이용하면 좋을까? 설문지를 만들어 친구들 자리에 올려 놓아야겠지?

맞아요. 포스터나 카드뉴스 등 다양한 디자인 템플릿을 활용할 수 있어요. 디자인을 손쉽게 완성할 수 있는 미리캔버스를 이용해 볼까요?

미리캔버스 사이트 접속하기

01 웹 브라우저를 실행하고 포털사이트 검색창에 '미리캔버스'를 검색합니다. '디자인 플랫폼 미리캔버스' 사이트를 클릭하세요.

TipTalk 웹 브라우저 주소창에 미리캔버스의 URL인 'www.miricanvas.com'을 입력하고 J 키를 누르면 사이트에 바로 접속할 수 있어요.

02 사이트 오른쪽 위의 [5초 회원가입]을 클릭하면 회원가입을 할 수 있는 창이 열려요. 원하는 방식을 선택해 회원가입합니다.

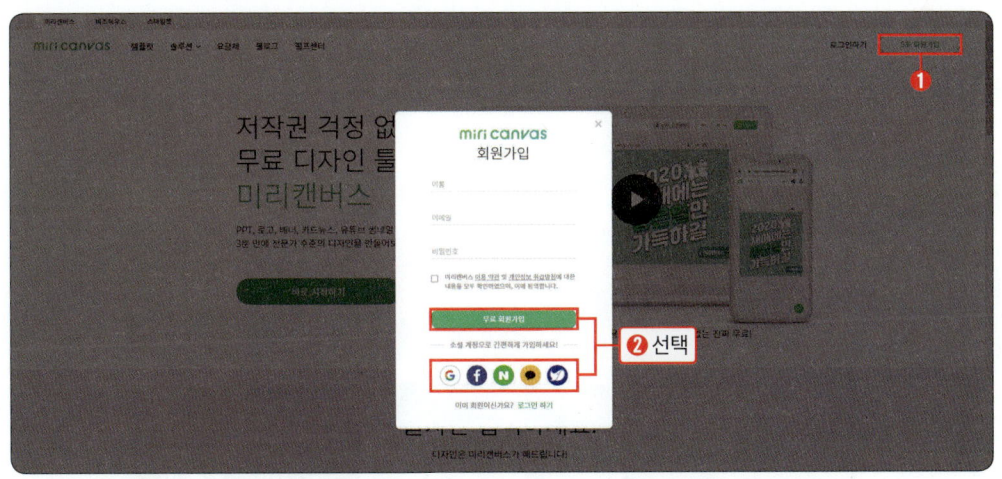

TipTalk 사이트를 가입하는 방법에는 두 가지가 있습니다. 이메일, 비밀번호를 입력해 이메일 인증을 받을 수도 있고, 카카오톡 등 소셜 계정으로 가입할 수 있습니다. 아직 이메일이 없거나 소셜 계정으로 가입하는 과정이 어렵다면 부모님의 도움으로 가입하는 것을 추천해요.

미리캔버스 템플릿 활용하기

01 로그인을 완료하면 작업 화면으로 이동합니다. 새로운 디자인을 만들기 위해 왼쪽 메뉴바에서 템플릿을 선택해 봅시다. '타입 별로 보기' 아래의 [프레젠테이션]을 클릭하세요.

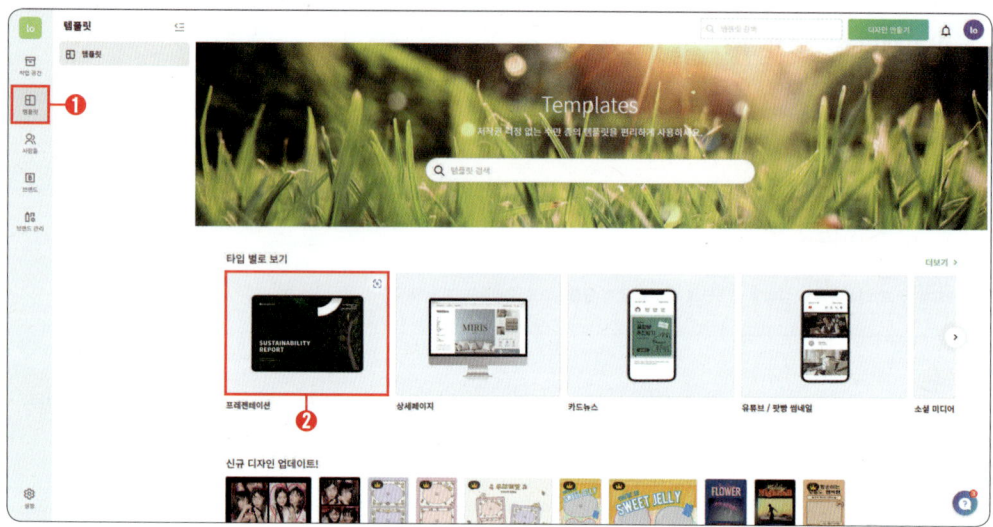

TipTalk '프레젠테이션'은 '발표'라는 뜻입니다. 이 템플릿을 선택하면 사람들 앞에서 발표할 자료를 제작할 수 있어요. 125쪽에서 파워포인트를 활용해 '프레젠테이션 자료'를 만들어 본 적 있죠?

02 다양한 프레젠테이션 템플릿이 나타나죠? 이 중에서 원하는 디자인을 선택해요.

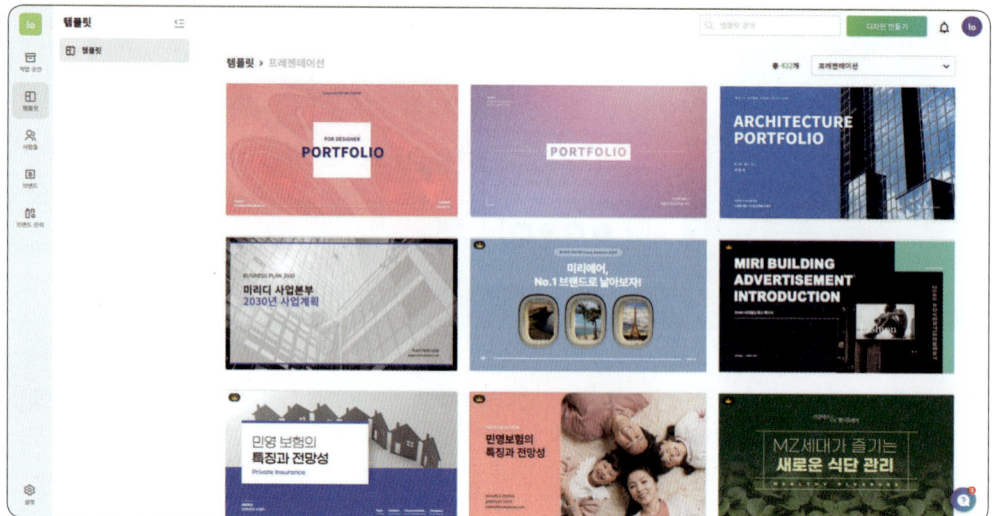

03 템플릿을 선택하면 템플릿 구성을 살펴볼 수 있는 창이 열려요. [이 템플릿 사용하기]를 클릭합니다.

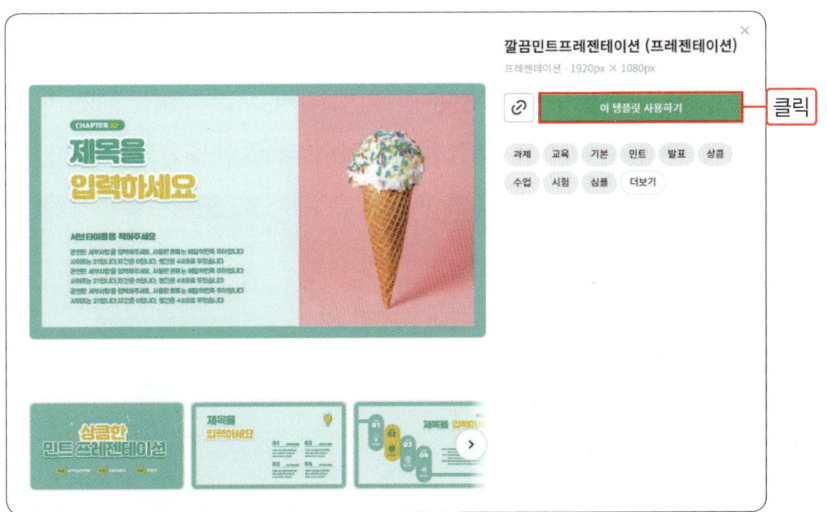

TipTalk 미리캔버스에서는 다양한 템플릿을 제공하고 있어요. 템플릿이란 일종의 디자인 틀로, 템플릿을 활용하면 누구나 멋진 결과물을 빠르게 제작할 수 있어요. 페이지를 아래로 내리면 [템플릿 더보기]를 클릭할 수 있습니다. 왕관 표시가 있는 템플릿은 유료 회원용 자료이므로 이 표시가 없는 템플릿을 선택합니다.

04 새로운 탭에 프레젠테이션의 상세 페이지가 나타납니다. 우선 만들고자 하는 디자인의 제목을 입력해 봅시다. 위쪽 제목의 글자 부분을 클릭하고 여러분만의 제목을 입력하세요.

템플릿 텍스트 편집하기

01 템플릿에는 텍스트, 그림, 배경 등이 모두 포함되어 있어요. 이 요소들을 원하는 대로 수정하거나 삭제할 수 있습니다. 텍스트 요소를 편집하는 방법부터 알아볼까요? 텍스트를 더블 클릭한 후 내용을 수정해 봅시다. 그런 다음 필요하지 않은 텍스트, 도형, 그림 등을 선택해 Delete 를 눌러요.

02 '길벗초등학교' 텍스트와 같이 자동으로 줄이 바뀐 부분이 있나요? 글자를 클릭하면 텍스트 상자의 경계선이 나타납니다. 왼쪽이나 오른쪽의 경계선을 드래그해서 텍스트 상자의 길이를 늘려 봅시다.

03 페이지 안에 들어있는 그림과 텍스트는 하나의 그룹으로 묶을 수 있어요. 학교와 이름 텍스트를 드래그해 선택하고 왼쪽 메뉴에서 [그룹으로 만들기]를 클릭합니다.

04 텍스트를 선택하면 경계선이 나타납니다. 꼭짓점 부분을 드래그하면 텍스트의 크기를 조절할 수 있어요. 텍스트의 크기를 키운 후 [정렬]-[가운데]를 눌러 페이지의 가운데에 위치하도록 정렬해 보세요.

TipTalk 텍스트를 선택하면 왼쪽에 텍스트 편집창이 활성화됩니다. 여기서도 글자 크기를 조절할 수 있어요.

05 텍스트를 클릭하면 왼쪽에 텍스트 편집창이 활성화됩니다. 글꼴, 크기, 불투명도, 색상을 설정해 텍스트를 꾸며 봅시다. 글꼴 메뉴를 선택하고 원하는 글꼴로 바꾸세요.

TipTalk 글꼴은 전체, 즐겨찾기, 고딕, 명조, 손글씨 등으로 필터링해서 볼 수 있습니다. 각 글꼴 앞에 표시된 별 모양을 클릭하면 자주 쓰는 글꼴을 즐겨찾기에 등록할 수도 있어요.

06 텍스트를 선택하고 [글자색] 오른쪽의 색상 칸을 클릭해 보세요. '기본 팔레트'에서 색상을 선택하거나, 버튼을 클릭해 색상을 직접 지정할 수 있습니다.

TipTalk 색상 변경창에 있는 [스포이트]( ) 버튼을 선택하고 작업 화면에서 원하는 부분을 클릭해 보세요. 원하는 색을 바로 추출해서 텍스트 색상을 변경할 수 있습니다.

07 왼쪽에서 [글자 조정]을 클릭해 숨겨진 메뉴를 열어 봅시다. 글자 사이의 간격인 [자간], 줄 간격인 [행간], 텍스트의 가로 너비인 [장평]을 조절할 수 있어요.

08 [외곽선]을 설정해 봅시다. 선택한 텍스트에 외곽선이 설정된 상태라면 이미 체크박스가 선택되어 있을 거예요. 외곽선을 설정한 후 외곽선의 색상과 두께도 변경할 수 있어요.

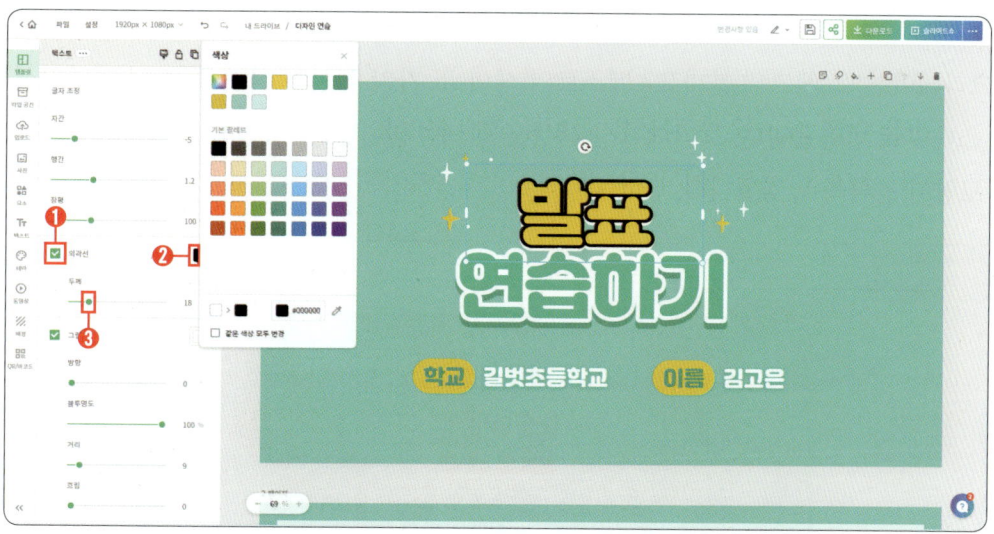

09 [그림자] 체크박스를 클릭해 그림자 효과를 설정할 수 있어요. 그림자 효과의 옵션도 원하는 대로 조절해 봅시다.

TipTalk [방향]에서는 텍스트와 그림자 사이의 각도를 변경할 수 있고, [불투명도]에서는 그림자의 진하기를 설정할 수 있습니다. [거리]를 설정하면 텍스트와 그림자 사이 간격을, [흐림]을 설정하면 그림자의 선명한 정도를 조절할 수 있습니다.

10 [그라데이션]을 체크해 볼까요? 텍스트의 색이 두 가지 색상이 섞여 있는 '그라데이션' 채우기 스타일로 변경됩니다. 그라데이션 색상을 선택한 후 [방향] 옵션을 조절하면 그라데이션의 모양이 조금씩 변경됩니다.

196

페이지에 사진과 기타 요소 추가하기

01 템플릿의 기본 구성 요소 외에 다른 요소를 추가할 수 있어요. 페이지에 사진을 넣어 볼까요? 왼쪽 메뉴에서 [사진]을 선택합니다.

02 검색창에서 원하는 검색어를 입력하고 사진을 찾아 봅시다. 예시로 '발표'를 검색하고 사진을 선택해 보세요.

03 사진이 페이지에 바로 삽입됩니다. 사진을 드래그해 옮겨 봅시다.

TipTalk 페이지에 삽입한 사진을 선택하면 왼쪽에 [불투명도], [필터], [그림자] 등 옵션을 조절하는 사진 편집창이 활성화됩니다. 페이지와 어울리도록 세부 옵션을 조절하면 되겠죠?

04 이번에는 왼쪽 메뉴에서 [요소]를 선택해 봅시다. [요소]에서는 일러스트 이미지, 도형, 선 등의 그림을 추가할 수 있어요.

05 검색창에서 원하는 요소를 검색해 봅시다. 여기서는 예시로 '강조'할 때 사용하는 요소를 검색해 볼게요!

06 검색 결과 중 원하는 요소를 선택해서 페이지에 추가해 봅시다. 추가된 요소를 드래그해 옮기고 크기도 변경하세요.

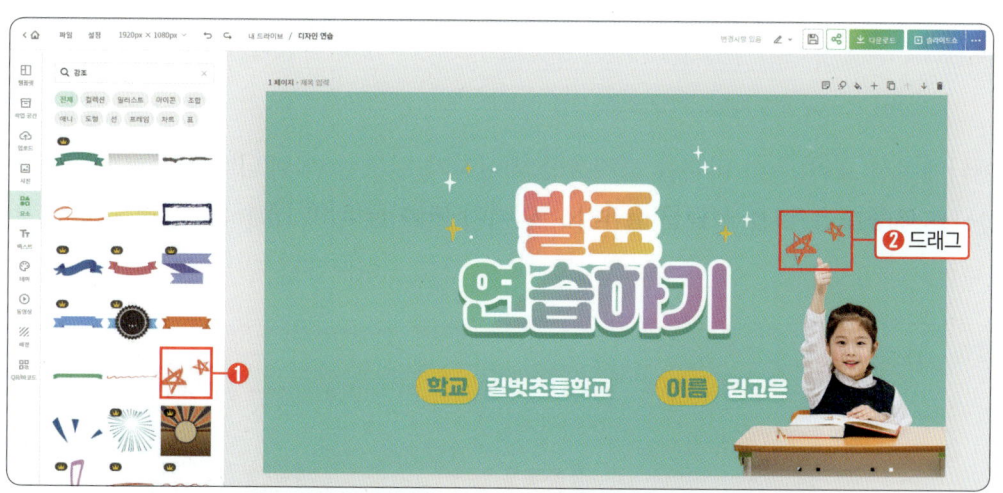

> **TipTalk** 페이지에 삽입한 요소를 클릭하면 왼쪽에 [불투명도], [색상], [그림자] 등의 옵션을 변경하는 메뉴가 활성화 됩니다. 필요에 따라 옵션을 변경해 보세요. 또한 [비슷한 요소 찾기]를 선택하면 삽입한 요소와 비슷한 항목을 찾아준답니다.

페이지 편집 메뉴 살펴보기

01 페이지 오른쪽 위의 편집 메뉴를 살펴봅시다. [페이지 메모]( ) 버튼을 클릭하면 페이지와 관련된 내용을 텍스트 형식으로 입력해 저장할 수 있어요. 수정할 내용을 잊지 않도록 메모해 두거나, 공동 작업을 할 때 다른 사람에게 메시지를 전달하기 위해 활용됩니다.

TipTalk 메모가 삽입된 페이지에는 [페이지 메모]( ) 버튼 위에 녹색 점이 나타납니다.

02 [애니메이션 효과]( ) 버튼을 클릭하면 페이지가 전환될 때 애니메이션 효과를 적용할 수 있어요. 원하는 효과를 선택한 후 [페이지 재생 시간]에서 애니메이션 전환 속도를 조절해 보세요.

TipTalk 페이드, 떠오르기, 밀어내기 등 다양한 애니메이션 효과를 페이지마다 따로 적용할 수도 있고, [모든 페이지에 적용]을 선택해 전체 페이지에 동일한 애니메이션을 적용할 수도 있습니다.

03 [배경 색상](🎨) 버튼을 클릭해 현재 페이지의 배경을 원하는 색상으로 변경해 보세요. 텍스트, 외곽선 등의 색상을 변경하는 방법과 비슷하므로 어렵지 않아요!

04 [새 페이지 추가](➕) 버튼을 클릭하면 현재 페이지의 아래쪽에 빈 페이지가 삽입됩니다. 아무것도 없는 페이지이기 때문에 텍스트, 배경, 사진, 요소 등을 추가해 자유롭게 구성할 수 있어요.

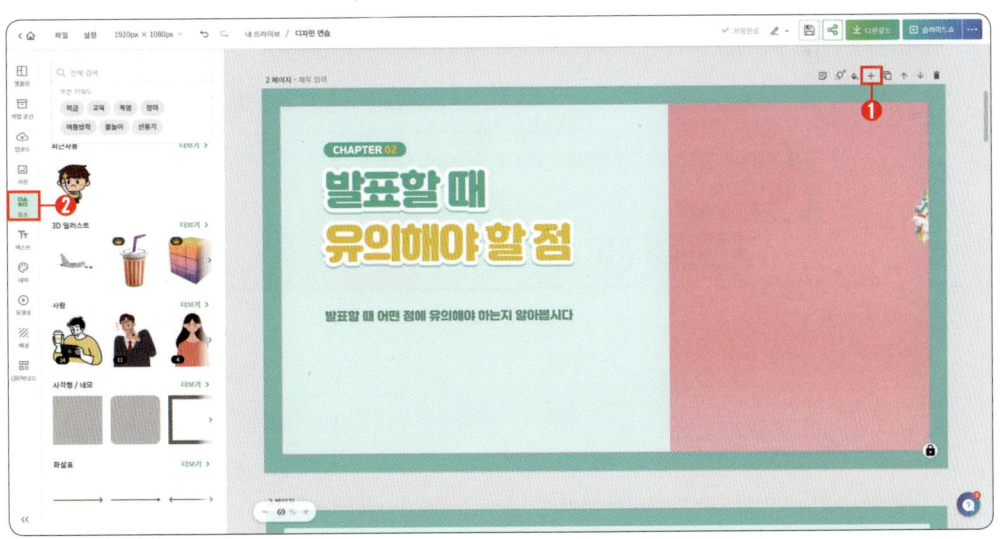

05 [페이지 복제](🗐) 버튼을 클릭해 선택한 페이지와 똑같은 페이지를 하나 더 생성할 수 있습니다. 비슷한 페이지를 연속해서 사용해야 할 때 활용하면 좋겠죠?

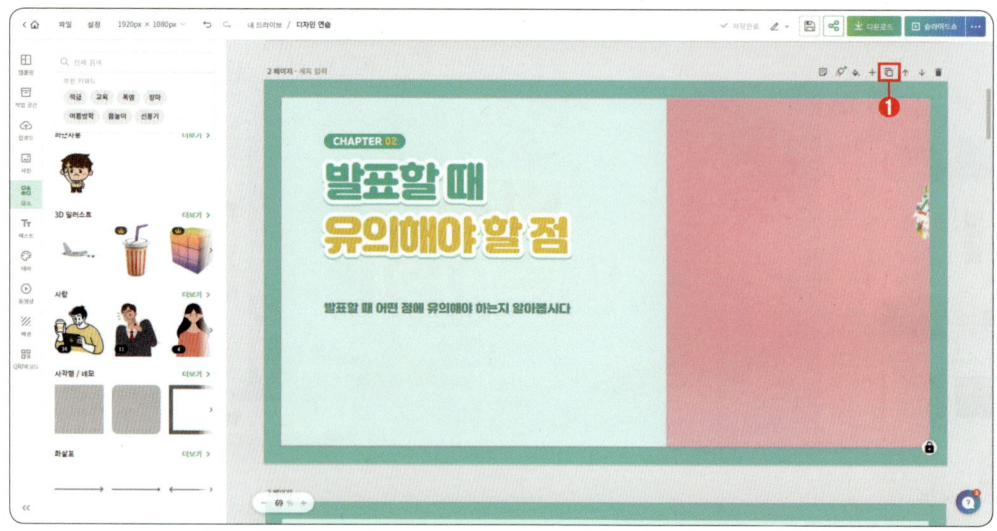

 ## 다운로드 기능 알아보기

01 미리캔버스에서 작업한 디자인 결과물은 다양한 형식으로 다운로드할 수 있습니다. 사용 목적에 맞게 선택해서 다운로드한 후 활용하면 되겠죠? 작업을 마친 결과물을 다운로드하려면 위쪽에 보이는 [다운로드]를 클릭합니다.

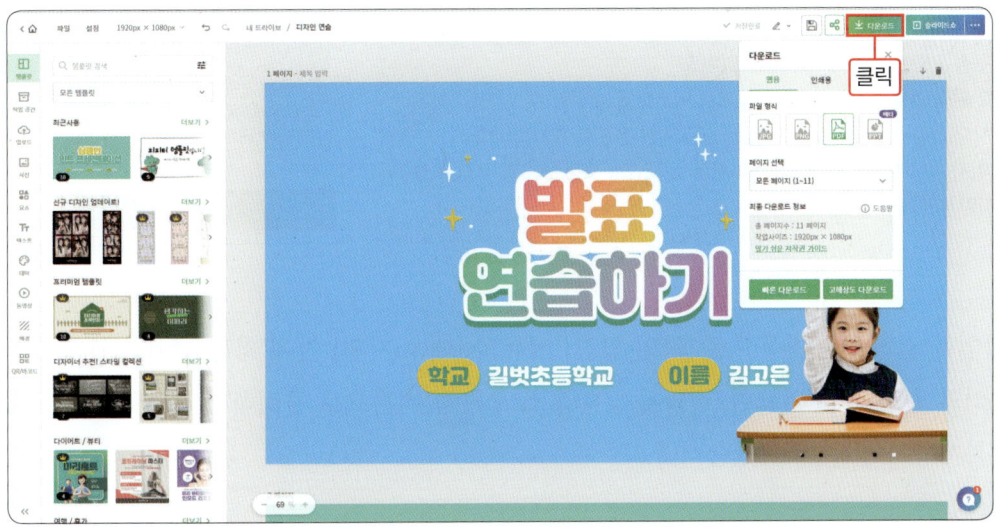

02 이미지로 저장하기 위해 [웹용]의 [PNG]를 선택하고, [페이지 선택]을 클릭해 다운로드할 페이지를 정합니다. 모든 페이지가 아닌 개별 페이지를 선택할 수도 있고, [한 장의 이미지로 합치기]를 눌러 선택한 페이지를 하나의 이미지로 합칠 수도 있어요. 선택 후 [빠른 다운로드] 혹은 [고해상도 다운로드]를 선택하면 파일로 저장됩니다.

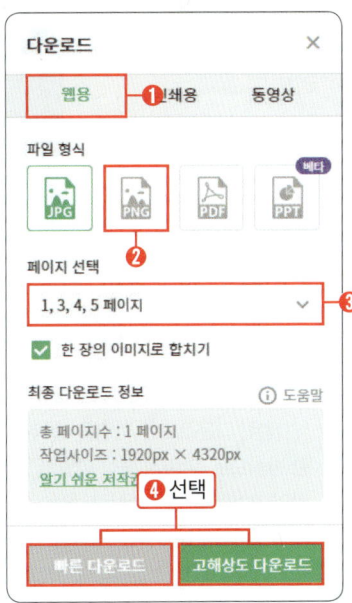

> **TipTalk** 'PNG'와 'JPG'는 이미지 파일 형식으로, 두 형식 모두 자주 사용되지만 차이점이 있습니다. 'PNG'는 고품질로 투명한 배경을 지원하는 반면, 'JPG'는 용량이 작은 만큼 이미지 손상이 발생할 수 있습니다. 또한 'PDF'는 문서 형식의 파일입니다. 크기가 작아도 관계 없을 때는 [빠른 다운로드]를, 큰 사이즈의 이미지를 활용하고 싶을 때는 [고해상도 다운로드]를 선택합니다.

03 [웹용]의 [PPT]를 선택하고 [다운로드]를 클릭하면 파워포인트와 같은 프레젠테이션 프로그램을 통해 실행할 수 있어요.

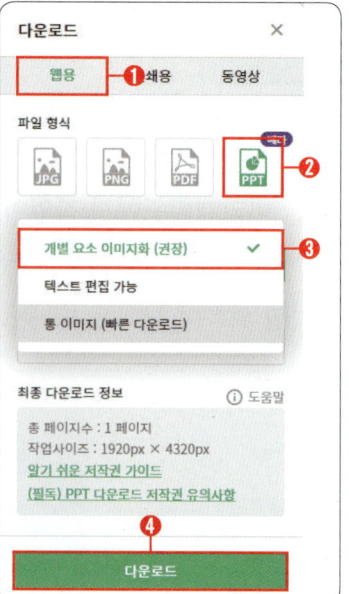

TipTalk

- **개별 요소 이미지화**: 페이지에 들어있는 텍스트, 사진, 요소 등이 개별 이미지로 고정된 채 저장되는 형식입니다. 다운로드한 후 텍스트를 수정할 수는 없지만 구성 요소는 선택해 삭제할 수 있어요.
- **텍스트 편집 가능**: 다운로드한 파일에서 텍스트를 수정할 수 있어요. 하지만 사용자의 컴퓨터에 해당 폰트가 없는 경우 기본 폰트로 표시됩니다.
- **통 이미지**: 각 페이지가 하나의 이미지로 통합되어 저장됩니다. 수정이 불가능하지만 빠르게 다운로드할 수 있어요.

04 작업한 결과물은 자동으로 [작업 공간] 메뉴의 [내 디자인] 안에 저장됩니다. 언제든지 다시 불러와 편집할 수 있으며, 결과물을 마우스 오른쪽 버튼으로 클릭하면 [사본 만들기]를 선택해 복제하여 활용할 수 있습니다.

> **잠깐만요** '인쇄용' 다운로드와 '동영상' 다운로드
>
> [인쇄용] 다운로드는 파일을 출력해야 하는 경우 적합한 방식으로, 이미지 형식 파일인 'JPG'와 문서 형식 파일인 'PDF' 형태로 다운로드할 수 있어요.
> [동영상] 다운로드를 선택하면 고화질 동영상 형식인 'MP4' 파일과 짧은 동영상에 적합한 'GIF' 파일을 다운로드할 수 있어요.
>
>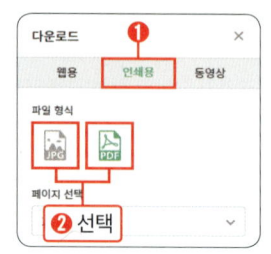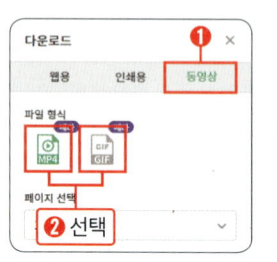

다가오는 미래의 직업

시대가 변화하면서 자취를 감추는 직업도, 또 새롭게 생겨나는 직업도 많아요. 예를 들어 자동차가 발전하고 대중교통이 발달하면서 인력거를 끄는 '인력거꾼'은 사라졌지만, 버스 기사나 택시 기사와 같은 새로운 직업이 등장했어요.

이처럼 직업은 시대에 따라 변합니다. 디지털 기술이 급속도로 발전하는 오늘날에는 더욱 더 빠른 속도로 변화가 이루어지고 있죠. 그렇다면 미래의 직업 중 컴퓨터와 관련된 직업은 무엇이 있는지 살펴볼까요?

첫 번째로 '빅데이터 분석가'는 빅데이터를 이용하여 정보를 찾고 결과를 예측하여 사람들의 행동이나 시장의 변화를 분석하는데 도움을 줍니다. 빅데이터를 활용하면 사람들의 의료 데이터를 분석해 질병을 예방하거나 맞춤형 의료 서비스를 제공할 수 있어요. 상품 검색 데이터와 구매 데이터를 분석하여 사람들이 어떤 상품을 사고 싶어하는지 예측하기도 하고요. 이 과정을 통해 각각의 고객에게 맞춤 추천 상품을 제공하여 그 물건을 사도록 유도해요.

두 번째로 '정보 보호 전문가'는 해킹으로부터 정보를 보호하기 위한 프로그램을 개발하고 중요한 정보를 복원하는 일을 해요. 컴퓨터 바이러스를 막기 위해 백신 프로그램을 만들고, 컴퓨터에 있는 정보를 함부로 볼 수 없도록 인증 시스템을 만들기도 하죠. 개인정보의 중요성이 강조되는 오늘날 꼭 필요한 직업이라고 할 수 있겠죠?

세 번째로 '아바타 디자이너'는 메타버스라는 가상 공간에서 사람들을 대신하는 아바타를 만들고 꾸미는 일을 해요. 아바타의 모습을 디자인할 뿐만 아니라 아바타가 입는 옷이나 신발 등을 만들기도 해요. 여러분의 개성을 보여주는 아바타의 옷차림이나 헤어 스타일 모두 아바타 디자이너의 작품이에요.

하루가 다르게 바뀌는 현대 사회에서 컴퓨터와 관련된 미래의 직업은 무엇이 있을지 살펴보았습니다. 여러분도 미래의 모습을 상상해 보면서 앞으로 어떤 일을 하고 싶은지 생각하는 시간을 가져 보세요!

곰믹스로 영상을 편집해요

영상을 편집해 본 경험이 있나요? 예전에는 전문 프로그램을 다룰 줄 모르면 영상을 편집하기 어려웠어요. 영상을 제작하려면 비싼 카메라와 좋은 컴퓨터가 필요했기 때문에 영상 편집은 전문가의 영역이라고만 생각했죠.

하지만 요즘에는 누구나 영상을 간단하게 제작할 수 있어요. 스마트폰으로도 충분히 영상을 촬영할 수 있고, 조작 방법이 어렵지 않은 영상 편집 프로그램도 많아졌거든요.

그 중에서도 컴퓨터용 영상 편집 프로그램인 '곰믹스'을 사용하면 누구나 영상을 제작할 수 있어요. 무료 프로그램인데도 다양한 효과를 이용해 간단히 편집할 수 있기 때문이죠. 누구나 쉽고 빠르게 영상을 편집할 수 있는 '곰믹스'에 대해 자세히 알아볼까요?

짜잔! 내가 찍은 동영상이야.

멋지다! 그런데 유튜브 동영상처럼 자막을 넣을 수는 없을까? 앞뒤로 필요 없는 부분은 삭제해도 좋겠어.

영상 편집은 너무 어려울 것 같은데...

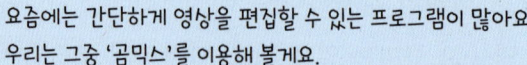
요즘에는 간단하게 영상을 편집할 수 있는 프로그램이 많아요. 우리는 그중 '곰믹스'를 이용해 볼게요.

어렵지는 않나요?

곰믹스는 무료로 사용할 수 있고, 조작 방법이 간단하다는 장점을 가지고 있어요. 기본적인 편집은 뚝딱뚝딱 해낼 수 있답니다.

우와, 내가 직접 영상을 만들 수 있다니! 지금 당장 배워 볼래요!

영상 편집 프로그램 '곰믹스'

01 '곰믹스' 알아보기

'곰믹스'는 어떤 프로그램인가요?

'곰믹스'는 컴퓨터로 영상을 편집할 수 있는 프로그램으로, 간단히 영상을 편집하고 여러 가지 효과를 적용할 수 있어요. 전문가용 편집 프로그램에 비해 구성이 간단하고 조작법이 쉬워서 처음 사용하는 사람도 금방 익숙해질 수 있답니다.

▲ 영상 편집 앱 '곰믹스'

> **잠깐만요** '곰믹스 프로'는 무엇인가요?
>
> '곰믹스' 편집 프로그램에는 '곰믹스'와 '곰믹스 프로'가 있어요. 먼저 '곰믹스'는 초보자용 프로그램으로, 영상을 자르거나 합치고 자막을 넣는 등 간단한 편집 기능을 이용할 수 있어요. 반면 '곰믹스 프로'는 더 전문적으로 영상을 편집할 수 있도록 만든 프로그램이에요. '곰믹스'보다 더 다양한 효과를 사용할 수 있고, 자막과 이미지를 따로 구분해서 편집하는 등 세밀한 작업이 가능해요. 그리고 '곰믹스'는 모든 기능을 무료로 사용할 수 있지만 '곰믹스 프로'에서는 다양한 기능을 활용하기 위해 유료 결제가 필요하기도 해요.

'곰믹스' 설치하기

곰믹스를 사용하기 위해 프로그램을 설치해 볼까요? 포털사이트 검색창에 '곰믹스'라고 검색해 '곰믹스' 사이트에 접속하세요. 사이트 아래의 [무료 다운로드]을 클릭해 설치 프로그램을 다운로드합니다.

다운로드한 설치 프로그램을 실행하고 설치 창이 나타나면 [다음]을 클릭합니다. 이용 약관을 살펴보고 [동의함] 버튼을 클릭한 후, 안내에 따라 설치를 진행하면 됩니다.

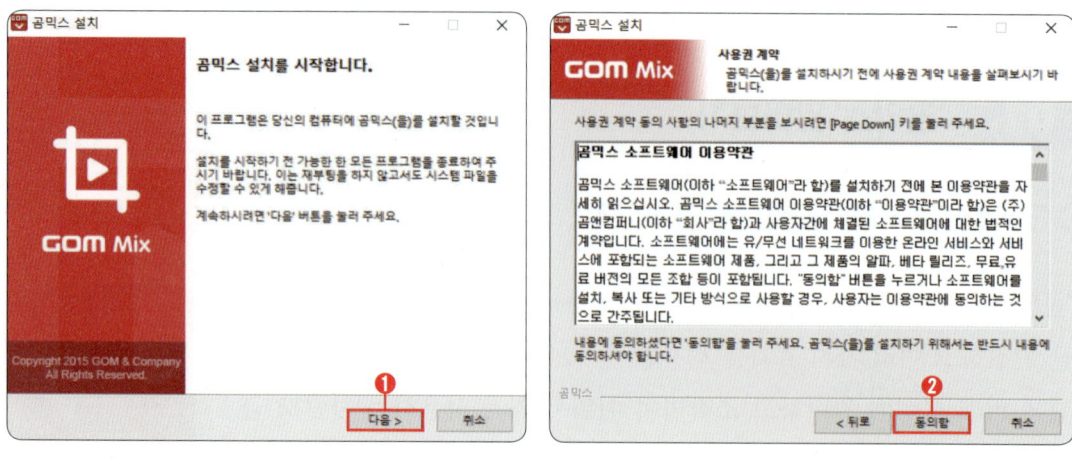

TipTalk '애플리케이션(Application)'이란 스마트폰 내에서 특정한 기능을 수행하도록 만든 프로그램이에요.

02 곰믹스 살펴보기

설치한 곰믹스 프로그램을 실행하고 각각의 메뉴를 살펴보겠습니다. 작업표시줄의 검색창에 '곰믹스'를 입력해 곰믹스 앱을 실행하세요.

곰믹스 작업 화면은 미리보기 영역, 소스 및 효과 영역, 타임라인 영역, 인코딩 영역으로 구분됩니다.

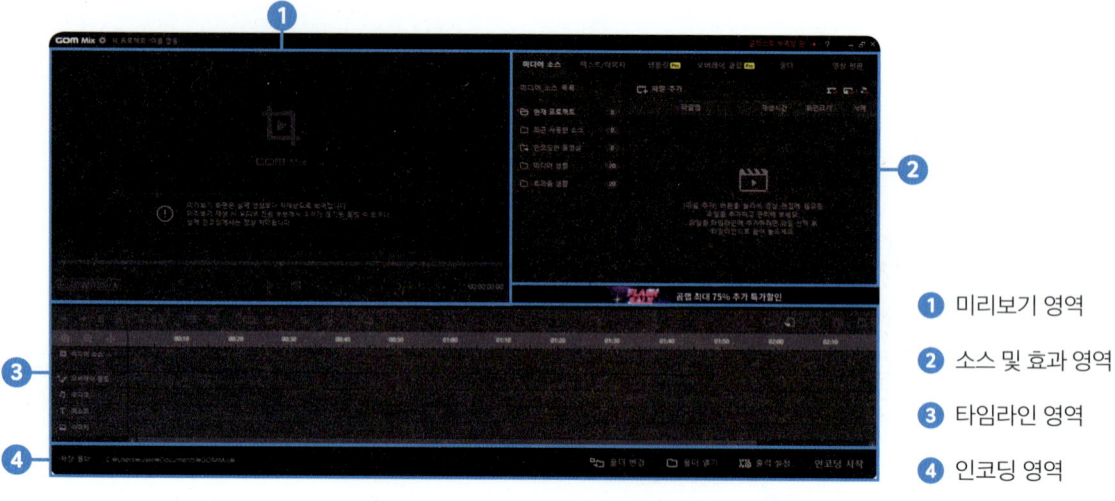

❶ 미리보기 영역
❷ 소스 및 효과 영역
❸ 타임라인 영역
❹ 인코딩 영역

〉미리보기 영역 〈

미리보기 영역에서는 현재 편집 중인 영상과 적용된 효과를 확인할 수 있어요. 재생 컨트롤러를 사용하여 영상을 재생하거나 멈춥니다.

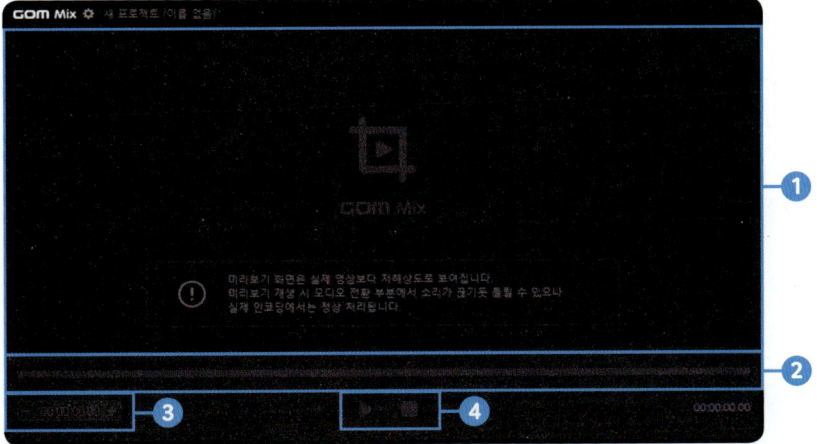

① **미리보기 화면** : 편집 중인 영상 및 영상에 적용된 효과가 표시됩니다.
② **탐색바** : 미리보기 화면에 표시되는 영상의 위치를 조절할 수 있어요.
③ **재생 위치 설정** : 재생 시간을 직접 입력하여 영상의 위치를 지정할 수 있어요.
④ **재생 컨트롤러** : 미리보기 화면의 영상을 재생하거나 멈출 수 있어요.

〉소스 및 효과 영역 〈

소스 및 효과 영역에서는 편집할 때 사용할 영상, 배경 이미지, 오디오, 텍스트를 추가하고 영상 필터와 같은 특수 효과를 적용할 수 있어요.

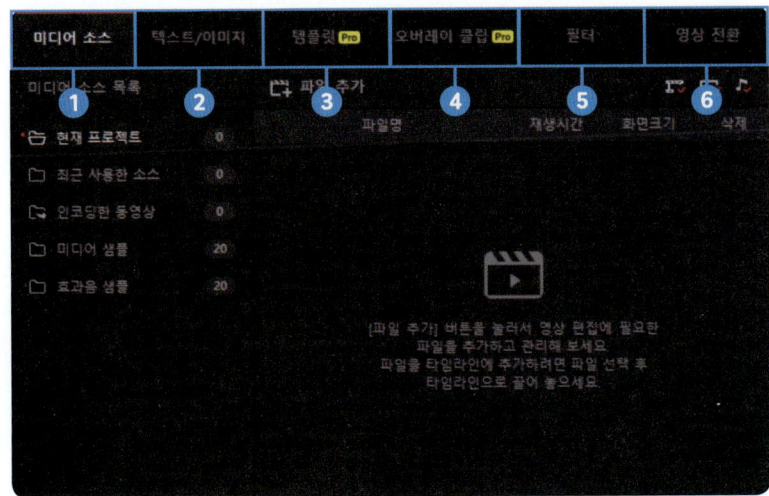

① **미디어 소스** : 새로운 동영상이나 이미지, 오디오 파일을 추가하고 목록을 확인해요.
② **텍스트/이미지** : 이미지나 텍스트를 추가하고 목록을 확인해요.
③ **템플릿** : 곰믹스에서 제공하는 템플릿을 확인하고 적용해요.
④ **오버레이 클립** : 곰믹스에서 제공하는 오버레이 클립을 확인하고 적용해요.
⑤ **필터** : 영상에 색상 필터를 적용하여 다양한 색감을 표현해요.
⑥ **영상전환** : 영상과 영상 사이의 화면 전환 효과를 적용해요.

〉 타임라인 영역 〈

타임라인 영역에서는 영상 편집을 위해 추가한 영상 클립과 특수 효과를 확인하고 편집할 수 있어요.

① **소스 편집 메뉴** : 미디어 소스 트랙에 추가된 영상, 오디오를 잘라내는 등 편집할 수 있어요.
② **프로젝트 관리 메뉴** : 현재 작업 중인 내용을 저장하거나 새로운 프로젝트를 생성해요.
③ **소스 트랙** : 편집하기 위해 추가된 미디어, 오버레이, 오디오 등을 확인하고 편집해요.

〉 인코딩 영역 〈

인코딩 영역에서는 편집이 끝난 영상을 영상 파일로 내보내는 과정인 '인코딩'을 할 수 있어요.

① **저장 폴더 경로** : 인코딩한 파일이 저장되는 위치가 표시됩니다.
② **폴더 변경** : 인코딩한 파일이 저장되는 곳을 바꿀 수 있어요.
③ **폴더 열기** : 인코딩한 파일이 저장되는 폴더를 열어요.
④ **출력 설정** : 인코딩을 위한 설정을 바꿀 수 있어요.
⑤ **인코딩 시작** : 편집한 영상을 파일로 인코딩합니다.

영상 자르고 자막 넣기

01 곰믹스 프로그램을 이용해 영상을 자르고 자막과 그림을 넣어볼게요. 편집하고 싶은 영상을 추가하기 위해 소스 및 효과 영역의 [미디어 소스]-[파일 추가]를 클릭해요. '열기' 창이 나타나면 불러오고 싶은 영상 파일을 선택하고 [열기]를 클릭해요.

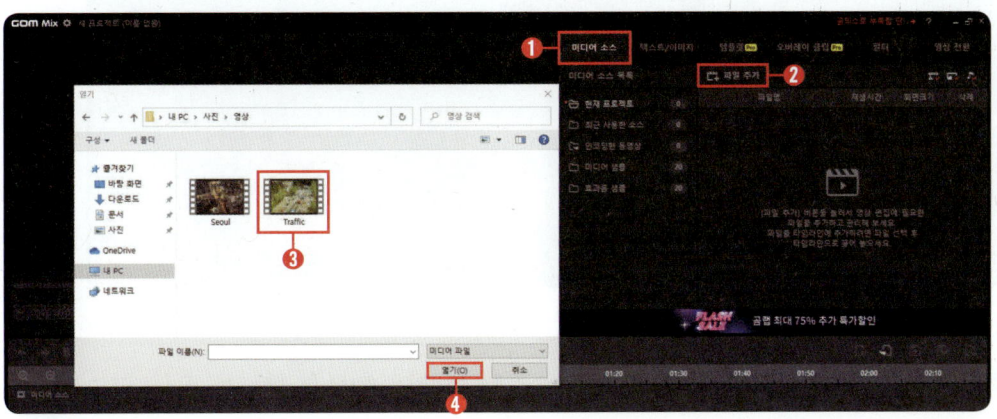

TipTalk 스마트폰으로 촬영한 영상을 컴퓨터로 옮기려면 카카오톡으로 전송한 영상을 PC카카오톡을 이용해 저장하거나, '구글 드라이브'와 같이 파일을 저장할 수 있는 사이트를 활용해요.

02 현재 프로젝트의 영상 목록에 영상이 추가된 것을 확인할 수 있어요. 추가된 영상을 마우스 드래그하여 아래쪽 미디어 소스 영역으로 옮겨요.

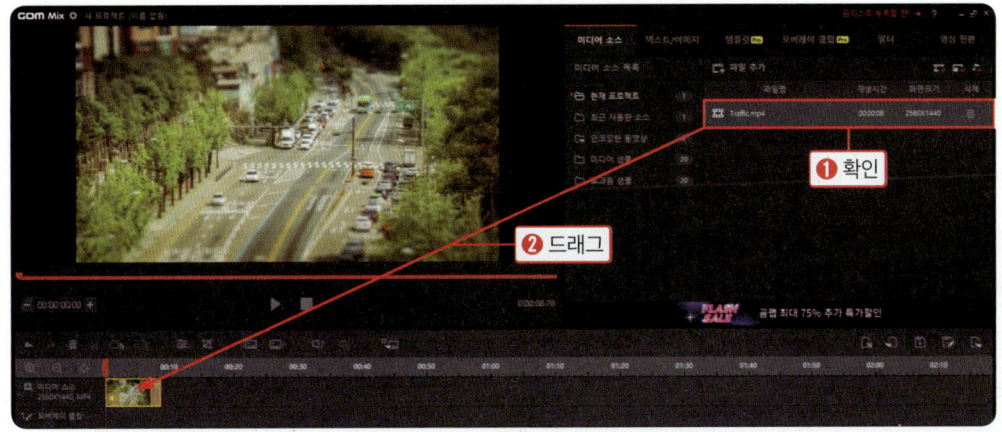

TipTalk 추가된 영상을 확인하고 싶다면 미리보기 영역의 [재생](▶) 버튼을 클릭합니다.

03 영상 클립을 하나 더 추가해 볼까요? **01** 과정처럼 영상을 하나 더 불러오고 영상 목록에 추가된 영상을 드래그해 추가되어 있던 영상 클립 옆으로 옮겨요.

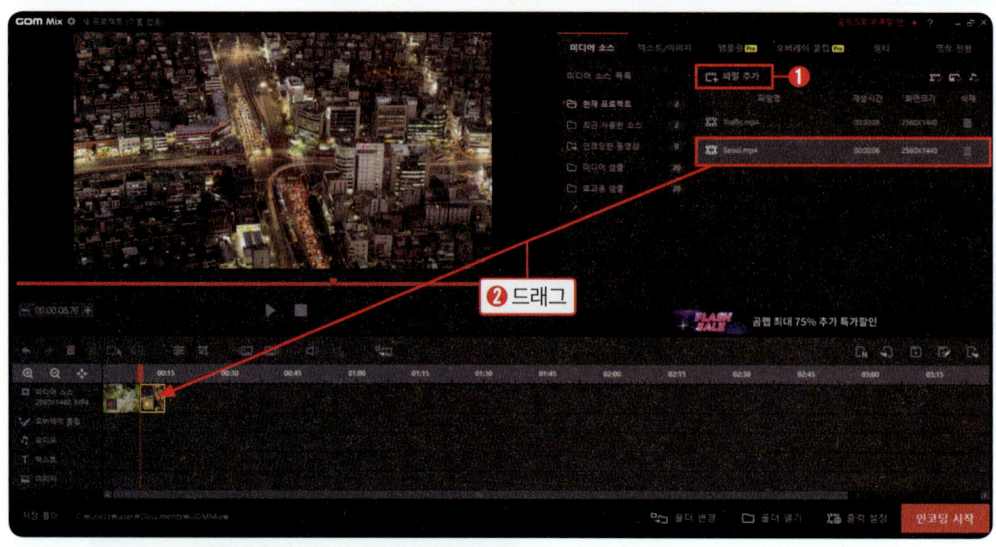

> **잠깐만요** **영상 클립을 널찍하게 보고 싶어요.**
>
> 미디어 소스 영역의 영상 클립이 잘 보이지 않나요? 쉽게 편집하기 위해 미디어 소스 영역 위 [전체 보기]( ) 버튼을 클릭합니다. 영상 클립이 확대되어 더 잘 보여요.
>
>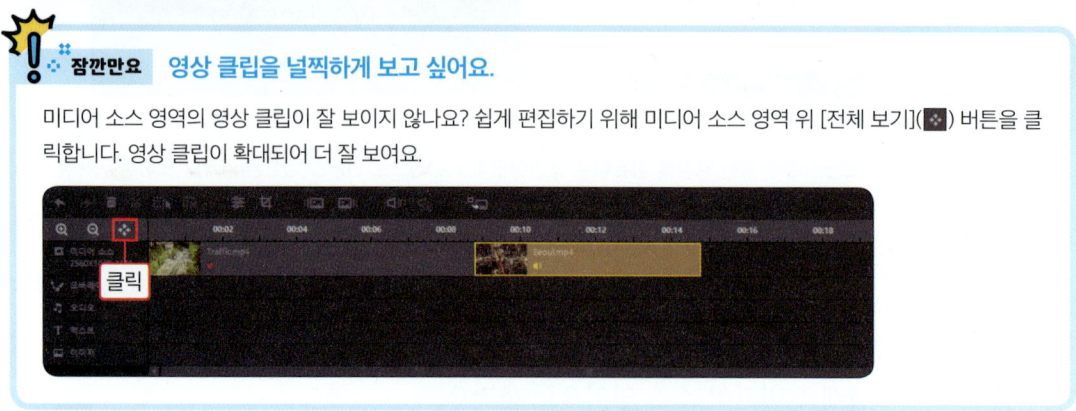

04 두 개 이상 추가된 영상의 재생 순서를 바꿔 볼까요? 옮기고 싶은 영상 위로 마우스를 옮기면 마우스 커서가 ✥ 모양으로 바뀌어요. 영상을 드래그해 다른 영상으로 위로 드래그하면 영상의 순서가 변경됩니다.

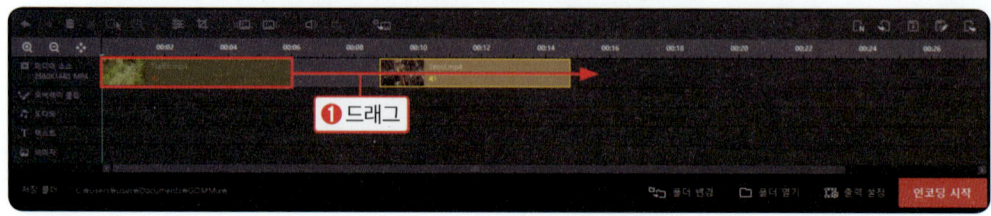

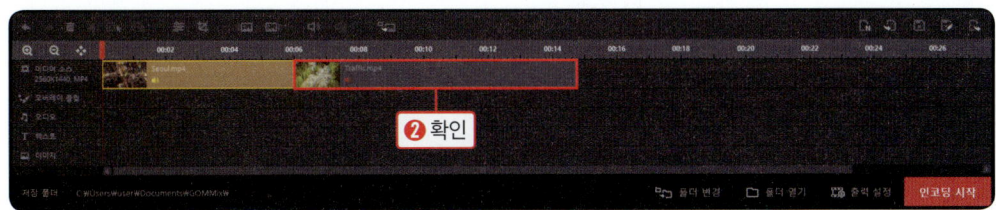

05 추가된 영상을 살펴보고 '컷 편집'을 해 볼까요? 먼저 잘라낼 부분을 찾기 위해 [재생] (▶) 버튼을 눌러 영상을 살펴보고, 자르고 싶은 부분에서 [정지](■) 버튼을 클릭해요. 소스 편집 메뉴의 [자르기](✂) 버튼을 클릭하면 빨간 선을 기준으로 영상 클립이 분리됩니다.

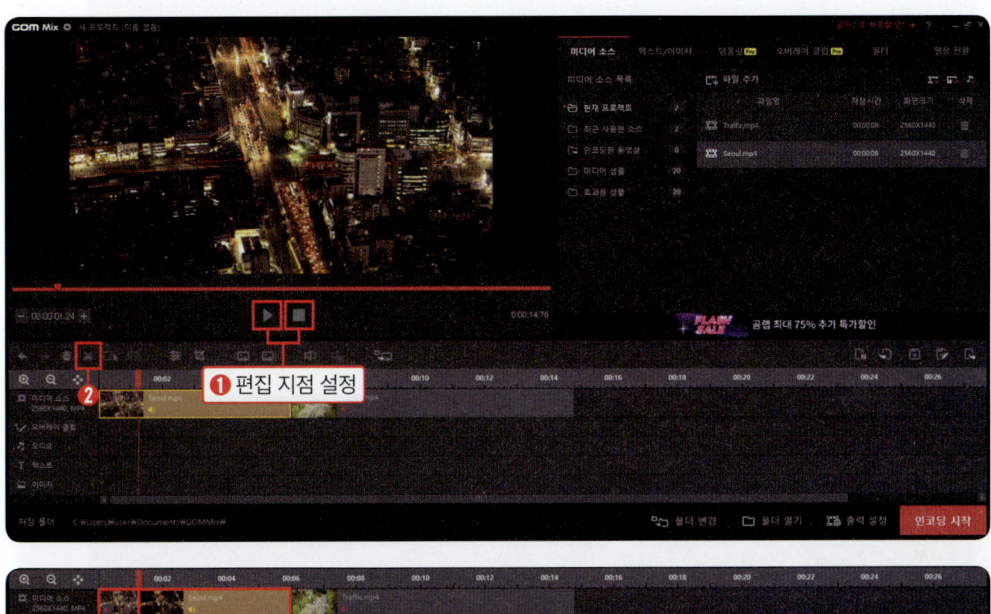

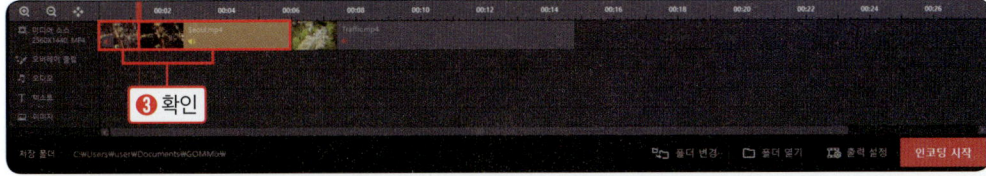

 '컷(cut) 편집'이란 영상에서 필요하지 않은 부분을 잘라내서 지우는 것을 말해요.

06 삭제하고 싶은 영상 클립을 선택한 후 소스 편집 메뉴의 [삭제](🗑) 버튼을 클릭해요.

> **TipTalk** 만약 편집 도중 해당 작업을 실행하기 전으로 되돌리고 싶다면 소스 편집 메뉴의 [실행 취소](↶) 버튼을 클릭해요.

07 영상에 자막을 넣어 볼까요? 소스 및 효과 영역의 [텍스트/이미지]-[텍스트 추가]를 클릭해요. 자막 추가 화면이 나타나면 원하는 내용을 입력합니다.

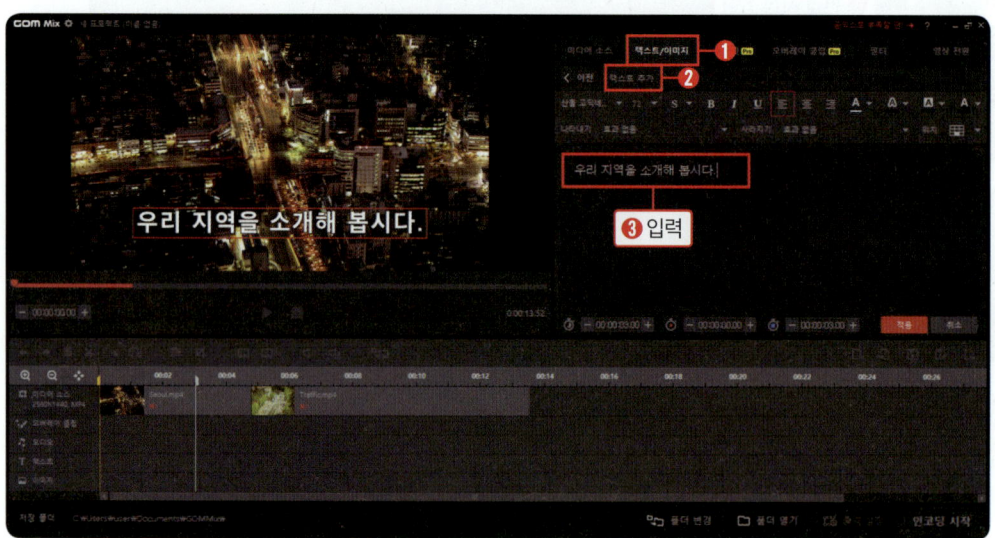

08 입력창 위의 서식 메뉴를 활용하면 글꼴과 크기, 색상을 바꿀 수 있어요.

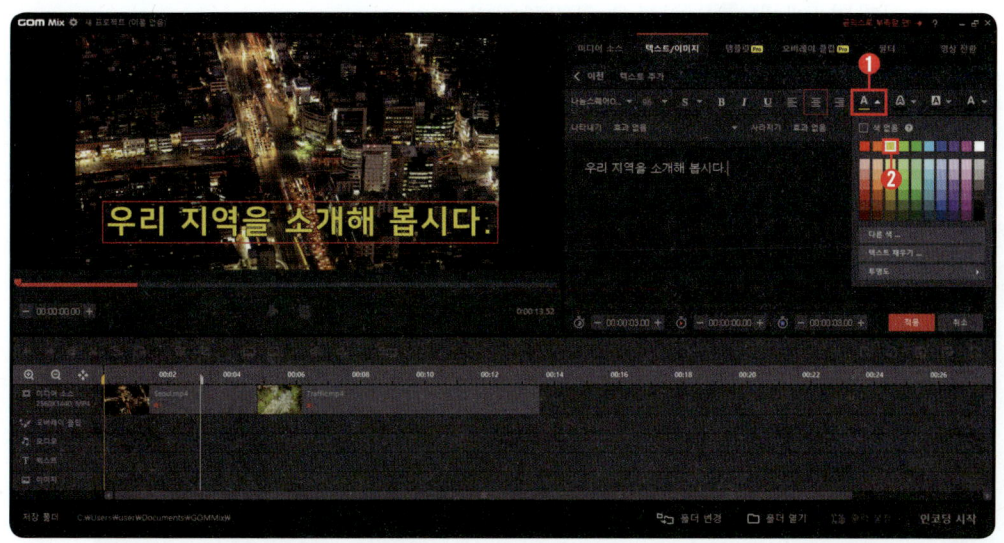

09 자막의 위치를 변경하고 싶다면 미리보기 화면의 자막을 드래그해 원하는 곳으로 옮겨요. 모든 설정이 끝났다면 자막 추가 화면에 있는 [적용]을 클릭합니다.

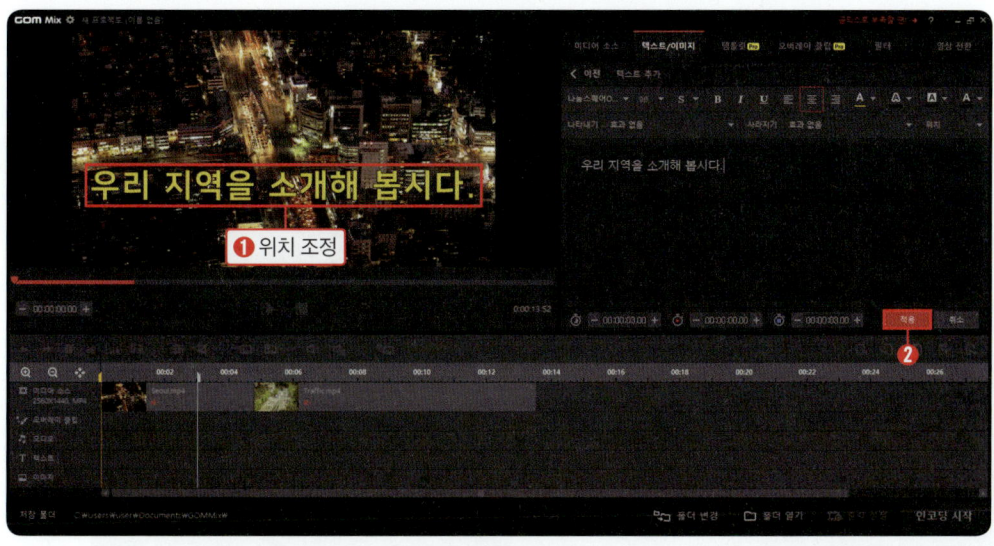

10 아래 텍스트 트랙에 자막이 추가된 것을 확인할 수 있어요. 추가된 자막이 영상에 나타나는지 확인하고 싶다면 [재생](▶) 버튼을 클릭합니다.

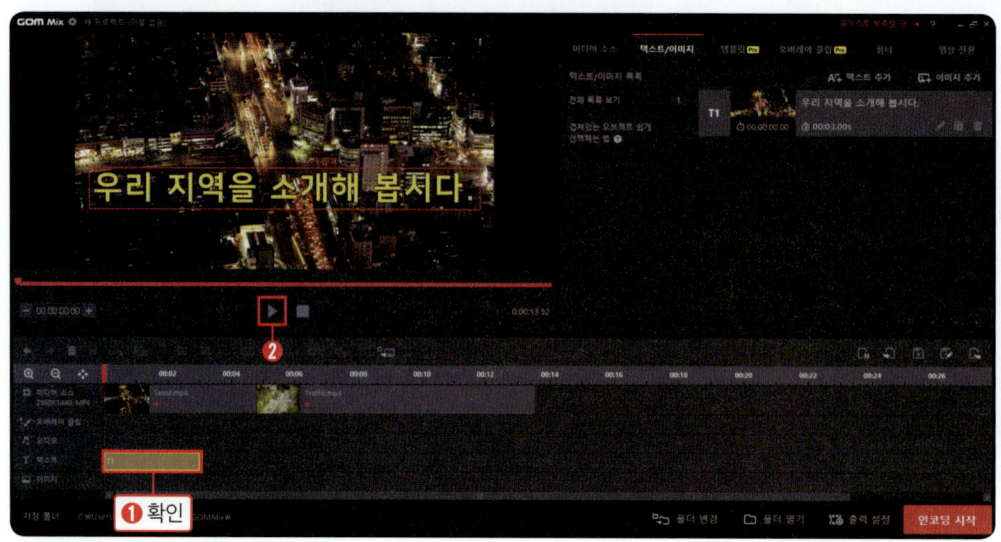

11 자막이 나오는 시간을 늘리거나 줄이고 싶다면 텍스트 트랙에 추가된 자막의 끝부분으로 마우스 커서를 옮겨 보세요. 마우스 커서가 ↔ 모양으로 바뀌면 드래그하여 자막이 나오는 시간을 조절해요.

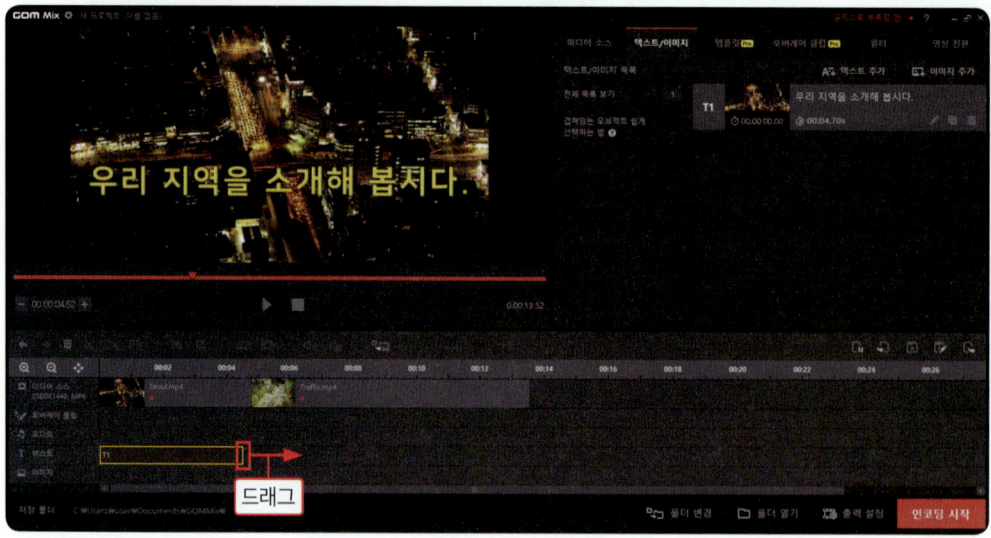

영상에 이미지 추가하기

01 영상에 이미지를 넣어 볼까요? 아래의 막대를 드래그하여 그림을 넣을 지점으로 이동한 후 소스 및 효과 영역의 [텍스트/이미지]-[이미지 추가]를 클릭하세요.

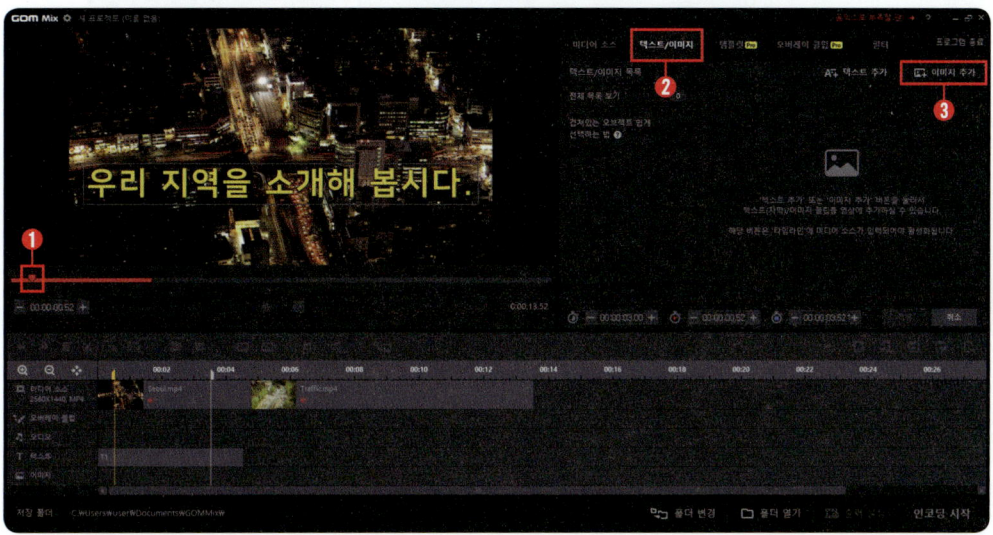

02 이미지 추가 화면이 나타나면 원하는 이미지를 클릭해 보세요. 미리보기 화면 위에 이미지가 추가됩니다.

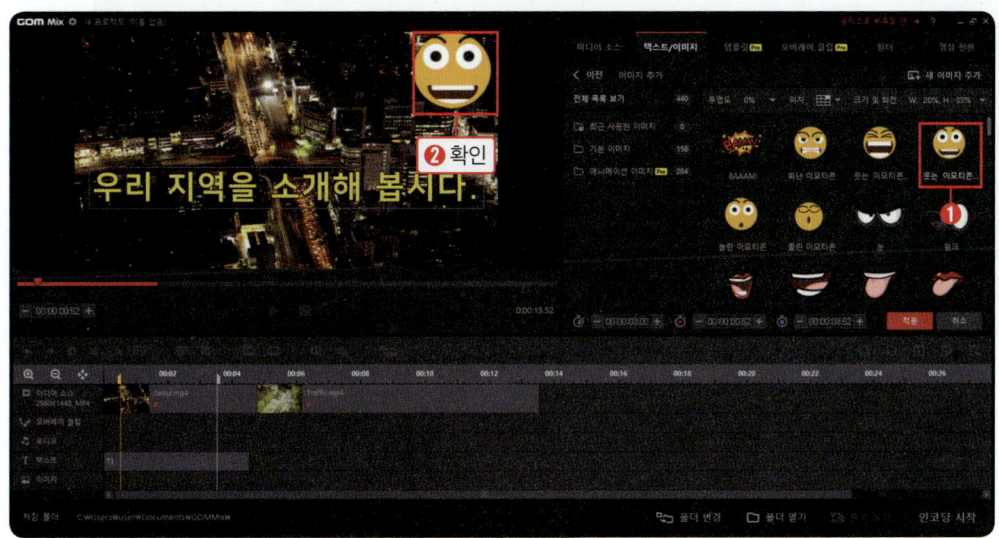

03 그림의 위치를 바꾸고 싶다면 미리보기 화면의 이미지로 마우스를 옮겨 보세요. 마우스 커서가 ✥ 모양으로 바뀌면 이미지를 드래그해 원하는 위치로 옮겨요.

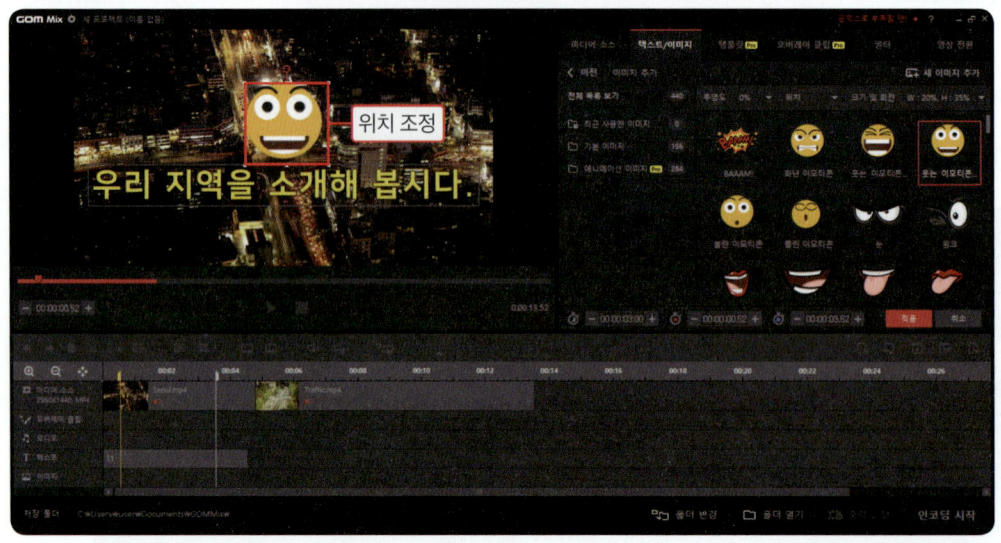

04 이미지의 크기를 바꾸고 싶다면 테두리의 흰색 점을 드래그합니다. 모든 설정이 끝났다면 자막 추가 화면에 있는 [적용]을 클릭해요.

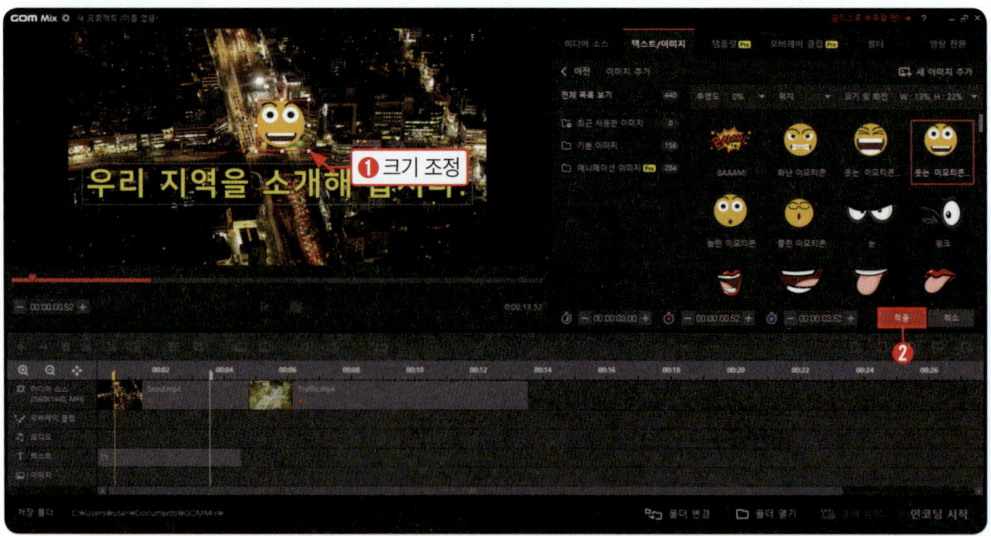

05 내가 직접 찍은 사진이나 다운로드한 이미지를 넣을 수도 있어요. 이미지 추가 화면에서 [새 이미지 추가]를 클릭해요. '열기' 창이 나타나면 파일을 선택하고 [열기]를 클릭합니다.

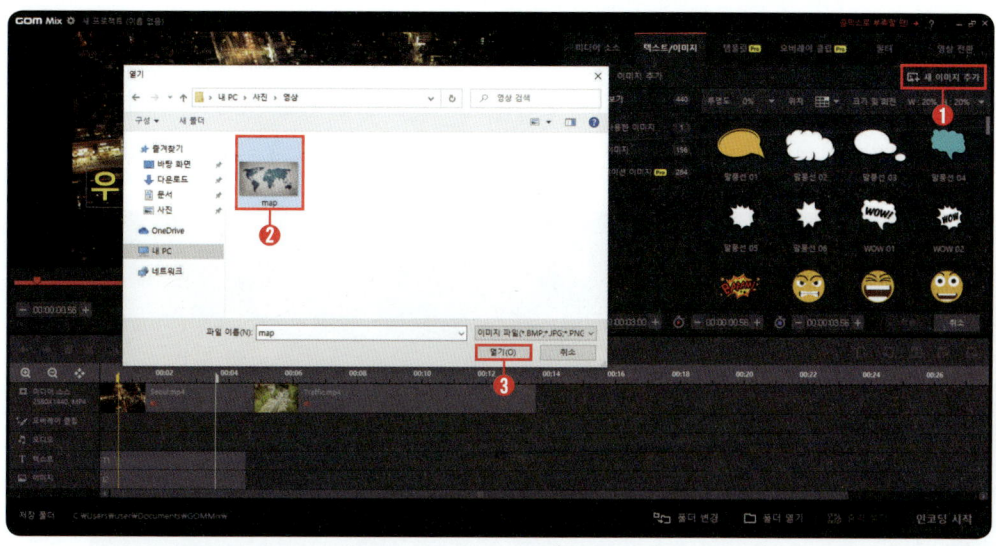

06 미리보기 화면 위에 그림 또는 사진이 추가된 것을 확인할 수 있어요. 위치를 옮기거나 크기를 조절한 후 [적용]을 클릭하세요.

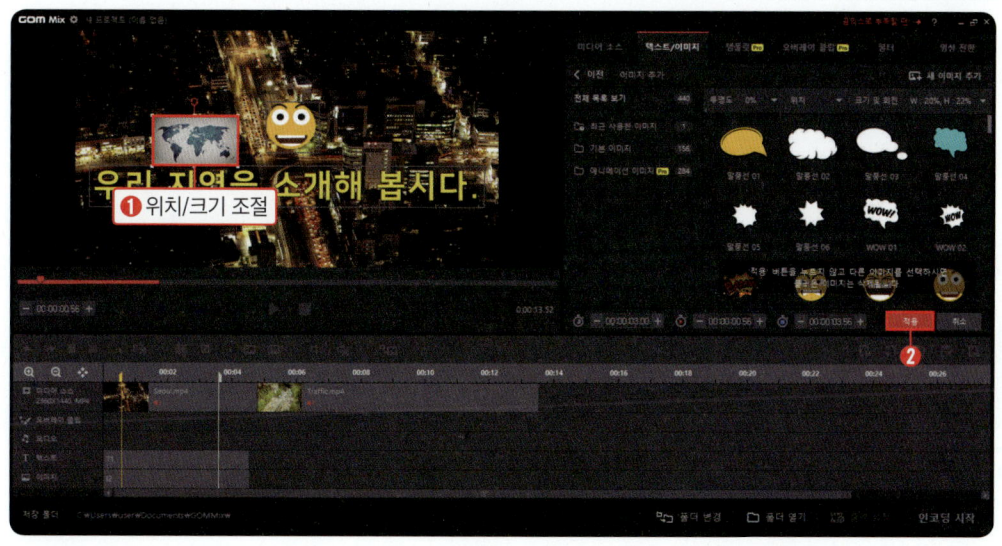

TipTalk 다른 사람의 얼굴을 허락 없이 사용하는 것은 초상권을 침해하는 행동이에요. 친구의 얼굴이 찍힌 사진이 있다면 사용하지 않아야 해요. 만약 친구의 얼굴이 나온 사진을 사용하고 싶다면 반드시 친구 부모님의 동의를 받아야 합니다.

 **영상 인코딩하기**

01 편집이 끝난 프로젝트를 저장해 봅시다. 프로젝트 관리 메뉴의 [프로젝트로 저장]을 클릭합니다. '다른 이름으로 저장' 창이 나타나면 파일을 저장할 폴더를 지정하고 파일의 이름을 수정한 후 [저장]을 클릭해요.

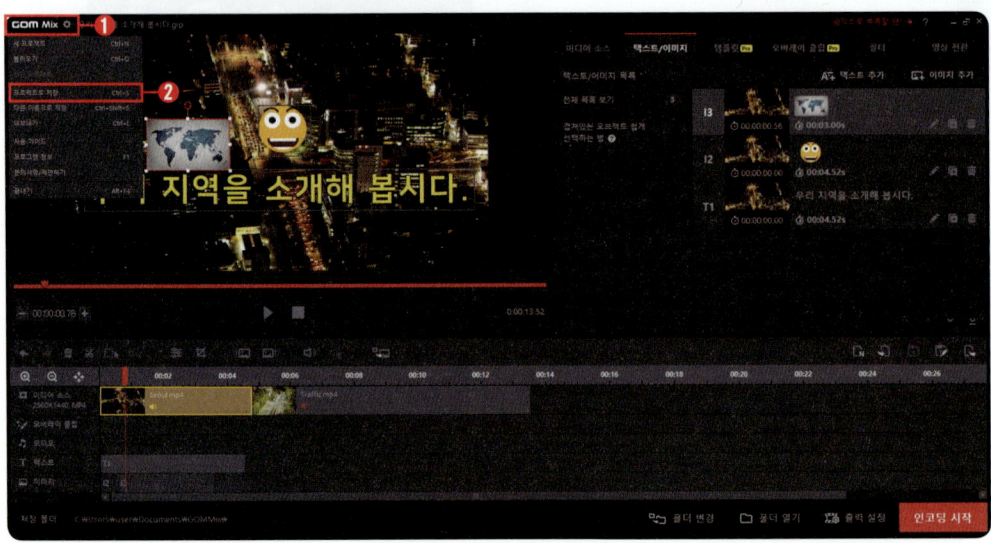

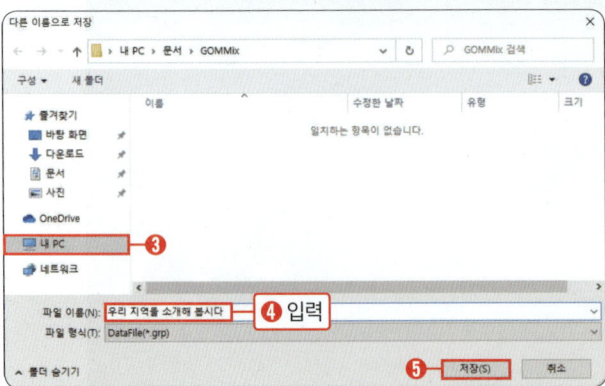

> **TipTalk** 이렇게 저장한 프로젝트는 곰믹스에 다시 불러와 편집할 수 있어요.

220

02 저장된 프로젝트를 영상 파일로 저장하기 위해 '인코딩'을 해 볼까요? 인코딩 영역의 [인코딩 시작]을 클릭하면 '인코딩' 창이 나타납니다. 영상을 저장할 폴더를 지정하고 이름을 입력한 후 [인코딩 시작]을 클릭합니다.

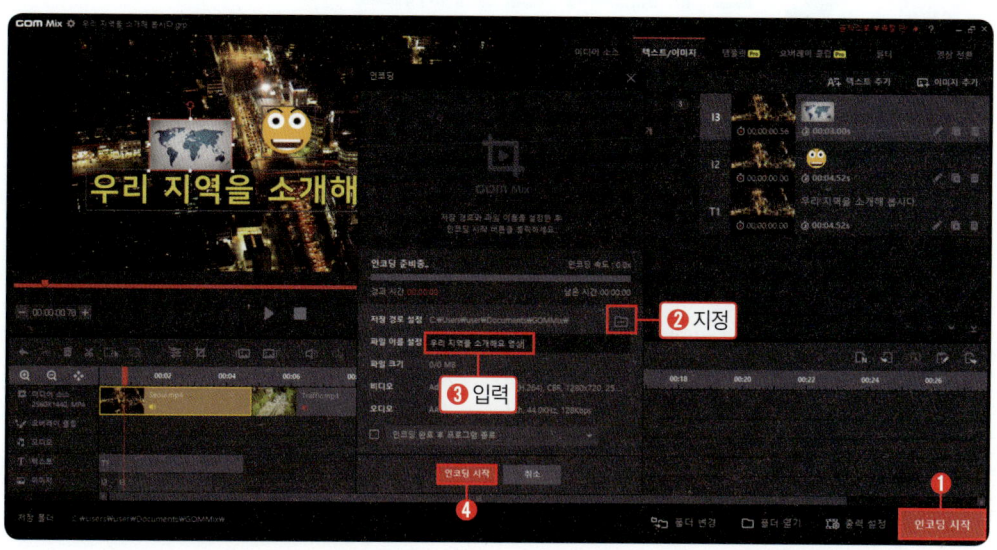

03 인코딩 작업이 시작되면 인코딩이 완료될 때까지 프로그램을 끄지 않고 기다려야 합니다. 인코딩이 완료되면 지정한 폴더에 영상 파일이 저장된 것을 확인할 수 있어요.

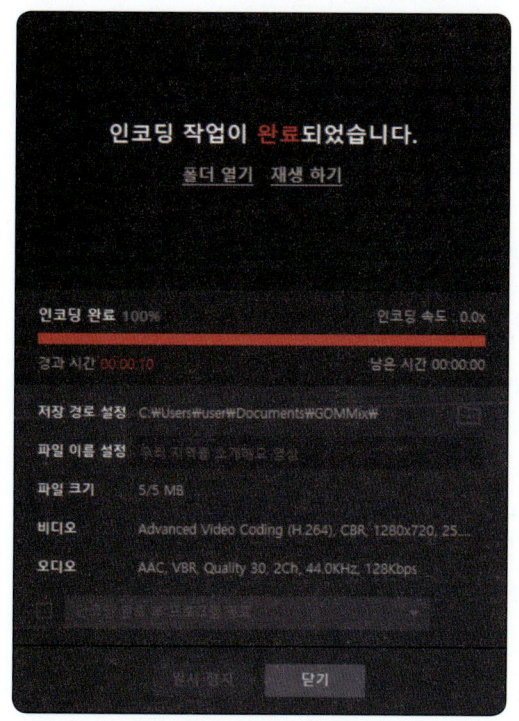

TipTalk '인코딩'은 편집한 영상 프로젝트를 영상 파일 형식으로 저장하는 과정입니다. 친구들에게 완성된 영상을 보여주고 싶다면 '인코딩' 과정이 꼭 필요해요!

패들렛을 활용해 친구들과 협업해요

학교에서 내준 숙제를 하기 위해 친구들과 모둠 활동을 했던 경험이 있을 거예요. 같은 모둠 친구들과 이야기를 나누며 발표를 준비하곤 하죠.

그런데 학교 수업시간 이외에는 친구들과 만나 의견을 나누기가 어려워요. 교실에서는 옆자리에 앉은 친구들과 바로 이야기할 수 있지만, 집에 돌아가서는 친구들에게 일일이 연락해 생각을 모아야 하기 때문이죠.

이때 '패들렛'을 이용하면 다른 친구들과 의견을 쉽게 나눌 수 있어요. '패들렛'은 사람들이 직접 만나지 않고도 소통하며 함께 콘텐츠를 만들 수 있도록 개발된 프로그램이랍니다. 여러 사람이 진행하는 과제의 현황을 실시간으로 파악할 수 있어요.

이번 시간에는 '패들렛'을 활용해 나와 친구의 생각을 쉽고 빠르게 공유하는 방법을 익혀 볼까요? '패들렛'과 함께라면 여러분도 모둠 활동 전문가가 될 수 있어요!

 모둠 활동을 더 편하게 하는 방법 없을까요? 친구들에게 전화를 걸거나 메시지를 보내서 의견을 모으기가 어려워요.

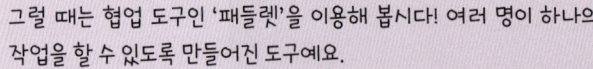 그럴 때는 협업 도구인 '패들렛'을 이용해 봅시다! 여러 명이 하나의 작업을 할 수 있도록 만들어진 도구예요.

 오, 같은 인터넷 공간에 글을 올려 서로 확인할 수 있네요! 링크나 파일도 공유할 수 있고요.

맞아요. 함께 활동을 할 때 활용하기에 좋은 기능들이 많죠? 특히 중고등학생이 되면 이렇게 모둠 활동을 할 일이 많아요. 협업 도구를 사용하는 방법을 익힌다면 어려운 과제도 척척 해낼 수 있을 거예요.

패들렛 살펴보기

01 패들렛을 사용하기 위해 회원 가입을 해 볼까요? 포털사이트 검색창에 '패들렛'이라고 검색해 사이트에 접속하고 패들렛 사이트의 [무료로 가입하기]를 클릭해 봅시다.

02 구글, 애플, 마이크로소프트 계정이 있으면 연결하여 가입할 수 있어요. 다른 이메일 주소로 가입하려면 이메일 주소를 입력하고 [계속]을 클릭합니다. 다음 화면에서 비밀번호를 입력한 후 [Create account]를 클릭해 패들렛 계정을 만들어요.

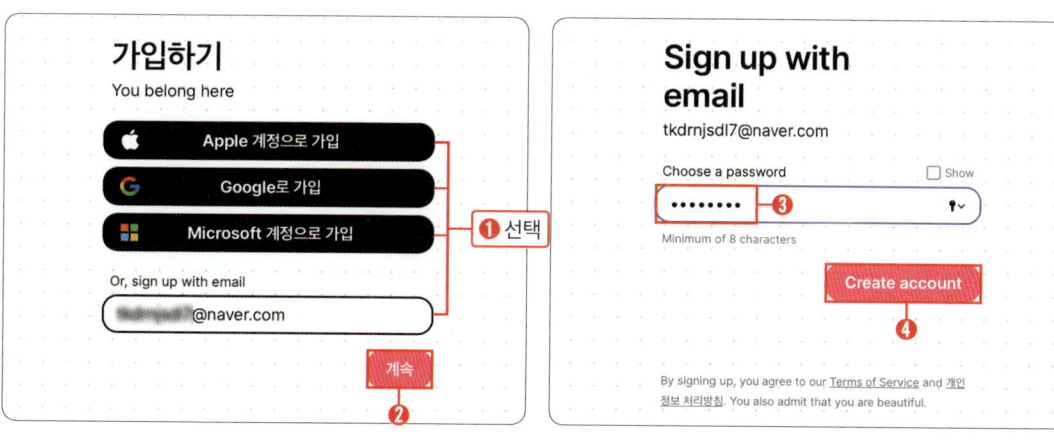

TipTalk 이메일 주소가 없는 친구는 가족의 도움을 받아 이메일 계정을 만들어 보세요. 이메일 계정을 만들면 사람들과 이메일을 주고받을 수 있답니다.

03 가입이 끝나면 새로운 화면이 나타납니다. 맨 아래 'Neon'의 [Continue(계속)]을 클릭하면 패들렛을 사용할 수 있어요.

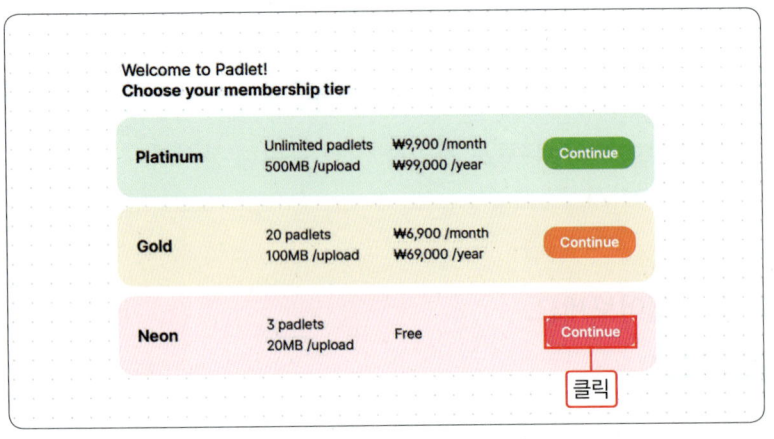

> **TipTalk** 'Platinum'과 'Gold'는 다달이 돈을 지불하고 사용해야 하는 유료 버전이니 선택하지 않도록 주의하세요!

04 패들렛의 다양한 서식을 살펴볼까요? 오른쪽 위의 [Padlet 만들기]를 클릭하면 일곱 가지 서식을 확인할 수 있어요. 사용 목적에 따라 서식을 선택해 봅시다.

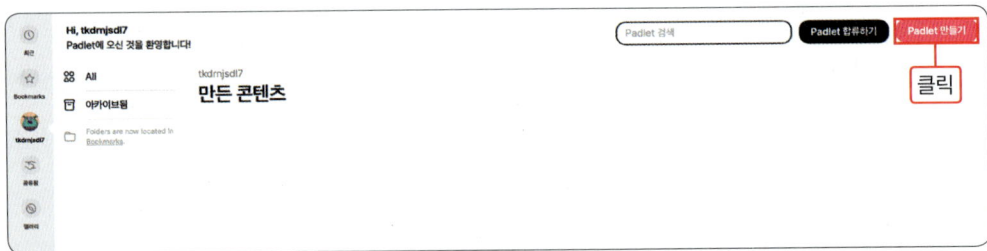

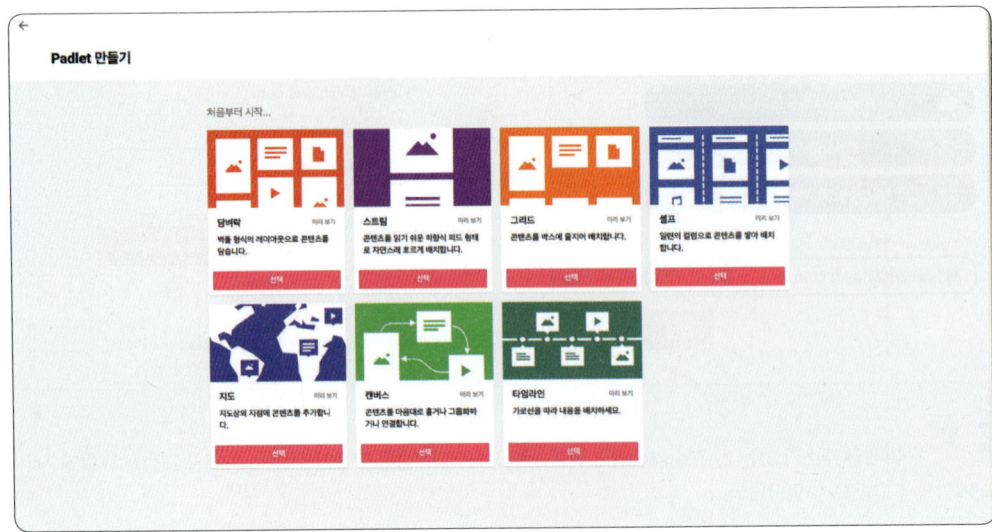

패들렛의 서식 살펴보기

❶ **담벼락**: 작성한 글들이 자동으로 정리돼요.

❷ **스트림**: 작성한 글이 읽기 편하게 세로로 정리돼요.

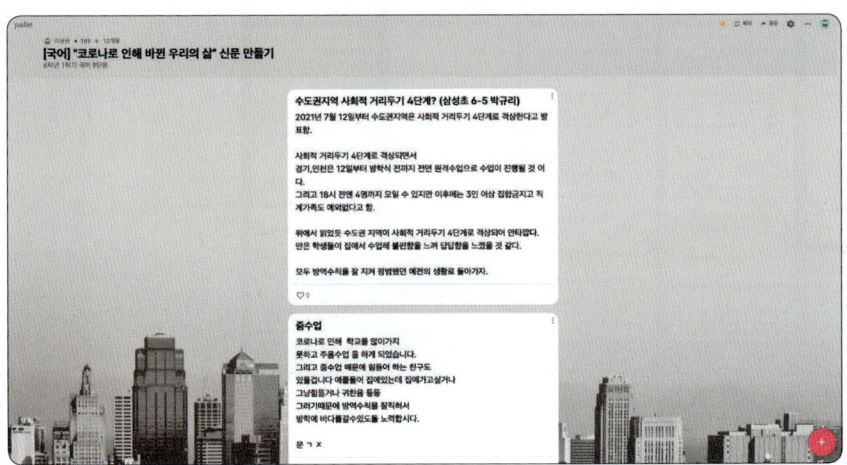

❸ **그리드**: 작성한 글의 위쪽 부분에 맞게 순서대로 정리돼요.

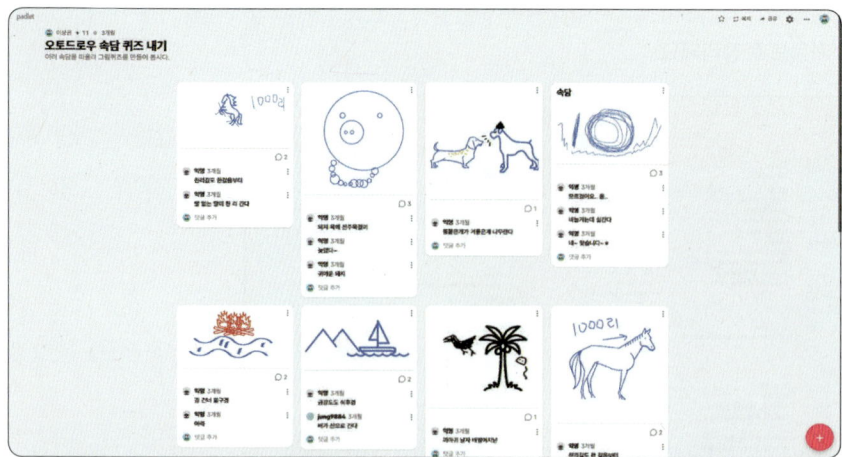

❹ **셸프**: 중심이 되는 주제에 맞게 글을 분류할 수 있어요.

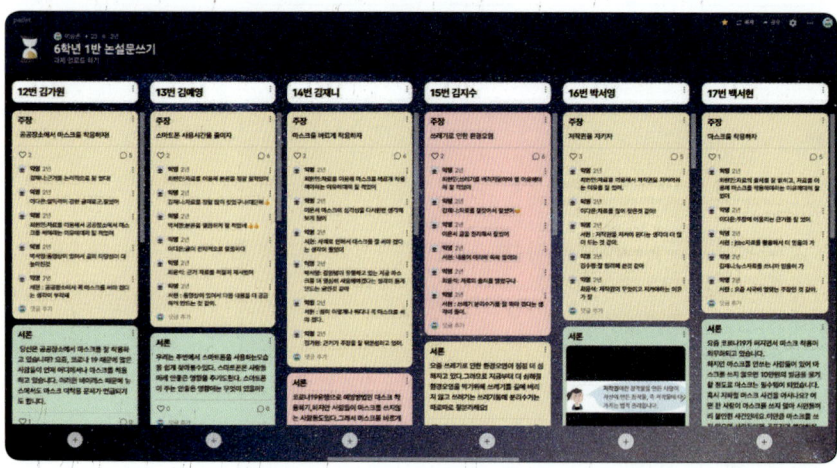

❺ **지도**: 지도 위에 있는 나라, 지명을 검색하고 글을 쓸 수 있어요.

❻ **캔버스**: 글을 마우스로 드래그해서 원하는 곳에 마음대로 둘 수 있어요.

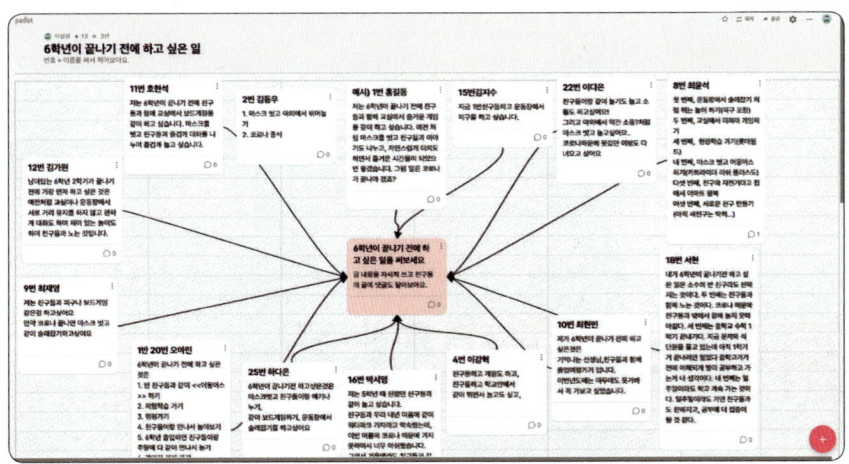

❼ **타임라인**: 가로선에 따라 글을 순서대로 정렬할 수 있어요.

패들렛에 글 작성하기

01 패들렛으로 작업을 시작해 볼까요? 패들렛의 서식 중 가장 많이 사용하는 '담벼락'의 [선택]을 클릭해요.

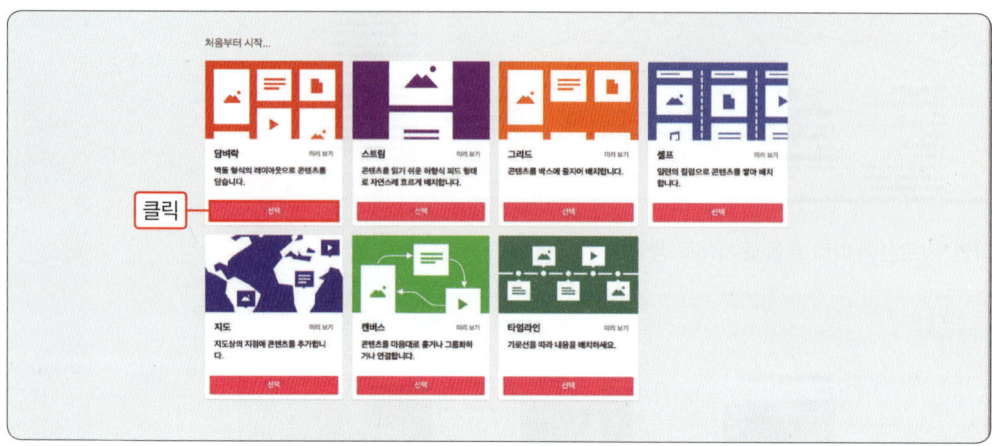

02 오른쪽 창의 메뉴에서는 제목과 설명을 입력할 수 있어요. '제목'에 패들렛을 만든 목적이나 글의 주제를 입력하고, '설명'에 설명을 덧붙여 보세요.

> **Tip Talk** '아이콘'을 클릭하면 여러 아이콘 중 하나를 선택해 제목 옆에 넣을 수 있어요.

03 오른쪽 창을 아래로 내리면 설정 메뉴를 확인할 수 있어요. [배경 화면]을 클릭해 배경 화면을 변경해 볼까요? 단색이나 패턴, 그림으로 설정하거나, [나만의 배경화면 추가]를 클릭해 내가 가지고 있는 그림으로 변경할 수도 있어요. 설정을 마쳤다면 [저장]을 클릭하세요.

잠깐만요 | 패들렛의 세부 설정 살펴보기

- **새 게시물 위치**: [처음]을 선택하면 새 글이 먼저 나타나고, [마지막]을 선택하면 새 글이 마지막에 나와요.
- **댓글/반응**: 다른 사람들이 댓글이나 반응을 남길 수 있도록 설정해요.
- **승인 필요**: 내 승인을 받지 않은 사람들은 글을 볼 수 없어요.
- **비속어 필터링**: 영어로 된 비속어를 쓰는 경우 이모티콘으로 바뀝니다.

04 패들렛에 글을 써 볼까요? 오른쪽 아래 ⊕를 클릭하면 글을 입력할 수 있는 창이 나타나요. 글을 쓰고 [발행]을 누르면 글이 작성됩니다.

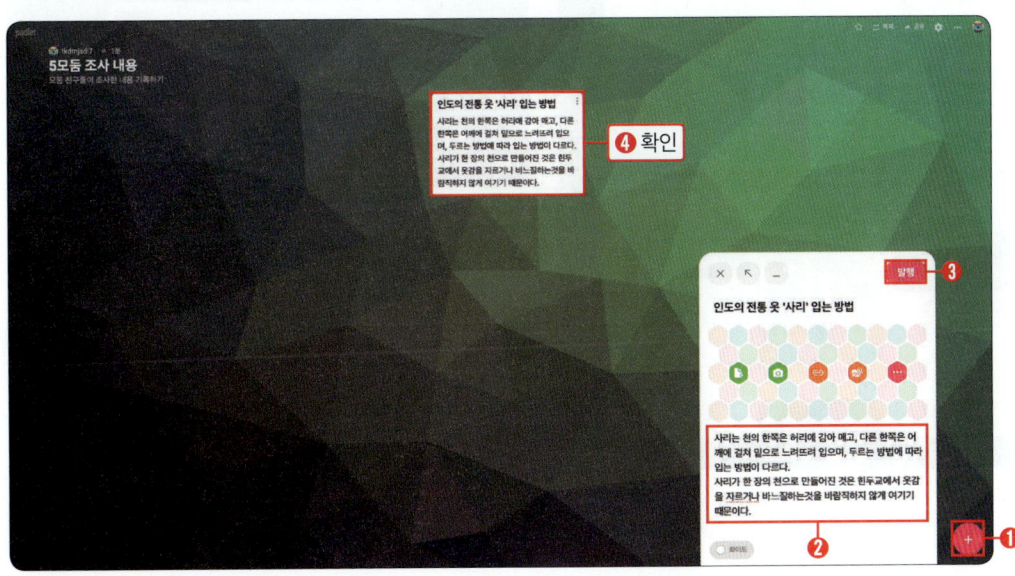

TipTalk 컴퓨터뿐만 아니라 태블릿 PC, 스마트폰을 이용해도 패들렛에 글을 쓸 수 있어요.

05 원하는 이미지를 검색해 업로드해 볼게요. 오른쪽 아래 ●를 클릭하고 입력창이 나타나면 [이미지 검색](●) 버튼을 클릭해요.

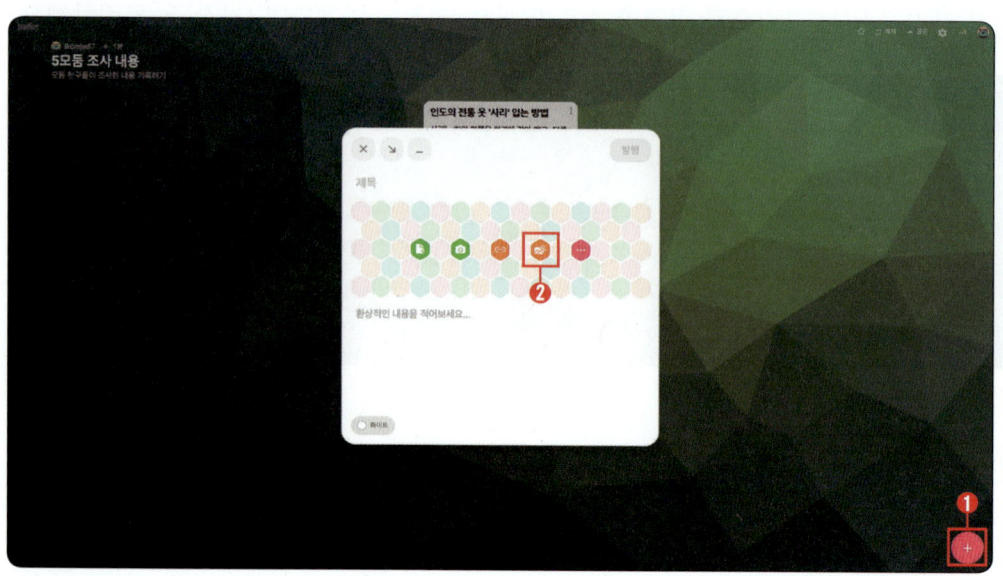

06 검색어를 입력한 후 원하는 이미지를 선택해요. 제목과 내용을 입력하고 [발행]을 클릭합니다.

패들렛 똑똑하게 이용하기

01 패들렛에 영상 링크를 연결할 수도 있어요. 유튜브에 접속해 공유하고 싶은 영상을 클릭하세요. 영상 화면 아래 [공유]를 클릭하고 영상의 URL 주소를 복사해요.

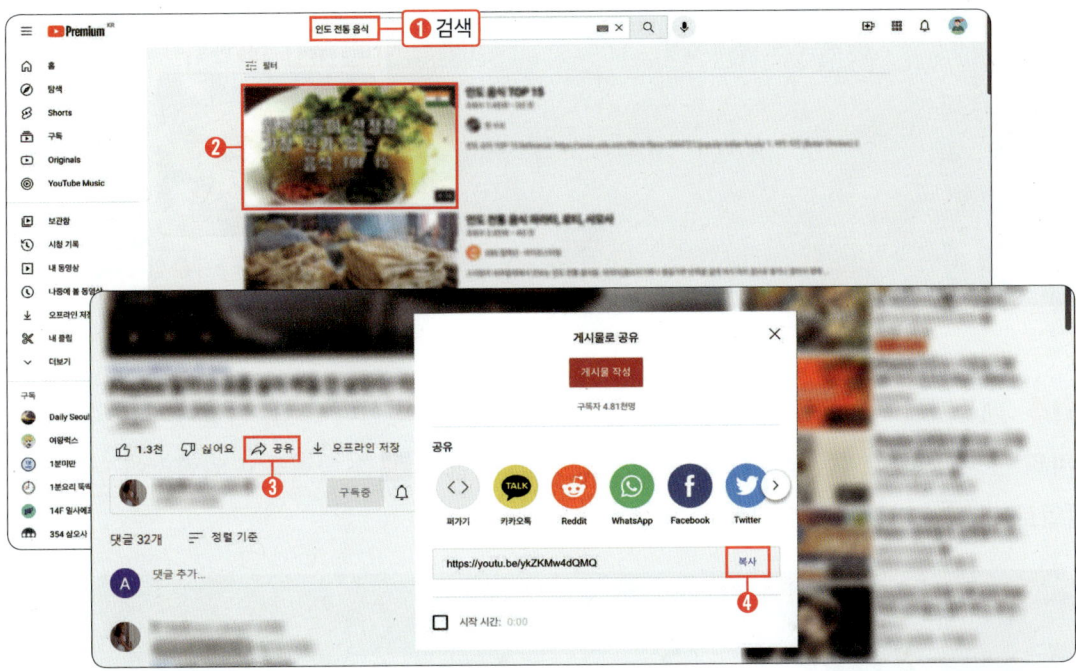

02 패들렛으로 돌아와 오른쪽 아래 를 클릭해요. 입력창이 나타나면 [링크]( ) 버튼을 클릭한 후 영상의 주소를 붙여넣고 Enter 를 눌러요.

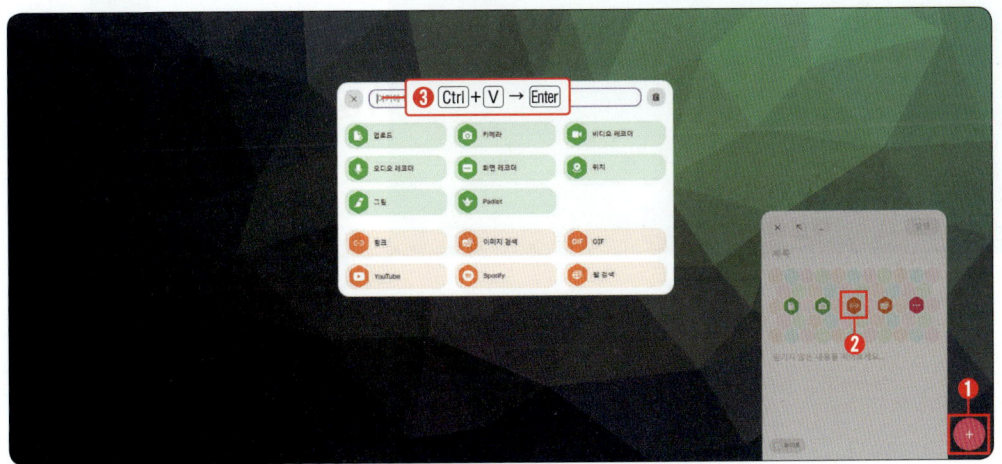

03 글에 영상이 첨부되었죠? 글의 제목과 설명을 입력한 후 [발행]을 클릭해요.

04 패들렛에 파일을 올려 친구들과 공유해 볼까요? 사진이나 그림, 엑셀이나 파워포인트 파일 등 다양한 파일을 업로드할 수 있어요. 오른쪽 아래 ⊕ 를 클릭하고 입력창이 나타나면 [업로드](◉) 버튼을 선택해요.

05 대화상자가 나타나면 공유할 파일을 선택하고 [업로드]를 클릭해요. 그럼 글에 파일이 첨부됩니다. 글을 마저 작성하고 [발행]을 클릭하세요.

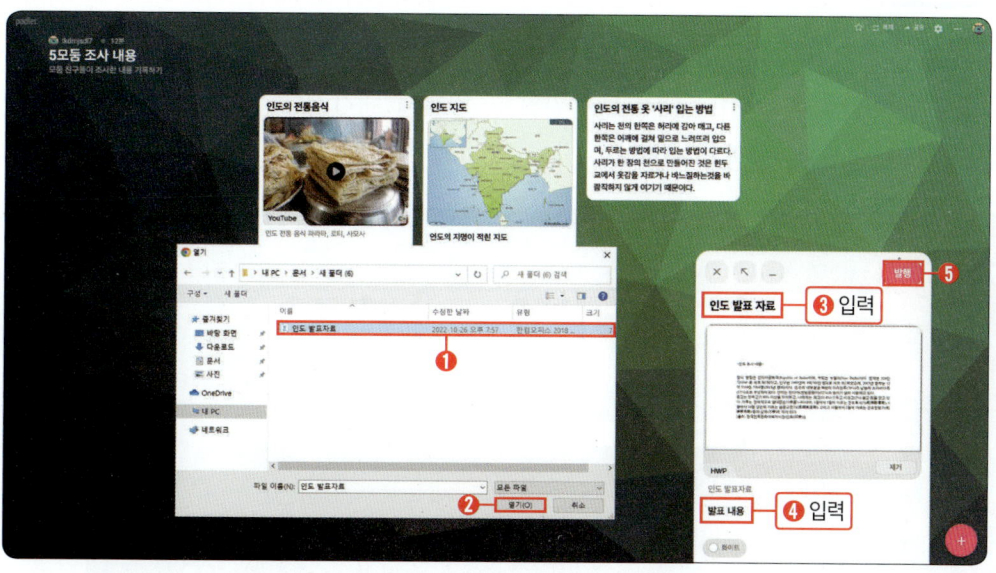

06 글의 위치를 변경하여 정리해 볼까요? 위치를 바꾸고 싶은 글을 꾹 눌러 드래그하면 글의 순서가 적힌 번호가 나타나요. 그 상태에서 글을 다른 곳으로 드래그하면 글의 위치를 마음대로 변경할 수 있어요.

 **패들렛 공유하기**

01 다른 친구들이 글을 쓰거나 내용을 확인할 수 있도록 내가 만든 패들렛을 공유해 볼까요? 오른쪽 위의 [공유]를 클릭해 보세요.

> **TipTalk** 사용 기기에 따라 화면의 맨 오른쪽에 [공유]( ) 버튼이 위치하는 경우도 있어요.

02 오른쪽에 '공유' 창이 나타나면 패들렛의 공개 여부를 설정하기 위해 [프라이버시 변경] 메뉴를 클릭해요. 여기서는 우리 모둠의 친구들만 패들렛을 확인할 수 있도록 [비밀]을 선택할 게요.

- **비공개**: 다른 사람이 패들렛에 들어올 수 없어요.
- **비밀번호**: 비밀번호를 아는 사람만 페들렛에 들어올 수 있어요.
- **비밀**: 패들렛 링크를 공유 받은 사람만 들어올 수 있어요.
- **공개**: 모든 사람이 패들렛에 들어올 수 있어요.

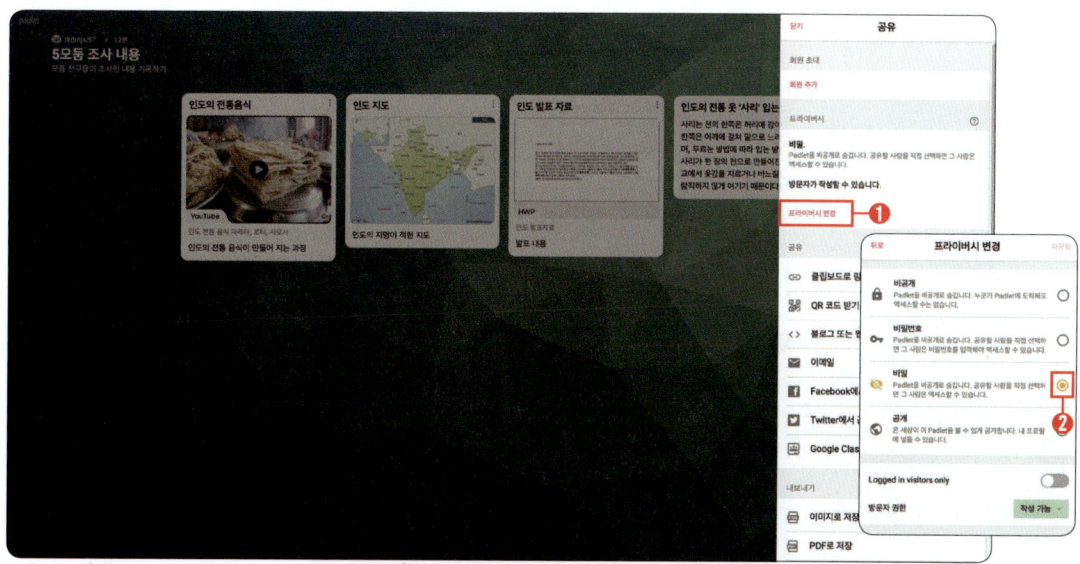

03 [방문자 권한] 메뉴에서는 방문자의 권한을 설정할 수 있어요.

- **읽기 가능**: 방문자가 글을 확인할 수 있어요.
- **작성 가능**: 방문자가 패들렛에 글을 쓸 수 있어요.
- **편집 가능**: 방문자가 글을 쓸 수 있고, 다른 사람이 쓴 글까지 수정할 수 있어요.

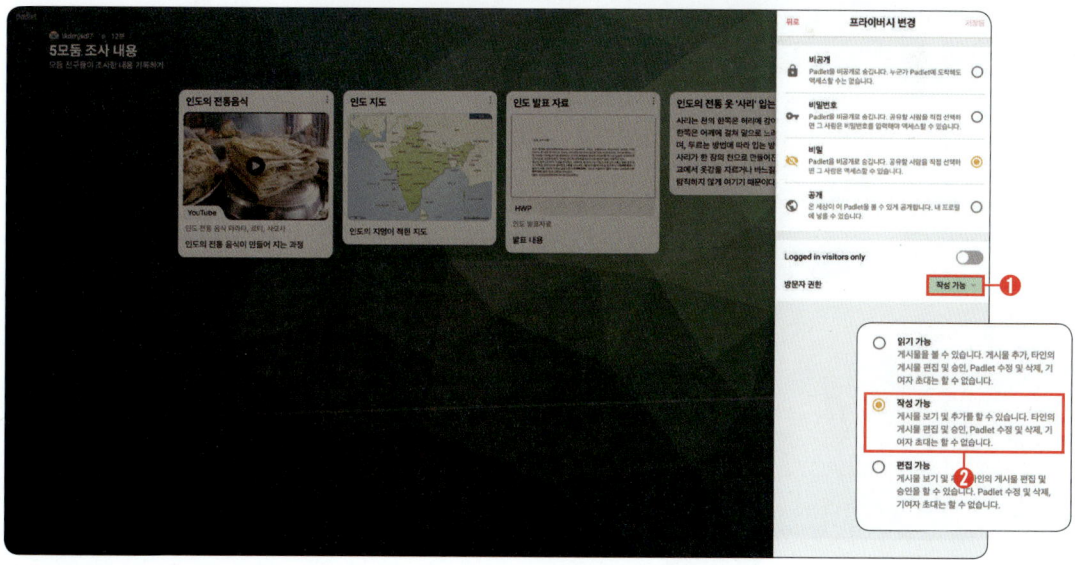

WEEK 16

04 설정을 마쳤으면 오른쪽 위 [저장]을 클릭해요.

05 이제 다른 친구들에게 내가 만든 패들렛 주소를 공유하고, 주제에 대한 생각을 나눠 봅시다. [클립보드로 링크 복사]를 클릭하면 주소가 복사됩니다. 복사된 주소를 친구에게 카카오톡 등으로 공유하면 친구가 내 패들렛 글에 들어올 수 있어요.

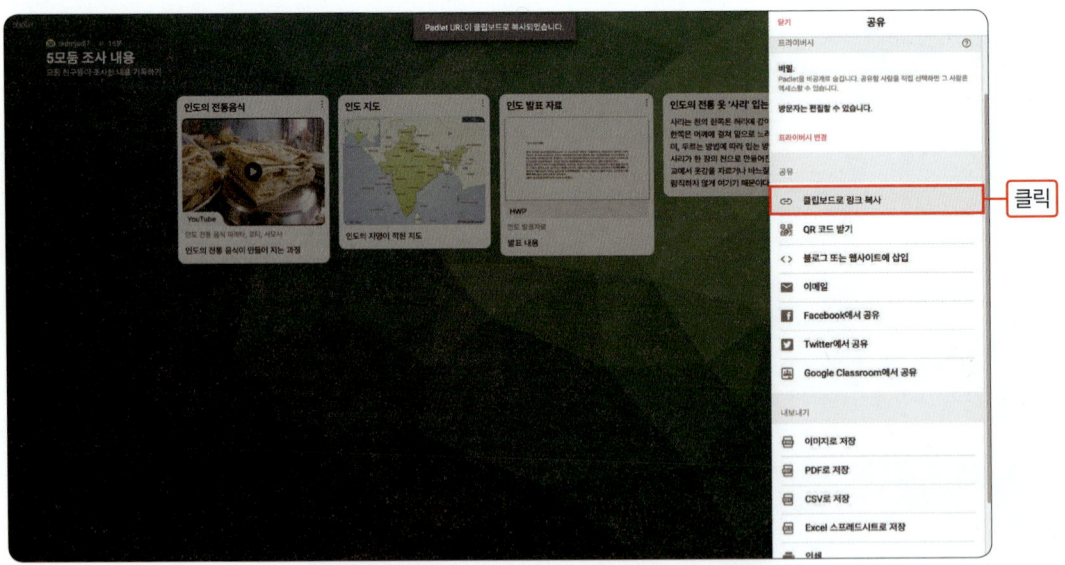

QR 코드 만들어 패들렛 주소 공유하기

[QR 코드 받기]를 클릭하면 패들렛에 접속할 수 있는 QR 코드가 나타나요. 이 QR 코드를 스마트폰 카메라로 비추면 패들렛에 접속할 수 있어요.

컴퓨터 작업이 간단해지는 단축키 모음

공통 단축키

단축키	기능
Ctrl+X	잘라내기
Ctrl+C	복사
Ctrl+V	붙여넣기
Ctrl+Z	실행 취소
Ctrl+Y	다시 실행
Ctrl+A	모두 선택
Ctrl+B	텍스트 굵게
Ctrl+I	텍스트 기울임꼴
Ctrl+X	텍스트 밑줄
Ctrl+F	찾기
Ctrl+H	바꾸기
Ctrl+P	인쇄
Ctrl+드래그	개체 복사
Shift+드래그	개체 수직/수평 이동
Ctrl+Shift+드래그	개체 수직/수평 복사
Ctrl+마우스 휠 위로	화면 확대
Ctrl+마우스 휠 아래로	화면 축소
PgUp	한 화면 위로(이동)
PgDn	한 화면 아래로(이동)
Ctrl+F	새 문서 만들기
Ctrl+S	저장
F12	다른 이름으로 저장
Ctrl+F12	열기
Ctrl+F4	문서 닫기
Alt+F4	끝내기

PPT 단축키

단축키	기능
Ctrl+D	복제
Ctrl+Shift+>	글꼴 크기 크게
Ctrl+Shift+<	글꼴 크기 작게
F4	마지막 작업 반복 실행
Tab	목록 수준 늘림
Shift+Tab	목록 수준 줄임
Ctrl+Shift+C	서식 복사
Ctrl+Shift+V	서식 붙여넣기
Ctrl+G	개체 그룹
Ctrl+Shift+G	개체 그룹 해제
Ctrl+M	새 슬라이드 삽입
Ctrl+L	왼쪽 맞춤
Ctrl+E	가운데 맞춤
Ctrl+R	오른쪽 맞춤
Ctrl+J	양쪽 맞춤

단축키	기능
Enter	새 단락으로 줄 바꿈
Shift+Enter	단락 유지하면서 줄바꿈

슬라이드쇼 단축키

단축키	기능
F5	처음부터 슬라이드 쇼
Shift+F5	현재 슬라이드부터 슬라이드 쇼
Home	첫 슬라이드로 이동
End	마지막 슬라이드로 이동
숫자 Enter	숫자 페이지로 이동
Esc	슬라이드 쇼 종료
마우스 왼쪽 클릭, Spacebar, →, ↓, Enter, PgDn	다음 슬라이드 보기
Backspace, ←, ↑, PgUp	이전 슬라이드 보기

한글 단축키

단축키	기능
Ctrl+Z / Ctrl+Shift+Z	되돌리기/다시 실행
Alt+드래그	사각형 블록지정
F3, 2번	낱말 블록 설정
F3, 3번	한문단 블록 설정
F3, 4번	문서 전체 블록 설정
F9	한글을 한자로 변환
Alt+L	글자모양 대화상자 표시
Alt+T	문단모양 대화상자 표시
Ctrl+[/ Ctrl+]	블록 지정 후 글자 크기/작게
Ctrl+Shift+W	줄간격 넓게
Ctrl+Shift+Q	줄간격 좁게
Alt+C	모양복사
Ctrl+F / Ctrl+H	찾기/찾아 바꾸기
Ctrl+(Num)+	개요, 문단 번호에서 한 수준 증가
Ctrl+(Num)-	개요, 문단 번호에서 한 수준 감소
Ctrl+N, P	쪽 번호 매기기
Ctrl+N, C / Ctrl+Enter	쪽 나누기
Ctrl+Shift+Enter	단 나누기
Ctrl+F10	문자표 대화상자 표시

표 단축키

단축키	기능
Ctrl+N, T	표 만들기
F5	현재 셀 선택 (방향키 누르면 셀 블록 이동)
Alt+Insert	줄/칸 추가하기
Ctrl+방향키	표 크기조절과 함께 셀 크기 조절
Shift+방향키	블록 설정된 셀만 크기 조절

컴퓨터 기초+활용
무작정 따라하기
완독 인증서

_____ 초등학교 ____ 반 ____ 번

이름 _____

위 학생은 <초등학생을 위한

컴퓨터 기초+활용 무작정 따라하기>를 성실하게

이수하였기에 이 인증서를 수여합니다.

년   월   일

(주)도서출판 길벗

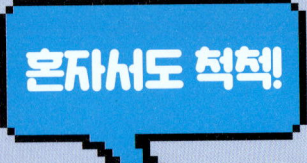 **초등학생을 위한
길벗 주니어 IT 무작정 따라하기**

점점 더 중요해지는 수행평가, 의무화된 소프트웨어 교육 …
빠르게 변화하는 교육 환경 속에서 우리 아이에게 든든한 힘이 되어줄 IT 능력!
<무작정 따라하기>와 함께 쉽게 익히고 신나게 활용하세요.

코딩 공부의 힘!
블록코딩부터 인공지능까지 혼자서도 척척

곽혜미, 에이럭스 연구소 지음
280쪽 | 18,000원

전현희, 주희정, 최민희, 장은주,
쟈스민 지음 | 328쪽 | 19,000원

주희정, 최민희, 강희숙,
전현희 지음 320쪽 | 18,000원

송다영, 이다인 지음
200쪽 | 18,000원

수행 평가 걱정 끝!
교과 연계 예제로 학교 수행 완벽 대비

권동균, 김수민 지음
324쪽 | 20,000원

이상권, 정일용 지음
280쪽 | 18,000원

이상권, 권동균 지음
240쪽 | 20,000원

이상권, 권동균 지음
208쪽 | 18,000원